会展文案写作

HUIZHAN WENAN XIEZUO

（第二版）

主　编◎罗正琴　彭　璐
副主编◎闫海莹　钱雨薇　阮紫菱

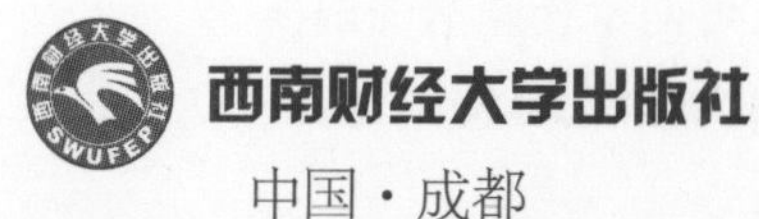
西南财经大学出版社
中国·成都

图书在版编目(CIP)数据

会展文案写作/罗正琴,彭璐主编;闫海莹,钱雨薇,阮紫菱副主编.--2版.--成都:西南财经大学出版社,2025.7.--ISBN 978-7-5504-6763-7

Ⅰ.G245

中国国家版本馆 CIP 数据核字第 2025W78S14 号

会展文案写作(第二版)

主　编　罗正琴　彭　璐
副主编　闫海莹　钱雨薇　阮紫菱

策划编辑:李邓超　邓嘉玲
责任编辑:邓嘉玲
责任校对:李思嘉
封面设计:墨创文化
责任印制:朱曼丽

出版发行	西南财经大学出版社(四川省成都市光华村街 55 号)
网　　址	http://cbs. swufe. edu. cn
电子邮件	bookcj@ swufe. edu. cn
邮政编码	610074
电　　话	028-87353785
照　　排	四川胜翔数码印务设计有限公司
印　　刷	郫县犀浦印刷厂
成品尺寸	185 mm×260 mm
印　　张	15. 625
字　　数	373 千字
版　　次	2025 年 7 月第 2 版
印　　次	2025 年 7 月第 1 次印刷
印　　数	1— 2000 册
书　　号	ISBN 978-7-5504-6763-7
定　　价	39. 80 元

▶▶ 第二版前言

《会展文案写作》教材自2023年出版以来，得到了很多院校的支持，同时也收到了很多专家学者的宝贵建议。

为使教材内容与时俱进，本次修订在保持第一版框架结构的基础上进行了以下修订和完善：其一，完善了每章的内容；其二，系统更新各章节的教学案例和相关数据；其三，新增配套教学PPT课件资源。

本书在编写过程中，参考了国内外学者的研究成果及相关网站资料，在此谨向所有文献作者及相关网站致以诚挚谢意。由于编者水平有限，书中难免仍有不足之处，恳请各位读者批评指正。

编者

2025年5月

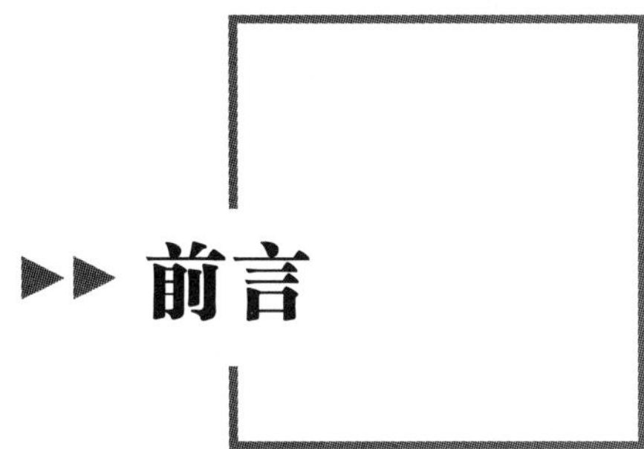

前言

会展业是我国高速发展的产业。会展业的发展可以带来巨大的经济效益和社会效益，同时会展业的发展也可以带动物流、人流、资金流、信息流的发展，对于其他相关产业有巨大的拉动作用，也可以提升城市品位和知名度，进而推动经济和社会的发展。目前已经有很多地区和城市将会展业纳入了城市发展的重点行业，比如成都、深圳都提出了要建设成为国际会展之都的规划。随着我国会展业的发展，会展专业教育也受到了社会各界的关注。

会展业在发展的过程中，对于人才提出了更高的要求，会展企业在实施项目过程中，会涉及大量的文案编写工作，所以写作文案应该是从业人员较为普遍的工作内容。

本书主要特点如下：

本书分为四章，分别是会展文案概述、会展筹备阶段的文案、会展运作阶段的文案、会展总结反馈阶段的文案，根据工作进程来分类，符合会展从业者的需求。

本书补充了大量的案例和范例，编写人员对案例和范例进行了充分的分析，可以帮助会展从业者很好地理解会展文案写作中的要求，方便学习者采用模块化的方式进行写作。

本书的编写人员有罗正琴、闫海莹、彭璐、钱雨薇、阮紫菱、白娇。具体编写分工如下：闫海莹负责编写第一章，罗正琴、阮紫菱负责编写第二章，钱雨薇、罗正琴负责编写第三章，彭璐负责编写第四章。由罗正琴负责全书的统稿和完善工作，白娇协助修改。

编写团队在编写过程中参考了大量的文献材料、网络资源，选择了大量的有代表性的文案案例，也学习了大量的会展文案的成果，采用了部分材料，在此向各位专家学者表示诚挚的谢意。

由于会展行业发展迅速，编写团队成员的水平有限，书中纰漏之处在所难免，敬请专家和广大读者批评指正。

编　者

2023 年 2 月

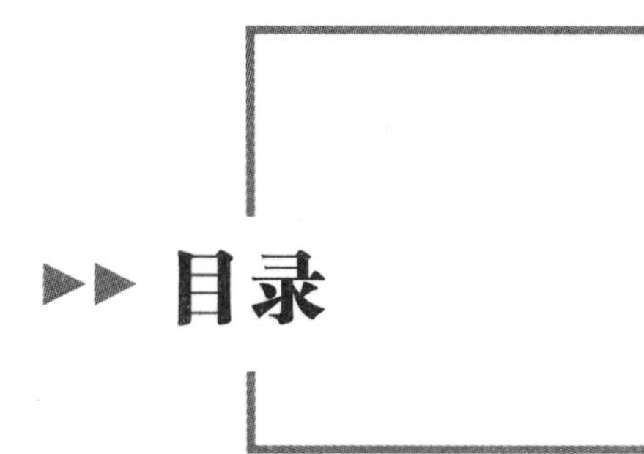

目录

第一章 会展文案概述

■**学习目标**

- 了解会展文案的基本概念。
- 熟悉会展文案的特点和种类。
- 掌握会展文案的写作要求。

■**导入案例**

以中国式现代化新进展为世界提供新机遇
——写给第七届中国国际进口博览会

开放是中国式现代化的鲜明标识。

10月29日，习近平总书记在省部级主要领导干部学习贯彻党的二十届三中全会精神专题研讨班开班式上发表重要讲话强调："要坚持改革和开放相统一，稳步扩大制度型开放，主动对接国际高标准经贸规则，深化外贸、外商投资和对外投资管理体制改革，营造市场化、法治化、国际化一流营商环境。"

黄浦江畔，精彩继续。11月5日至10日，第七届中国国际进口博览会在国家会展中心（上海）举办。本届进博会，整体展览展示面积将超过42万平方米，152个国家、地区和国际组织参加国家展和企业展，参展的世界500强和行业龙头企业达297家，创历史新高。

在习近平总书记亲自谋划、亲自提出、亲自部署、亲自推动下，进博会这一国际贸易发展史上的创举，已成为中国推动新时代高水平对外开放的重要平台，是中国主动向世界开放市场、推动合作共赢的重要举措，成为全球共享的国际公共产品。

以开放促改革、促发展

举办进博会，是中国对外开放的坚定宣示。借助进博会平台，中国坚持以开放促改革、促发展，依托超大规模市场优势，在扩大国际合作中提升开放能力，建设更高水平开放型经济新体制。

稳步扩大制度型开放，主动对接国际高标准经贸规则——

“进博会承载着中国与世界共享机遇的愿景。武田制药将不断升级中国市场发展战略，以国际化创新模式赋能中国医疗产业发展。”武田制药全球高级副总裁单国洪表示，得益于中国政府加速创新药审评审批的政策，自上届进博会以来，武田制药在中国又获批6个创新产品。

从出台外商投资法到全面实施准入前国民待遇加负面清单管理制度，从设立上海自贸试验区临港新片区到加快推进海南自由贸易港建设，从完善知识产权保护法律体系到同更多国家商签高标准自由贸易协定……言必信、行必果，中国坚持改革和开放相统一，不仅发展了自己，也造福了世界。

开放创新，积极推动贸易数字化、绿色化——

“进博会展现了中国高水平对外开放的决心。施耐德将借助进博会与更多中国伙伴相互赋能，加速迈向高效与可持续的未来。”施耐德电气执行副总裁尹正表示，在中国，施耐德电气拥有19家世界级零碳工厂、15家国家级绿色工厂，并携手1 600多家供应商，共同打造高效的绿色供应链。

数字化、绿色化、智能化转型发展是进博会的热词。连续7年参展，施耐德电气将带来更多融合数字化和绿色低碳转型的新理念、新产品、新服务、新应用。

深化改革，营造市场化、法治化、国际化一流营商环境——

“资生堂的美肤科技、新品牌、新产品在进博会上展出后，得到了消费者的广泛关注与认可，实现了从展品到商品的转化。”资生堂相关负责人梅津利信说，“参展进博会，让我深切地感受到中国经济的强劲脉搏，感受到中国持续深化高水平对外开放的决心，以及进博会对外企的强大吸引力。”

展品变商品，展商变投资商，进博会早已不只是一场展会，而是跨国企业进入中国、深耕中国的开放平台。中国不断深化改革，营造市场化、法治化、国际化一流营商环境，让更多跨国企业安心、放心投资中国。

丰富消费供给、促进消费升级

作为连接国际国内的重要平台，进博会发挥着引领消费潮流、丰富消费供给、促进消费升级、推动产业发展的重要作用。

首次设立新材料专区；升级打造创新孵化专区，首次聚焦数字经济、绿色低碳、生命科学、制造技术四大赛道策展，展览面积和项目数量均为历届之最；持续打造全球新品首发地、前沿技术首选地、创新服务首推地……本届进博会进一步提升构建新发展格局的窗口功能，助力畅通国内大循环，促进国内国际双循环，为高质量发展注入新动能。

新品首发，推动消费升级——

借助进博会平台，越来越多新产品、新技术、新服务走进中国市场，丰富了国内消费者的选择，助力满足品质生活新需求。

今年达能公司将在食品及农产品展区展示旗下覆盖全生命周期的超140款产品。“我们将推出更多优质产品满足中国消费市场提档升级需求。”达能相关负责人谢伟博说。

今年进博会期间，拼多多将通过举办“进享多彩好物”专场直播促消费活动，为国内消费者带来更多优质海外商品。“近年来，不少海外品牌看到中国市场的巨大潜力。拼多多依托进博会为海外品牌进入中国搭建平台。”拼多多副总裁侯凯笛介绍，拼多多将继续通过技术创新推动精准匹配，进一步满足消费者多样化、品质化的消费需求。

聚焦前沿，促进产业发展——

借助进博会，更多先进管理经验、技术装备、高端零部件进入中国市场，更多绿色、低碳、可持续发展方案与举措得到推广，各方加强合作交流、共享发展机遇，助力产业转型升级。

本届进博会，挪威首次参加国家展。挪威品牌芙丝瓶装水受到越来越多中国消费者喜爱。“中国产业升级蕴藏巨大潜力。此次进博会，我们将展示通过优化包装和水源地管理等实现可持续发展的一系列举措，期待携手更多中国企业拥抱绿色发展新机遇，助力实现‘双碳’目标。”芙丝相关负责人黄瑜胜说。

连续5年参加进博会，盈康一生向消费者展示了智慧生物样本库、智慧医疗、智慧公共卫生、智慧血液生态四大场景的科技创新成果和解决方案，重点展出超30款产品，首发首展达50%以上。“借助进博会平台，我们与合作伙伴交流行业发展前沿信息，引进先进技术与服务，产业升级发展动能更足了。我们将坚持原创科技引领，为全球用户提供智慧的科研服务、高水平的医疗技术以及创新的临床应用。”盈康一生相关负责人龚雯雯表示。

展会联动，打造创新生态——

作为进博会的重要配套活动之一，第七届全球乳业合作论坛将吸引代表性的国内外乳业从业者，围绕绿色消费、循环经济等热点话题进行深入交流和探讨。

“进博会为同业交流、合作共赢搭建了绝佳平台。过去的一年，中国乳业不仅在奶源端打造再生农业、在生产端发展绿色智造，在绿色消费、生物多样性保护等方面也进行了积极探索。我们将在合作论坛上分享可持续发展和乳业净零碳等方面的实践经验，为行业创新发展赋能，助力全球乳业迈向高质量发展。”蒙牛集团党委副书记、执行总裁李鹏程说。

连续7年参加进博会，新西兰纽仕兰乳业今年将发布全链路低碳牛奶战略。“当前，跨国企业探寻增长新引擎，重塑全球供应链。中国因地制宜发展新质生产力，推动高质量发展，将推动全球企业加快绿色低碳、数字经济等领域发展。”纽仕兰乳业亚太区首席执行官盛文灏说。

让合作共赢惠及世界

新征程上，中国向世界敞开怀抱，不断以中国式现代化新进展为世界提供新机遇，为世界经济繁荣发展作出更大贡献，助力推动构建开放型世界经济，让合作共赢惠及世界。

“中国拥有巨大的市场需求和完备的产业链供应链，对新技术接纳能力强，为外资企业发展提供了机遇。”松下控股株式会社全球副总裁本间哲朗说，“通过进博会，我们提升了快速适应新技术和市场变化的能力，紧跟中国市场步伐，与中国同频发展。”

本届进博会，芳珂株式会社将为中国消费者提供全面的美容与健康解决方案。“进博会搭建了国际沟通桥梁，也为各国品牌提供了极佳的展示平台。此次集团携旗下四大品牌齐聚进博会，展现了我们深耕中国市场的决心，希望通过创新与中国伙伴共同发展，为中国消费者带来更多选择。”芳珂株式会社董事兼海外事业本部本部长堀宏明说。

本届进博会，中国中化发挥全球化业务优势，组织旗下 5 家海外下属企业参展，向消费者展示生物育种、新材料、高端装备等领域新产品新技术，助力产业升级，丰富国内供给，服务高质量发展和高品质生活。

每届进博会，医疗器械及医药保健展区首发、首秀、首展都颇具人气。吉利德科学全球副总裁金方千介绍：“进博会成为全球头部医药企业连接中国市场的重要渠道。吉利德科学将持续与各方探索创新合作，助力本土研发能力建设，让更多创新药物惠及中国消费者。”

本届进博会，国家展继续为各国展示综合形象和贸易投资领域机遇搭建重要平台，77 个国家和国际组织参展。

今年，尼加拉瓜将以主宾国身份参加进博会。“我们对进博会充满期待。”尼加拉瓜总统投资、贸易和国际合作顾问劳雷亚诺·奥尔特加说，希望优质的尼加拉瓜商品能够获得中国市场认可，也希望能吸引更多中国企业来尼加拉瓜投资咖啡种植业、牛肉加工业等。

在许多非洲展商看来，参加进博会意味着近距离拥抱发展机遇。贝宁工业与贸易部长莎迪娅·阿苏曼认为，进博会为贝宁优质农产品进入中国市场提供了广阔舞台，期待更多贝宁优质产品亮相第七届进博会。

为 37 个最不发达国家参加国家展和企业展提供支持，并扩容非洲产品专区，助力扩大对最不发达国家单边开放……进博会以实际行动，更好发挥国际公共产品作用，为促进普惠包容的经济全球化贡献力量，彰显中国扩大开放、深化合作、共促发展的积极意愿。

“中国国际进口博览会不仅要年年办下去，而且要办出水平、办出成效、越办越好。”

“希望进博会加快提升构建新发展格局的窗口功能，以中国新发展为世界提供新机遇；充分发挥推动高水平开放的平台作用，让中国大市场成为世界共享的大市场；更好提供全球共享的国际公共产品服务，助力推动构建开放型世界经济，让合作共赢惠及世界。”

当今世界，和平、发展、合作、共赢的历史潮流不可阻挡，人民对美好生活的向往不可阻挡，各国实现共同发展繁荣的愿望不可阻挡。各国携起手来，凝聚更多开放共识，共同克服困难和挑战，就一定能为全球发展带来新的光明前程，让开放的春风温暖世界。

（资料来源：欧阳洁，罗珊珊，齐志明，等. 以中国式现代化新进展为世界提供新机遇——写给第七届中国国际进口博览会［N］. 人民日报，2024 年 11 月 5 日）

思考问题：

1. 请思考什么是会展文案？
2. 请思考该案例属于哪一类会展文案？
3. 请思考该案例传递了哪些会展信息？

第一节　文案及会展文案的概念

会展是会议、展览、大型活动等集体性的商业或非商业活动的简称。若追溯会展的起源，可得知关于展览的起源尚无统一的说法，大致有："市集演变"说、"巫术礼仪与祭祀"说及"物物交换"说等，通常认为展览是随着社会的经济、政治、文化的进步而产生并发展的，是围绕着人们物质和精神两个方面的需要而存在和发展完善的。

中世纪，作为展览会前身的贸易集市就定期或不定期地在人口集中、商业较为发达的欧洲城市举行。15 世纪末 16 世纪初，世界各大洲的经济文化交流不断密切，形成连接大西洋、太平洋、印度洋的国际市场，国际展览业开始萌芽。因此随着国际的交流与交易，经济全球化的产物——国际展览会与博览会诞生。1851 年在伦敦首次举行了世界博览会，标志着旧贸易集市向标准的国际展览会与博览会过渡；1895 年莱比锡第一届国际样品博览会，满足了当时资本主义生产方式和市场交易的需要。19 世纪末至第一次世界大战前，展览会与博览会更是成为发达国家争夺世界市场的场所，为世界经济复苏注入勃勃生机。

中国古代"会展"的形式多样，比较常见的有集市、庙会、节会活动等，既有民间自发兴起的，也有官方组织的，从朴素的商品贸易活动，逐渐发展成为集展示、节庆、购物、娱乐、餐饮、演艺等于一体的综合性经济和休闲娱乐活动。据说在神农时代，集市便已经形成。影视作品《轩辕大帝》中在部落内部已经有了集市的雏形，具备了展示和交易的功能。这一时期由于受生产力的限制，集市多以生活物品交易为主。到了唐宋时期，随着市民经济的发展，集市越加繁荣，商品种类越加丰富，而到了明清时期，宗教活动逐渐式微，但庙会的商贸活动和娱乐活动的内容更加丰富。今天的会展显然与古代有所不同，集市在大城市已经被大型购物中心所取代，只在乡镇、村庄仍然保留集市的交易形式；庙会发展传承至今已成为我国民间广为流传的传统民俗活动。会展业的类型可谓五花八门、包罗万象，似乎任何一个细分领域均可办展，如汽车展、航展、珠宝展、玩具展、服装展、建材展、家具展……

现今，中国会展业得到了加速发展，逐步壮大，成为重要的新经济产业之一。目前，会展业在中国各城市迅速发展，形成了"环渤海、长三角、珠三角、东北、中西部"五个会展经济产业带。环渤海会展经济带：以北京为中心，以天津等城市为重点，其会展业发展早、规模大、数量多，专业化、国际化程度高，门类齐全，知名品牌展会集中，辐射广。长三角会展经济带：以上海为中心，以南京、杭州等城市为依托，其产业带起点高、政府支持力度大、规划布局合理、贸易色彩浓厚，受区位优势、产业结构影响大，发展潜力巨大。珠三角会展经济带：以广州为中心，以广交会为助推器，以深圳等为会展城市群，其国际化和现代化程度高、会展产业结构特色突出、会展地域及产业分布密集。东北会展经济带：以大连为中心，以沈阳、长春等城市为重点，其依托东北工业基地的产业优势及东北亚的区位优势，形成了长春的汽博会、沈阳的制博会、大连的服装展等品牌展会。中西部会展经济带：以成都为中心，以贵阳、郑州、重庆等城市为重点，已形成了成都的西部国际博览会、重庆的中国国际高新技术成果交易会、郑州的全国商品交易会等品牌展会。

会展文案伴随着会展活动的需要而产生，并广泛存在、使用于会展活动中，以语言文字为主要工具，记载会展信息的各种文书材料及其整理归档后的案卷。会展业既是使用文案较多的行业，也是文案应用种类较多的行业。会展文案既具有通行公文、商业文案的共性，也有鲜明的行业个性①。

知识拓展 1-1：展会小常识——展会专用名词解释

展览会：标明具体时间、地点和名称的每一次展览活动。每个展览会又可称为一个展览会项目。其名称可以是展览会、展销会、展示会、交易会、洽谈会、博览会等。

商贸类展览会：以促进贸易成交、技术交流、经济合作、项目投资、服务推广等商贸性目标为主的展览会。

公益类展览会：除商贸类展览会以外，以展示成就、公益宣传、公众教育等为主要目的，或者根据政治、外交等方面需要举行的专门性展览会。

展览会面积：根据我国的实际情况和已经广泛使用的称谓，“展览会面积”即指展览会“毛面积”。所谓“毛面积”，就是展览会所使用的展览场馆的面积。一般情况下，“毛面积”也是展览组织者向展馆租用的全部面积。而“展览会的展出面积”即指展览会“净面积”。所谓“净面积”，是指在展览期间用于参展商展出的面积和展会公用的面积。以上“毛面积”和“净面积”均有“室内”“室外”之分。

规模以上的展览会：根据我国的实际情况，参照既有文件的规定，凡“展览会的展出面积”（展览会的“净面积”）在 1 000 平方米以上的可算作“规模以上的展览会”。其他即为一般展览会。

国际展览会：国外（含海外）参展单位（参展商）净面积不少于整个展览会净面积 20%的展览会项目。但如果是只有内地（大陆）和台、港、澳参展单位（参展商）的展览会，则不能算作国际展览会。对于展出中外合资产品的参展商面积，可算在上述比例之中。

专业展览会：专业展览会是一个相对的概念，以其展品所涉及的类别范围进行区分。一般来说，展品范围在国民经济统计类别中第一类别各单项之内（譬如：A. 农、林、牧、渔业，B. 采矿业，C. 制造业等）或在第二类别各单项之内（譬如：C-7 专用设备制造业、C-19 文教体育用品制造业等）的展览会可以称为专业展览会。譬如：农业展览会、机床展览会、文具展览会等。专业展览会既可以定期、连续举办，也可以不定期举办。

综合展览会：综合展览会是一个相对的概念。一般展出多个专业展品的展览会，即综合展览会。

展览场馆：举办展览会活动的固定场所。其名称可以是会展中心、展览中心、博览中心、展览馆等；也包括在科技馆、体育馆、博物馆、图书馆、会议中心、酒店等场所范围内专门开辟且固定用于展览活动的场所。

---

① 张凡. 相得益“章”：会展文案写作的意义及方法［J］. 中国会展，2017（13）：64-66.

展览场所：临时或偶尔举办展览活动的地方。譬如：常年展销中心或专业市场不能算作展览场馆，但可以叫展览场所。

展览业收入："展览业收入"由"展览组织者收入"和"展览场馆的收入"两部分组成。"展览组织者收入"指的是通过销售参展面积、参观门票、展会广告等获得的收入，以及得到的商业赞助和政府部门用于购买展会操办、服务的资金等。"展览场馆的收入"是指展览场馆通过出租展览场地以及组织展览会或其他商业性活动所获得的收入。

展览场馆的年利用率（%）：在一个自然年度内，所有各次展览会租用的面积总和，除以展览场馆全部"可供展览面积"与365（天）的乘积。具体计算公式如下：展览场馆的年利用率=各次展会租用面积总和÷（展馆全部可供展览面积×365）×100%。

展览会的参观人数、人次：在展览会开幕期间，如果进行观众的逐个登记，则所有进入展览会现场参观的单个人员数字之和即展览会的参观人数；如果没有进行观众逐个登记，则是以人次为单位的。这都需要在提供数据时予以明示。

展览公司：在公司营业执照的经营范围中明确列出"举办展览会、展销会"的公司。

展览服务公司：在公司营业执照的经营范围中未列出"举办展览会、展销会"，而列出提供与展览会相关的服务，诸如提供展览的装修、搭建、运输、信息、统计、广告、印刷、宣传、媒体等服务的公司。

组展机构：展览公司以外从事组织展览会活动的各种单位、机构等。

展览从业人员：与展览业直接相关的企事业单位和社团组织中的职工。这些人员一般为展览公司、展览服务公司、组展机构和展览场馆等单位内的工作人员。

（资料来源：中国展会网，http://www.china-show.net/news/show-43.html）

一、文案的概念

在中国古代，对文案的解释有两方面，一是亦作"文按"，指公文案卷，如《北堂书钞》卷六八引《汉杂事》："先是公府掾多不视事，但以文案为务。"《晋书·桓温传》："机务不可停废，常行文按宜为限日。"《资治通鉴·晋孝武帝太元十四年》："诸曹皆得良吏以掌文按。"二是指旧时衙门里草拟文牍、掌管档案的幕僚，其地位比一般属吏高，主要负责起草文书。如《老残游记》第四回："像你老这样抚台央出文案老爷来请进去谈谈，这面子有多大！"

"文案"若按照第一种解释，其实也可称为文书、文件甚至是公文，它是一种社会现象，是人类社会实践活动的产物，是随着阶级、国家文字的产生而产生，随着生产与管理活动的发展而不断发展的，是联系人们社会政治生活与经济活动的纽带。我国作为世界文明古国，有悠久的历史与古老的文化。在上古时期，我们的祖先就创造了"结绳记事"的方式，在共同劳动与共同生活中表达思想，相互联系。随着社会的不断进步和越来越复杂的生产与生活的需要，又渐渐产生了表意与表声的原始刻写符号与文字。文字是语言的载体，文字的创造发明是人类文化演进的重要里程碑。有了文字，语言的书面形式才得以出现，文案也随之产生。《周易·系辞下》中说："上古结绳而治，后世圣人易之以书契，百官以治，万民以察。”这里说的“书契”，就指的是用文字作为物质载体而形成的文书。早在3 000多年前的商代后期，就出现了一种体式较为完整的甲骨文书，这是我国迄今发现的最早的文书档案，也是研究我国文书及文书工作产生的珍贵的历史资料。“文书”一词，最早见于西汉贾谊的《过秦论》：“焚文书而酷刑法。”后文书的概念也泛指古代的文籍图册，其范围也一再发生变化。

今天，我们提及的“文案”，其与中国古代所说“文案”是有所区别的。文案来源于广告行业，是“广告文案”的简称，由“copy writer”翻译而来，多指以语言进行广告信息内容表现的形式，有广义和狭义之分。广义的广告文案包括标题、正文、口号的撰写和对广告形象的选择搭配；狭义的广告文案包括标题、正文、口号的撰写。当然在今天商业领域，“文案”一词更多地指公司或企业中从事文字工作的职位，就是以文字来表现已经制定的创意策略。

二、会展文案的概念

关于会展文案的定义，也有众多说法，但普遍统一认为其可以从五个方面进行理解：①会展文案是通行的公文或商业文案中的一种。②会展文案是会展机构公务性质的文字作品，是会展机构在公务活动中用于传播或记录信息的文本。③会展文案是通过书写而形成的文件或新闻报道的文本，服务于会展机构的经营管理工作或市场营销工作。④会展文案根据需要，或用于机构内部的信息交流，或用于机构对外的信息交流。⑤会展文案的写作与编辑，已经成为会展机构中的一个职位（简称为“文编”）。会展项目中的“文编”属于市场营销的业务岗位①。

会展机构负责撰写文案的人，分为员工和管理人员。不少会展机构设立的“文编”岗位，由员工中专门从事文案写作的人员担任；其管理人员又按文案写作的需要，分为中层或高层，如会展项目经理属于中层管理人员。

综上，会展文案是指因会展活动的需要而产生并在会展管理和举办过程中使用，以语言文字为主要工具，记载会展信息的各种文书材料及其整理归档后的案卷。会展文案写作是围绕会展管理和会展活动进行的写作，它随着会展业务的需要而产生。会展文案是会展文案写作的成果，它以记载和表达会展信息为使命，以揭示会展管理和会展活动的规律为宗旨，以推进会展业的健康发展为目的，因此，会展文案是会展管理和会展活动中重要的文书。

知识拓展1-2：展览会名称的形态与构成要素

为展览会“取名字”，实际上是做文字编辑工作。从文字编辑的角度，设计展览会的名称要在准确、简明和通顺上下功夫。

展览主题是展览会名称中的核心词组，是展览会展览范围和服务对象的集中体现，因此必须准确提炼，科学反映。比如“中国国际软件和信息服务交易会”（举办地在大连）、“中国（重庆）国际云计算博览会”和“北京国际物联网技术产品应用展览会”，展览主题虽然都和计算机、网络技术有关，但计算机软件、云计算和物联网是专业化

① 张凡. 谈会展文案写作：以会展新闻宣传的写作为例［J］. 中国会展，2017（13）：64-66.

的细分概念，展览范围和服务对象不尽相同。

要准确设计展览会名称中的展览主题词组，须尊重相关行业规范或行业习惯。如“建筑陶瓷展览会”的展览主题就不能用“瓷砖”，“照明展览会”的展览主题就不宜称作“灯具”。在这方面，将行业协会、专业学会名称中关于行业或专业范围的概括转换为展览会主题，是较为妥帖的方法。如“中国（上海）焙烤设备与技术展览会”的展览主题就是从“中国焙烤工业与糖制品工业协会”名称中的专业范围提炼而来的。

展览会的全称尤其是体现展览主题的词组，应尽可能简明，字数不宜太多。比如“广告喷印写真设备、标牌标识、LED 发光体产品及其技术展览会”，其展览主题的用词包含了展览会三个方面的展览范围，如加上国别或地域、展览会性质等词组，这个展览会名称的字数接近 30 个字，太过冗长，不利于推广。

展览会的简称也是追求简明效果的途径。“宝马展”就是经典案例。一般而言，展览会的简称组词精练，朗朗上口，往往比展览会全称易于传播。

展览会名称在文字上应通达顺畅，不但要避免语义上可能产生的歧义，而且要避免可能产生的怪异感觉，还要做到口述时不致拗口。

此外，设计展览会名称时还要注意以下问题：一是，选择国别或地域或展览会所在地的词组时，应考虑展览会的需要。地域性的展览会不是必须冠名“中国”；服务国内需求的展览会无须标榜“国际”；在展览会名称中标明举办城市名称的，在推广效果上往往优于标明省（区、市）名称。在现实情况中，许多主办方选择国别或地域或展览会所在地的词组时，总试图集合相关要素，以求展览会的名称显得牌子大、档次高、地域性广泛，比如“中国西部（成都）国际环保设备与技术博览会”。对于参展商或观众而言，名不副实的“大、高、广”展览会，也会产生负面效果。

二是，展览会的中文简称很少人为设计，大多数是约定俗成的。这是因为中国人有讲省略语的语言习惯。而约定俗成的展览会中文简称，其“造词”往往有一定规律：地名+展览主题+展或会的单字，如“广交会”“上海宝马展”“北京车展”“厦门投洽会”等。在参展商、观众、主办方口口相传的过程中，展览会的中文简称在语词提炼和读音平仄上会自然通顺。如“中国进出口商品交易会”的全称中并无“广州”二字，但人们不会将其简称为“中交会”；而“广交会”既读音顺耳，又点名了展览会举办地，自然获得了社会认可而广为流传。当然，这种约定俗成的“造词”也会有问题，如将“中国国际妇幼婴童产业博览会”简称为“杭州婴童展”就讲不通，但业界却照讲不误，习惯成自然。

三是，一个综合性的展览会有时会和旗下的多个专业展共存，也有主办方把两个以上相互关联的展览会安排在同一时间和同一展览场馆举办。在这种情况下，展览会的名称设计要统筹不同项目之间的关系，既要注意名称的协调，也要突出各自的特点。

四是，追求展览会名称的个性，以利于市场推广和品牌建设。设计有个性的展览会名称，有的是为了区别于其他同题材展览会，如广州春季有两个广告设备展览会，其中，广告喷绘机联盟所办展览会属于后起的展览会，其将展览会名称设计为“迪培思数字喷印雕刻标牌技术展览会”，“迪培思”即 DPES，是广告喷绘机联盟英文名称的缩写；有的是为了体现主办方的品牌价值，这主要表现在展览会简称的设计上，如英国励展集团公司在中国的项目，在简称中总会刻意强调“励展”二字，如“励展礼品展”“励展旅游展”“励展医药展”等。

掌握展览会设计名称的规律和方法，不但可以深化对于展览会主题创意的认识，而且有助于在制订项目组织实施方案的过程中思考品牌建设的问题。

（资料来源：中国展会网，http://www.china-show.net/news/show-63.html）

第二节　会展文案的特点及作用

一、会展文案的特点

（一）写作目的的明确性

如前所述，会展文案是伴随着会展活动的开展而产生的，因此会展文案的写作往往服务于会展项目的需要。

（二）写作内容的专业性

会展文案是会展机构用以传递信息、沟通联系的官方文件，具有新闻性、原创性和专业性的特点。

（三）写作项目的全面性

按照会展活动开展的阶段划分，会展文案包括计划组织阶段文案、运作实施阶段文案和总结反馈阶段文案，其每个阶段又包含若干不同类型的文案，如计划组织阶段文案有：会展市场调查报告、会展项目立项策划书、会展项目可行性研究报告、会展计划等，涉及面较广，项目内容也较为全面。

（四）写作结构的规范性

会展文案有既定的结构元素及其表述方法，不同的文案类型有不同的结构体例和规范性的表述方法，无论是接待方案、招展函、会展合同、参展说明书、宣传推广方案，还是开幕式策划方案、闭幕式策划方案、会展事务礼仪文案等都有具体的写作规范。因此会展文案大多可以借助模板写作，有许多约定俗成的模板可以参照。

二、会展文案的作用

（一）领导与指导作用

会展组织通过发布会展文案来部署各项工作，传达会展信息和决策，对其他利益相关者进行具体的领导或给予一定的指导。例如，参展说明书不仅要对参展商参加展会表示欢迎，而且要说明参展手册编制的原则和目的，提醒参展商在筹展、布展、展览和撤展等环节要自觉遵守的相关规定等。

（二）行为规范作用

会展文案具有一定的行为规范作用，这是公文本身所具有的强烈政治性与法定的权威性等特点赋予的，而部分会展文案完全具有公文这一特性，因此这种行为规范作用又称为法规约束作用。如会展合同是为了保证展会正常进行，维护双方共同利益及声誉，本着自愿、平等合作、互惠互利的原则而订立的，也是以文件的形式制定和发布的，这些规范性公文一经发布，便成为行为规范，对相应的社会组织或个人具有约束力，应该依照公文的要求执行，不可违反，这对于维护正常的社会秩序、安定社会生活，保障人民的合法权益具有极其重要的作用。

必须指出的是，规范性公文的行为规范作用与社会道德规范不同，违反社会公德将受到舆论的谴责，而公文的行为规范作用是带有强制性的。国家以强制手段保证它的权威，谁违反了法律、法规或规章，谁就要受到法律制裁和行政处分或经济处罚。只有属于规范性公文的会展文案，在它的有效范围内，才能成为人们的行为规范，而且强制执行。

（三）传递信息作用

会展文案是传递会展信息的重要渠道，无论是招展信息、宣传推广方案，还是会展评估报告、展后工作总结等文案，要了解会展活动的相关信息均是通过会展文案的传递而取得的。会展文案的这种信息传递作用，使会展行业得以形成一个四通八达的信息网络，会展组织、政府、参展商、观众、媒体等均是依靠文案传递的信息调整彼此之间的关系，保障相关工作正常地、有秩序地运转。

（四）商务联系作用

会展组织在处理日常事务工作中，经常要与其他相关组织进行横向与纵向的联系，且一次会展活动的举办或召开绝不是孤立地进行的，有时要向上级领导机关报告情况、请示问题，有时要与其他相关单位就工作业务进行商洽、询问，有时也要面向公众进行必要告知。因此在会展活动的正常运转中，会展文案的协调商务联络作用就显得越来越重要、越来越广泛了。

（五）凭据记载作用

会展文案是会展组织进行会展活动的文字记录。一般来说，绝大多数会展文案在传达信息的同时，也具有一定意义上的凭据作用。这是因为，既然每一份文案都反映了制发单位的意图，那么对其相关单位来说，就可将文案视为传递信息、处理问题的依据。有些文件，则具有比较明显的凭证作用。如经过当事人双方共同签订的协议书、合同等文件，它的凭证作用是作为证实签约双方曾经许诺和承担的责任和义务的依据。还有一些会展文案具有明显的记载作用，例如招展函、展后信函等都是会展活动开展的真实记录，具有记载作用，可作为档案以便今后查考，提供借鉴意义。

以上所述，是就会展文案的主要作用而言的，会展文案应该还有宣传教育等作用，就不一一详述了。实际上，从每一个具体的条件所起的作用来看也并不是单一的，往往同时具有几种作用，我们应该结合起来认识和理解。

思考分析：西博会招商招展手册发布，指南在手，参展无忧！

第二十届中国西部国际博览会

已于日前定档

2025 年 5 月 25 日至 29 日

在成都召开

目前招商招展情况如何？

怎么参与这场西部盛会？

收好这份指南，参展无忧！

中国西部国际博览会（以下简称西博会）是由四川省人民政府主办，发端于西部大开发，始创于2000年5月，永久会址设在四川省成都市，系国家机制性大型涉外展会、“一带一路”建设重要平台、中国对外开放的重要窗口，现已成功举办19届。

自第二十届西博会起，每届举办时间固定为5月25日至29日。

第二十届西博会以“深化改革增动能　扩大开放促发展”为主题，以习近平新时代中国特色社会主义思想为指导，全面贯彻党的二十大和二十届三中全会精神，深入学习贯彻习近平总书记在新时代推动西部大开发座谈会上的重要讲话精神、致西博会贺信精神和对四川工作系列重要指示精神，充分发挥西博会作为中国对外开放的重要窗口作用，搭建深化与世界各国交流重要平台，深度服务“一带一路”建设和成渝地区双城经济圈建设，推动西部地区进一步形成大保护、大开放、高质量发展新格局，加快推进国家战略腹地和“两高地、两基地、一屏障”建设，展现新时代、新西部、新四川、新机遇，奋力谱写西部大开发新篇章。

截至目前，确定或意向参展面积约12万平方米，完成率超60%。已落实浙江省、青海省担任双主宾省。境外方面，泰国、巴基斯坦、乌拉圭、印尼、日本等12个国家和地区确认参展；巴西、智利、墨西哥、冰岛等10个国家和地区意向参展。沃尔玛、百胜餐饮、德国大众等百余家世界知名企业将亮相西博会。

秉持“共办、共享、共赢”的办会理念，充分发挥西博会投资促进、贸易合作、外交服务“三个平台”以及西部合作、东西合作、中外合作“三个载体”作用，着力提升国际化、专业化、市场水平化，突出服务向西开发主场外交，服务新质生产力发展、服务西部各方面合作共赢“三个功能”，实现参与国家多、参展企业多、参会贵宾多、参签项目多、参加市民多的办会目标，将西博会打造成为服务新时代西部大开发的标志性、国际性盛会。

聚焦高水平向西开放、深化区域交流合作、助推现代化产业体系建设、促进“双循环”贸易合作等目标，设置西部开放合作、西部产业新动能、西部美好生活三大展区，展览总面积约20万平方米。

1. 西部开放合作展区

聚焦西部地区对外开放合作和投资促进，主要展示中外合作、东西合作、成渝地区双城经济圈合作、四川“五区共兴”等综合形象、投资机遇方面的内容。

① 国际合作馆：设主宾国展区、国家馆展区、可持续发展及跨境贸易展区，主要展示共建“一带一路”国家及其他国家地区的综合形象、优势领域、优质资源，西部地区对外开展经贸投资、人文交流合作的成果。

② 区域合作馆：主要展示西部地区、京津冀、长三角、粤港澳大湾区等区域的科技成果、投资机遇及特色产品，以及中西部协作取得的成果、产业合作重大项目等。

③ 成渝地区双城经济圈建设馆：主要展示川渝两地合作的成果和重大引领性项目，包括现代产业体系建设、基础设施互联互通、科技创新中心协同共建、生态共建共保、城乡融合发展、公共服务共建共享等内容。

④ 四川“五区共兴”馆：主要展示四川五大片区总体规划布局、现代化建设成果、乡村振兴成就、重大项目投资机遇、文化及特色产品等。

2. 西部产业新动能展区

聚焦科技创新引领产业创新、国家战略腹地建设和关键产业备份，突出代表新质生产力发展方向的新兴产业和电子信息、装备制造、食品轻纺、先进材料、能源化工、医药健康等西部特色优势产业，集中成链展示一批优质企业，全面展现从战略规划到科技创新成果转化、从前沿领先技术到产品解决方案、从应用场景到生态圈层的全产业链过程。

① 科技创新馆：主要展示西部地区绿色低碳、生命科学、高端制造、新材料、人工智能、低空经济等领域代表新质生产力发展方向的前沿引领技术、科技创新产品和最新应用场景。

② 电子信息馆：主要展示西部地区集成电路、新型显示、智能终端、先进存算、传感器等产业链标志性产品、创新平台和优势项目，以及新一代信息技术在赋能新型工业化、数字政府、数字乡村、数字金融、智慧生活等方面的典型应用场景和优秀案例。

③ 装备制造馆：主要展示西部地区航空制造、整车制造、轨道交通等相关领域的整机（车）、发动机、零部件、机（车）载设备，以及装备制造业在数字化、智能化转型方面的前沿技术、创新平台和最新产品。

④ 食品轻纺馆：主要展示西部地区酒水饮料、休闲食品、粮油加工、肉制品加工、纺织服装、服饰箱包等产业链重点企业、创新技术与优质产品。

⑤ 能源化工馆：主要展示西部地区清洁能源、绿色化工、节能环保等领域在智能化、绿色化、融合化方面的前沿技术、创新成果和综合应用场景。

⑥ 先进材料馆：主要展示西部地区钒钛钢铁、晶硅光伏、稀土、锂矿等先进基础材料、关键战略材料、前沿新材料在高端装备、电子器件等方面的最新应用和领先工艺技术。

⑦ 医药健康馆：主要展示西部地区生物医药、核医疗、医疗装备、智慧医养、中医药大健康、营养保健等方面的前沿产品、最新技术和主要成果，以及省内外养老服务体系建设成果、养老服务发展示范案例。

3. 西部美好生活展区

聚焦“满足美好生活需求，挖掘品质消费潜能”，采用场景化、体验式、趣味性、时尚感的展陈方式，重点展示家居生活、绿色出行、文娱潮玩、美食美味等消费新趋势、新模式、新业态、新产品。

① 家居生活馆：主要展示新一代信息技术、绿色低碳技术、新型建造技术在“好房子”全屋智能场景方面的最新应用和智能设备，包括智能厨卫、生活电器、消费电子、可穿戴设备等前沿科技产品。

② 绿色出行馆：主要展示绿色出行创新服务平台和项目，以及新能源汽车、混合动力车、氢能自行车、家用换电设施设备等最新技术和产品。

③ 文娱潮玩馆：主要展示电竞游戏、网剧动漫等数字娱乐项目及IP衍生品，特色小镇、主题乐园、夜间文旅等特色消费新业态，以及数字文旅、旅游文创的新场景、新技术、新装备。

④ 美食美味馆：主要展示国内外特色饮食文化、健康生活理念，以及地标美食、

国潮美食、休闲食品、酒水茶饮、特色食材、连锁加盟餐饮品牌和创新产品。

展会期间，拟在省内部分市（州）重点产业园区、特色生活街区举办多场展城融合相关活动。

主题活动：

1. 第二十届中国西部国际博览会开幕式
2. 第二十届中国西部国际博览会欢迎会
3. 第十三届中国西部投资说明会暨经济合作项目签约仪式
4. 第十五届中国西部国际采购商大会
5. 主宾国系列活动
6. 主宾省系列活动

（资料来源：中国西部国际博览会官方网站，http://www.wcif.cn/14070/14093/14094/2025/03/05/10278348.shtml）

思考题：

1. 以上文案的受众群体是什么？
2. 根据会展文案的特点和作用，针对不同的文案受众群体，如何设计差异化的文案？

第三节　会展文案的种类

会展文案内容丰富，按不同标准进行划分可得出不同的种类。以下依次从会展文案的行文关系、保密要求、传播方式、会展活动的过程、会展文案的功能以及展览公司或展览主办方与经营管理有关的内容这六种分类方式进行介绍。

一、按会展文案的行文关系划分

会展企业为了履行职责，表达意图，在实际工作中难免需要对外或对内行文，有的是向主管部门请示和报告工作，有的是向下属单位布置工作，有的则是同一些平行或不相隶属的单位之间联系和商洽工作。因此会展文案按行文关系可分为上行文、下行文和平行文。上行文，即下级机关向所属上级机关的发文，如请求、报告；具体又可分为逐级上行文、多级上行文和越级上行文。下行文，即上级机关对所属下级机关的发文，如命令、令、指令、决定、决议、指示、布告、公告、通告、通知、通报、批复等；具体又可分为逐级下行文、多级下行文和直达基层组织和群众的下行文。平行文，即平行机关或不相隶属的机关之间的发文，如通知、函。根据工作需要，会展企业在向政府有关主管部门行文时，可依据国务院发布的《国家行政机关公文处理办法》的要求注意公文格式。

二、按会展文案的保密要求划分

按会展文案的保密要求可分为保密性会展文案、内部性会展文案和公开性会展文案，其中保密性会展文案分为国家秘密文件和商业秘密文件，国家秘密文件又分为绝密件、机密件、秘密件。按照《中华人民共和国保守国家秘密法》，国家秘密的密级分为绝密、机密、秘密三级。涉及国家秘密的公文应当分别标明密级（绝密、机密、秘密）和保密期限。其中，“绝密”“机密”级公文还应当标明份数序号。“绝密”是指：含有最重要的国家秘密，泄露会使国家的安全和利益遭受特别严重损害的公文。“机密”是指：含有重要的国家秘密，泄露会使国家的安全和利益遭受严重损害的公文。“秘密”是指：含有一般的国家秘密，泄露会使国家安全和利益遭受损害的公文。“绝密”“机密”“秘密”等级应当分别标注在公文首页的右上角。标注密级时，应当在标注密级程度的同时标注保密期限，具体写法为“密级★保密期限”。保密期限是指：保守国家秘密的时间界限。国家秘密的保密期限，除有特殊规定者外，绝密级事项不超过30年，机密级事项不超过20年，秘密级事项不超过10年。特殊规定是指：发文机关可以对保密范围中的某类事项的保密期限，规定为“长期”或确定保密的最短期限，如“秘密★6个月”“机密★5年”“绝密★长期”。在会展活动中，凡涉及国家秘密的文件，在阅读和使用过程中，必须严格遵守相关规定，且需负责人及其指定的人员为定密责任人，负责本机关、本单位的国家秘密确定、变更和解除工作。

商业秘密文件是指商业活动中涉及商业秘密的文件，在会展活动中，企业需通过商业秘密管理体系构建，全面地树立风险意识观念与培养保密习惯。对商业秘密的保护最重要的是加强对涉密人员的管理，与员工签订的劳动合同中应当含有保密条款，且与涉密人员签订的保密协议中，应当明确保密内容和范围、双方的权利与义务、协议期限、违约责任；同时会展企业需要内部建立商业机密文件使用的各种管理举措，对商业秘密载体的制作、收发、传递、使用、保存、销毁等过程实施控制，确保秘密载体安全。

内部性会展文案是指内部商议、传达等不宜公开事项的文案，如尚处于探讨中的会展营销方案、会展预算等。公开性会展文案是指需要周知、广为宣传的不涉及保密性质的文案，如会展决议、通告、规定等相关内容。

三、按会展文案的传播方式划分

按会展文案的传播方式可划分为讲话类会展文案、书面类会展文案和声像类会展文案。因会展活动的需要在会展管理和举办过程中会使用到这三类会展文案，其中，讲话类会展文案是以语言文字为主要工具记载的会展信息，如博览会开幕式致辞等。书面类会展文案，通俗地讲就是纸质类会展文案，当然也包括电子版式文案。书面类会展文案由各种文字、图形、结构元素构成，也包括段落的字体、字号、位置和标注方式等文书材料及其整理归档后的案卷。声像类会展文案，包括照片、录音、录像类电子文件，是指使用数字成像设备形成的，依赖计算机等数字设备阅读、视听、处理，并可在通信网络上传送的静态图像文件、数字音频文件和数字音视频文件。

四、按会展活动的过程划分

按会展活动的过程划分，可以分为展前会展文案、展中会展文案、展后会展文案。

五、按会展文案的功能划分

按会展文案所属类型，即会展文案的功能划分，可分为六类：管理规范类文案、策划申办类文案、商区契约类文案、主题成果类文案、信息宣传类文案、礼仪事务类文案，如表 1-1 所示。

表 1-1　会展文案的种类

管理规范类文案	对会展活动进行管理和规范的文案	有关会展管理的通知、通报、报告、会议或展览组织的章程、会议议事规则、参展须知、会议议程、选举办法、表决程序
策划申办类文案	在会展申办和策划阶段使用的文案	会展总体方案、会展接待方案、招展方案、开幕式方案、申报报告、会展可行性研究报告等
商区契约类文案	反映会展主办者、承办者、参展商、与会者相互之间经济联系、契约承诺的文案	招展公告、招展邀请函、参展手册、招标书、投标书、会展承办合同、参展合同等
主题成果类文案	阐明会展活动的指导思想和原则，体现会展活动主题、明确会展活动目标，记载会展活动成果的文案	会展的各种报告、议案、提案、决议、决定、纪要、公告、合同、协议、意向书、条约、协定、谅解备忘录、声明、宣言、计划、纲领等
信息宣传类文案	发布会展信息、宣传会展形象而制作和使用的文案	会展广告、会展信息、会展简报、会展调查报告、会展总结、展览评估报告等
礼仪事务类文案	为做好会展的礼仪工作、会展事务工作、会展评估工作而形成和使用的文案	邀请函、请柬、会展通知、会展致辞、签到簿、报到注册表、作息时间表等

（资料来源：杭州伍方会议服务有限公司（会议资讯）http://www.58meeting.com/newsview.php? id=22&nid=514）

六、按展览公司或展览主办方与经营管理有关的内容划分

按展览公司或展览主办方与经营管理有关的内容划分，可分为七大类：组织工作方案与经营管理计划、商业函件、推广宣传方案、现场服务及工作手册、分析报告、经济合同和代拟稿，如表 1-2 所示。

表 1-2　会展文案的种类

组织工作方案与经营管理计划	1. 展会组织工作方案（一般用于对外报送） 2. 会议组织工作方案（展前展中配套会议，用于对外报送） 3. 活动组织工作方案（包括开幕式、展前展中配套活动） 4. 展会经营计划（包括项目计划以及单列的营销计划） 5. 展会现场服务工作计划

表1-2(续)

商业函件	1. 申请行政许可函（用于展会公安、消防、交通申请事项报备） 2. 展会邀请函（包括邀请展商、观众、出席会议、活动人士） 3. 商请冠名主办单位函（主要商请政府及其部门、行业协会、学会） 4. 商请协办、支持单位函（主要商请行业协会、学会、媒体） 5. 与客商函（沟通销售业务） 6. 与服务商函（沟通展会展馆租赁、主场搭建、展品物流、门禁登记、餐饮供应、保安保洁等服务事项）
推广宣传方案	1. 展会自媒体建设方案（包括展会报纸、期刊、网站、微博、微信） 2. 展会 CI 设计方案［包括 logo（商标）设计］ 3. 展会新闻发布会组织工作方案 4. 展会现场背景板、海报文本方案 5. 展会商业赞助方案 6. 展会新闻宣传策划方案 7. 展会电话话术脚本（用于销售、邀约观众、市场调查） 8. 移动终端信息发布文本（通过微信、微博、QQ、手机发送的展会信息） 9. 电子简报（通过电子邮箱向客户发送的展会报道或展会信息） 10. 展会会刊、会报文本（其中，会刊文本指前言写作、收录资料的编辑；会报文本指刊载内容的撰写与编辑）
现场服务及工作手册	1. 展商服务手册（客户参展事项指引） 2. 专业观众服务手册（客户参观事项指引） 3. 宣传工作手册（用于展会媒体接待、图片、视频拍摄） 4. 临时聘用人员工作手册（用于指引展会期间临时聘用人员参与服务工作） 5. 危机处理预案（用于展会现场危机事件处理） 6. 展商服务手册（客户参展事项指引）
分析报告	1. 创办展会可行性研究报告（新项目开发） 2. 展会主题拓展可行性研究报告（老项目扩张） 3. 展会停办可行性研究报告 4. 调查问卷设计（包括现场问卷、电话问卷） 5. 展会展后总结报告 6. 经营管理数据分析报告（包括项目财务分析、展商分析、观众分析、媒体分析） 7. 专题调研报告（根据需要确定专题）
经济合同	1. 合作主办展会合同 2. 商请冠名主办展会合同 3. 委托展位代理销售合同 4. 租赁展馆、会议室合同（一般使用展馆、会议室经营方提供的格式合同） 5. 展会赞助合同（包括广告、物品、宴会等方面赞助） 6. 承办展会期间会议、活动合同 7. 与媒体合作合同 8. 委托美工设计、印刷合同（包括展会 logo、平面设计、会刊、邀请函门票、证卡印刷） 9. 委托展会主场服务的合同 10. 委托展会观众登记服务合同 11. 委托电话呼叫邀约参观合同

表1-2(续)

代拟稿	1. 政府展会组织工作方案 2. 政府展会经营工作计划 3. 政府展会组展工作通知（下发参展单位） 4. 政府部门、协会同意主办展会批复（回复承办展会机构） 5. 政府展会开幕式组织方案 6. 政府展会工作简报 7. 政府展会展后总结报告 8. 展会开幕式嘉宾致辞

（资料来源：新浪博客，http://blog.sina.com.cn/s/blog_61666d100102wutm.html）

思考分析：盛情相邀！2024(第五届)全球生物质能创新发展高峰论坛期待您的参与

为深入贯彻落实《“十四五”可再生能源发展规划》，进一步增强新时代生物质能产业发展内生动力，推动城乡各类有机废弃物无害化、减量化、能源化利用，促进行业高质量发展，中国产业发展促进会生物质能产业分会联合中国农业大学等相关机构，拟定于2024年5月在京举办主题为“新征程 新利用 新价值”的2024（第五届）全球生物质能创新发展高峰论坛暨有机固废资源（能源）化利用科技装备展。同期，将举办主题为“向绿而行，向新而进”的第二届全国生物能源马拉松公益跑。

会展时间

2024年5月8日–10日

会展地点

北京国测国际会议会展中心

（北京市顺义区临空经济核心区汇海南路6号院20号楼）

会展规模

3 000人左右

马拉松时间、地点

2024年5月11日　北京温榆河公园

主办单位

中国产业发展促进会生物质能产业分会

中国农业大学

国际能源署生物质能中国组

中国能源研究会绿色低碳技术专委会

活动亮点

· 免费参会、免费观展、免费提供会议资料

· 亚太地区规模最大、专业门类最齐全的行业盛会

· 邀请相关部委、国际组织、国内外企业代表出席论坛活动

· 50余家主流媒体全程参与活动报道

· 以公益活动（会展+行业马拉松）践行社会责任，助力乡村振兴

拟定日程安排(见表 1-3)

表 1-3　拟定日程安排

日期	活动安排	同期展览
5月8日 周三	主论坛：第五届全球生物质能创新发展高峰论坛	有机固废资源（能源）化利用科技装备展
5月9日 周四	分论坛一：餐厨厨余垃圾资（能）源化利用分论坛	
	分论坛二：绿色甲醇产业发展分论坛	
	分论坛三：畜禽粪污及农业废弃物资（能）源化利用分论坛	
	分论坛四：后补贴时代固废发电创新发展分论坛	
5月10日 周五	分论坛五：生物能源绿色价值实现与行业标准化建设分论坛	
	分论坛六：绿色金融助力生物能源分论坛	
	分论坛七：先进生物燃料(saf燃料、生物柴油、生物乙醇)分论坛	
	分论坛八：农村能源革命助力乡村振兴分论坛	
5月11日 周六上午	第二届全国生物能源马拉松公益跑	

论坛分区及展位布置图(见图 1-1)

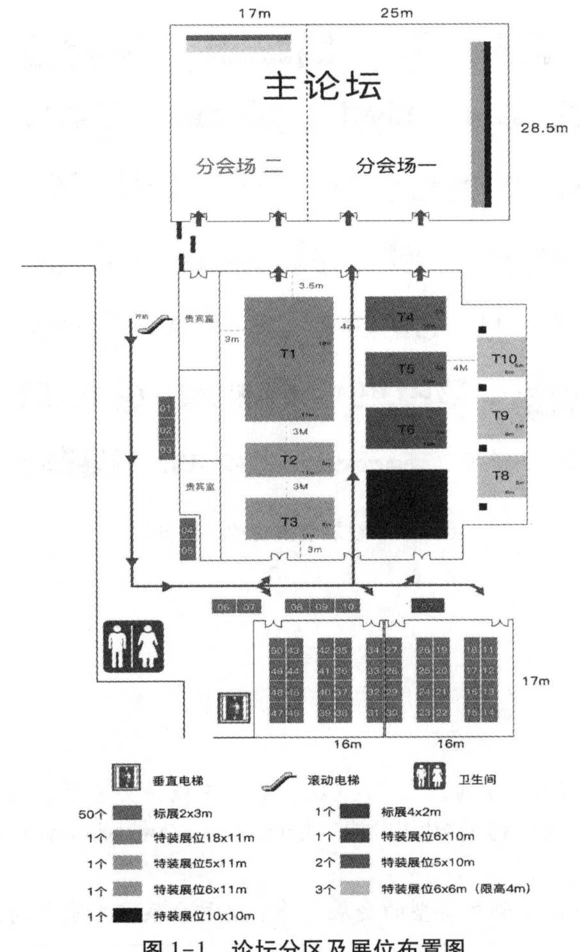

图 1-1　论坛分区及展位布置图

有参展或演讲意向的企业请扫描下方二维码登记，我会工作人员会及时与您联系，参展登记截止到2024年4月10日，2024年2月1日之前登记参展可享受9折优惠，预订从速！

往届参展企业（部分）

中国环境保护集团有限公司

中国光大环境（集团）有限公司

北京中科润宇环保科技股份有限公司

深圳能源环保股份有限公司

重庆三峰环境集团股份有限公司（其他略，见图1-2）

图1-2　往届参展企业（部分）

联系我们

商务合作：略

赛事合作：略

会务组织：略

酒店预订：略

（酒店价格450~650元/间，大床/双床，数量有限，如有需求请提早预订）

（资料来源：中国产业发展促进会生物质能产业分会,https://www.beipa.org.cn/newsinfo/6780546.html）

思考题：

请指出以上材料属于哪种类型的会展文案？这种会展文案有何特点？

第四节　会展文案的写作要求

会展文案的写作同其他类文章一样，应该讲究质量，注重效用，但其又与其他种类文章的写作不同，有着鲜明的特点。具体说来会展文案的写作要求有以下几个方面：

一、主题要鲜明集中

会展文案写作的目的是辅助会展活动的正常开展，是传递相关信息的书面文字，而主题是作者通过文章的全部材料所表达出来的中心意思或内容主体。确定主题就是要求在会展文案写作之前清楚明白写作目的是什么，对于主题的写作要求：一是题旨正确，会展文案的主题不仅应当正确反映会展活动和会展管理的客观实际，帮助相关受众正确认识、把握会展管理和会展活动的发展规律，而且要符合有关会展的法律、法规和政策，要有切合实际、切实可行的意见、措施和办法。会展文案作为会展管理和会展活动信息的载体，不仅需要准确、及时地传达相关信息，在内容表述方面也要符合国家的有关法律、法规和规章，合理解决会展管理和会展活动中的实际问题。二是内涵集中，这是指会展文案的主题要简明、单一，即“一文一事”，做到一篇文案说明一个方面的事项、请示一个方面的问题、布置一个方面的工作，做到中心突出，主旨单一。三是主题清晰鲜明，要求会展文案中所表达的立场、原则、态度、观点必须旗帜鲜明；要求会展文案中提出的措施、办法、任务、要求，应当清楚、明白，有明确的针对性。会展文案的写作必须符合客观规律，因此我们大力提倡和坚持调查研究，深入实际，实事求是，这样才能撰写出有分量的高质量的文案。

二、材料要典型可靠

凡是在文章中用来说明主题的事实、数据、公理、原理、引文、资料等，都可称为材料。会展文案写作在材料方面的具体要求如下：

（一）保证切题

主题和材料是相互联系的，主题必须统帅材料，材料必须为表现主题服务。因此，是否围绕主题、能否体现主题既是选择材料的首要原则，也是决定材料取舍的主要标准。

（二）选材典型

会展文案总是通过个别材料来反映会展活动和会展管理的一般规律。为了使会展文案的主题能够得到充分的体现，需要运用既有广泛代表性又能够深刻反映事物本质规律的材料。

（三）材料客观真实

作为会展信息的重要载体，会展文案应当能帮助会展主体（主办者、与会者、参展者、客商、观众）正确把握会展活动的规律，方便会展主体之间的交流和沟通，因此材料必须真实可靠，尤其是材料中涉及的人名、地名、时间、情节、现状、后果等事件要素以及有关数据，务必一一核实，以维护文案的严肃性和权威性。

收集典型可靠的材料既是一个充分酝酿和进行构思的过程，也能为文案的撰写打下比较坚实的基础，因此材料的收集必须做到真实、典型、适用、时效，这样写出的文案才能反映、传达和解决现实问题，才具有代表性和说服力。

三、结构要完整规范

结构是指会展文案的部分与部分、部分与整体之间的内在联系和外在形式的统一。对于结构的要求是严谨、畅达、匀称和完整。如果说主题是会展文案的灵魂，材料是会展文案的血肉，那么结构就是会展文案的骨骼。

会展文案的结构元素及体例如下：

（一）标题

常见的会展文案标题结构有以下几种：

（1）由发文机关名称、事由和文种组成，是对文案主要内容准确、简要的概括和提示，如“杭州市人民政府关于规范会展市场、促进会展业健康发展的通知”。其中“杭州市人民政府”是发文机关名称，“规范会展市场、促进会展业健康发展”是主题，即事由，“通知”是文种。这样的标题起提示作用，使人一看就明白它是什么机关发来的，说的是什么问题，属于什么种类的公文，既便于阅读处理，也便于归档和查找利用。

（2）由发文机关或会展名称和文种组成，如“第二届全国企业家论坛邀请函”。

（3）由事由（主题）和文种组成，如“关于合作举办中法文化交流之春的协议书”。

（4）由适用范围、主题和文种构成，如“中国国际展览公司员工守则”。

（5）由适用范围适用时限、主题、文种构成，如“广州贸易展览有限公司 2011 年度工作总结”。

（6）仅标明文种，一般用于少数约定俗成的文种，如新闻公报、联合声明、感谢信等。

（7）复合式标题，一般有三种形式：第一种由主题和副题组成。主题（又称正题）揭示会展文案的主题，副题（又称子题）补充说明作者、文种和适用范围等信息，常常用破折号引出。如“跨越发展，管理提升，塑造品牌——杭州××会展中心 2012 年度工作总结”。会展简报、会议报告、调查报告、会展总结、会展新闻等可采用这种标题。第二种是在主标题上增加一个提示性、渲染性的眉题（或称肩题、引题）。第三种是由引题、正题和子题组成三行式标题。第二、第三种一般用于会展新闻写作。

（二）称呼和主送机关

1. 称呼

称呼主要用于信函、讲话、报告、致辞一类的会展文案。称呼要根据文案的性质和称呼对象的身份、范围等情况确定。称呼写作一般要把握以下原则：一是按身份从高到低；二是按性别先女后男；三是尽可能覆盖全体参加对象。比如，提请代表大会审议的报告应当称呼“各位代表”；欢迎会上的致辞，应当首先称呼欢迎对象，再称呼其他参加对象，如“尊敬的××先生，各位来宾，各位同志，女士们，先生们”；介绍经验等一般性发言，应当先称呼领导、再称呼来宾，最后称呼代表，如“各位领导，各位来宾，各位代表”。称呼要在标题之下空行顶格书写，后标冒号。

2. 主送机关

主送机关即公文的主要受理机关，又称主送单位或行文对象。主送机关是一种特定的称呼。一般说来，哪个机关负有收受、办理公文的责任，哪个机关就是主送机关。凡是以机关的名义制发，并有明确的受理机关的会展文案，应标明主送机关。主送机关的写作应当清楚准确，尽量不写“各有关单位”，以免出现责任不清、相互推诿的情况。主送机关的写法有以下几种：

（1）特称或单称，用于向一个特定的机关行文。使用特称要注意区域限制，在本地区、本单位可称上级为“省政府”“总公司”，但跨地区、跨单位行文时必须写明地区或单位（机构）的全称。

（2）并称，用于同时向两个以上的机关行文，主要的机关应写在前面。

（3）转称，用于主送某一机关，同时要求转送另一机关的会展文书，如“分公司并转报总公司”。

（4）统称，又叫泛称，就是将同一类型的机关名称的共同中心语抽出，前面加“各”字，如集团公司下发文件，可写“各公司”。无共同中心语的机关，可按其性质统称，如“各直属机构”。

（5）混合称，即同时使用上述几种写法，如统称后面加写单称或并称。主送机关的后面应当标冒号。

（三）正文

正文是完整表达会展文案主题信息的核心载体，是制发者立场、观点、思想方法的具体体现，一般分为开头、主体、结尾三部分。内容简单的会展文案，可掐头去尾，只写主体部分，不分段落，一气呵成。这要求撰写者既要熟悉业务、懂政策，也要熟悉并掌握语言文字基础和公文写作的技能。

1. 开头

会展文案开头的写作方法有以下几种：

（1）说明制发目的、意义和依据，多用于会展管理中的公文、规章写作。

（2）揭示背景，确定全文的基调，主要用于工作报告、工作总结、经验介绍等会展文案的写作。

（3）介绍和评价基本情况。会展报告、会展通报、会展简报、会议纪要、会议公报等会展文案的开头一般要概括介绍相应的基本情况。

（4）表达欢迎、欢送、祝贺、慰问、感谢等特定的礼仪信息，主要用于讲话稿、贺信、慰问信、感谢信的写作。

2. 主体

会展文案主体的主要功能是说明具体情况、解释政策条文、布置工作任务、提出办法要求、回答对方询问、总结经验教训、分析问题原因。

3. 结尾

会展文案结尾的写作有以下几种方法：

（1）提出希望或执行要求，主要用于要求下级机关或有关单位遵守、执行的会展文案的写作。

（2）发出号召或表示信心和决心，主要用于会议报告、会议决议、讲话稿以及要求普遍实施的会展文案的写作。

（3）提出请求，主要用于请示、上行性意见、商洽函等会展文案的写作。

（4）表达祝愿，主要用于致辞和贺信等会展文案的写作。

（5）收束全文，予以强调。一般的会展文案都可以用“特此决议”“特此通知”“特此函告”等结尾用语来收束全文，予以强调。凡用“特此”引领的结尾用词，写作时要注意三点：一是另起行独立成段，以突出强调的效果；二是末尾可以不加句号；三是如果开头部分已经用了“现将有关事项通告（通知、通报或报告等）如下”的过渡语，则可省略这类结尾，以免重复。

4. 附件

如有附件，应当在正文下一行加以标识，用以说明附属在公文正件之后的有关文件材料的名称及件数。附件是相对公文正件而言的，因此在内容上，附件是附属于公文正文的，它对正文中有关问题起补充说明或参考作用；在形式上，附件是公文的一个组成部分而不可随意分开，有附件的公文，附件就同正件一起组成一份完整的公文，附件说明则有助于附件的查阅和保护。

公文附件的形式一般有图表、目录、名单、简介及其他有关文件材料。

有的公文之所以要有附件，一是由于拟写文件要求篇幅简短，在公文的正文部分不可能将附件的内容都写进去，不然就造成正文堆砌材料，使篇幅显得冗长累赘；二是将必要的补充说明及参考材料附在正文之后，有利于强调这些文件材料的重要性，并有利于正文突出重点，以增强公文的表达效果。附件说明位于正文的左下方，公文生效标识之上，注明所附文件材料名称及件数，在发文机关落款和成文时间之后或另起一页附上所列附件的材料。需要明确的是，附件应与正文一起装订；如果附件与正文不能一起装订，应在附件上标识公文的发文字号。

（四）署名和印章

1. 署名

署名又称落款。会展文案的署名有三种情况：一是以领导人名义发出的会展文案，由签发文件的领导人在正本的正文末尾亲笔署名，用以证实其法定效力或体现礼节，又称签署。如公布会展法规和规章的命令、向法定性会议提出的议案、对重要贵宾发出的请柬或邀请函、任免性通知以及重要的聘书等会展文案，应当由领导人签署。签署的会展文案一般不再标写发文机关，也不需加盖公章（特殊文件除外）。需签署的文案较多时，可由秘书代盖领导人手书体签名章。联合发文需要签署的，应当联合签署。二是署发文机关的名称。一般情况下，有固定标印格式、盖有公章的文案，正文的下方无须署发文机关的名称，国家行政机关的公文就是如此。无固定标印格式、标题中又无发文机关名称的文案，如招展邀请函、会展计划和总结等，应当署发文机关的名称。三是具有协议性质的会展文案，如会展合同、会议纪要、联合公报、共同宣言等，由有关各方派代表在文案的末尾共同签署姓名。

2. 印章

印章是发文机关对会展文案表示负责并标志会展文案生效的凭证。需对外发出的会展文案，除了在媒体上公布、会议通过和领导人签署（包括共同签署）的之外，在缮印后，都应在落款处按规定的方式加盖发文机关的印章。印章、发文机关名称、签发人职务三者必须一致。有些会展活动的临时性组织机构没有公章，可用主办单位的公章代替。

特别需要注意的是，公文生效标识有两种情况：一是单一发文机关如何加盖机关印章；二是联合行文的机关如何加盖机关印章。一般情况下除会议纪要外，机关制发的公文都要加盖印章；不加盖印章的公文应视为无效。印章还是鉴定公文真伪的最重要的标志。

为了保证印章的真实性，提高印章的防伪性，《国家行政机关公文格式》规定对只盖一个印章的单一机关的发文在落款处（成文时间之上）不署发文机关名称，只标成文时间。成文时间的横向距离是右空 4 个字，纵向与正文的距离要依印章的大小而定，其标准就是印章加盖在行文时间上，印章的上弧距正文（或附件）不到 1 行的空白，这样要求是为了防止变造公文，因为如果空白过大容易被人私自加进其他内容，必须引起注意。

加盖印章有两种方式。一种是“下套”方式，即将印章的下弧压在成文时间上，适用于带有国徽、印章下弧没有文字的印章；另一种是“中套”方式，适用于印章下弧有文字的印章，如行政机关的部门印章或专用印章等。中套的要求是印章的中心线压在成文时间上。

联合行文加盖印章有两种情况。一是两个单位的行文需加盖两个印章时，应将成文时间拉开，左右各空 7 个字、主办机关印章在前，两个印章均压成文时间，要排列整齐，两个印章互不交切，间距不超过 3 毫米；二是三个或三个以上单位联合行文时，会出现有一个以上的机关印章无法压在成文时间上，也就是说会出现至少有一个单位的印章是空白印章。为了防止空白印章的出现，《国家行政机关公文格式》规定应将所有行文单位名称（可用简称）排在成文时间和正文之间（主办单位在前），将印章加盖在单位的名称上，这样便不会出现空白的印章。每排最多排 3 个印章，两端不得超过版心。在具体排布印章时，应使主办机关的印章在前，协办机关的印章按照发文机关标识的顺序依次排布。当最后一排剩下一个印章或两个印章时，应居中排布。成文时间标识在最后一排印章之下空 1 行位置，右空 2 个字。同样应保证印章间互不交切，每排印章中心线对齐。

应当强调的是，两个或两个以上印章的排列只能采用一种加盖方式，即不管个别印章适合哪种加盖方式，都只能统一采取一种，要下套均下套，要中套均中套，以保证印章排列整齐、美观。

鉴于行政公文的法定性和印章的特定功能，《中华人民共和国刑法》第二百八十条规定：“伪造、变造、买卖或者盗窃、抢夺、毁灭国家机关的公文、证件、印章的，处三年以下有期徒刑、拘役、管制或者剥夺政治权利，并处罚金；情节严重的，处三年以上十年以下有期徒刑，并处罚金。”

公文加盖印章是一件极其严肃的事情，盖印要端正居中不能重、歪、斜，模糊不清，尤其是国家行政机关的印章均带有国徽，把国徽盖歪了是极不负责、极不严肃的。因此，在公文上端正、清晰地盖好机关印章，不仅可以体现公文的严肃性与可靠性，同时也体现了工作人员认真严谨的工作作风。

（五）成文时间

成文时间又称成文日期，会展文案如果没有在正文中特别说明，一般都是以成文时间作为法定的生效时间。成文时间要用汉字书写，年、月、日要写齐全，不得有任何省略，不得将阿拉伯数字与汉字混用，成文时间也是将来检索和考证会展文案的重要依据。确定成文时间应当遵循以下几条规则：

（1）一般情况下，由领导人签发的会展文案，以签发日期为准。

（2）经会议讨论通过的会展文案，以会议通过日期为准，并加括号写在标题的正下方。

（3）谈判协商达成的会展文案以各方共同签字的日期为准。

（4）需会签才能生效或者联合制发的会展文案，若各方签字的日期不同，则以最后一个单位的领导人签发的日期为准。

（5）需要报请上一级机关或部门批准的会展文案，以批准日期为准。

（6）一般的日常事务性会展文案，成文时间以印发时间为准。

（7）特殊情况署印发日期。

（六）结构体例

结构体例就是会展文案正文结构外部形态的表达模式。会展文案结构体例丰富多样，但总体上可以分为非标志性结构体例和标志性结构体例两种。

1. 非标志性结构体例

非标志性结构体例是指在结构形式上主要通过自然段落的排列来表达结构内部关系的结构表达方式。有些内容较为简单的会展文案，全篇可采用一段式结构，一气呵成，无须任何结构标志。

2. 标志性结构体例

标志性结构体例是指借助一定的结构标志来表达结构内部关系的结构表达方式。标志性结构体例具有条理清楚、层次分明、便于查阅和引用的优点，适用于内容较为复杂的会展文案写作。目前，会展文案通常使用的标志性结构体例主要有以下四种：

（1）序数式

这是指用汉字或阿拉伯数字标注层次和段落。《国家行政机关公文处理办法》明确规定，公文的结构层次序数：第一层次为“一”，第二层次为“（一）”，第三层次为“1.”第四层为“（1）”。国家技术监督局规定，国家标准的编写体例采用阿拉伯数字分级编号，具体如：第一层次（章）为“1”，第二层次（条）为“1.1”，第三层次（项）为“1.1.1”，第四层次（目）为“1.1.1.1”。

（2）小标题式

小标题具有划分层次、体现作者的思路、承上启下的功能，具体的表述方法有两种：一种为序号加标题，即在每个小标题前标注序号，以便于查阅。会展调查报告、会展总结、会议纪要、会议报告等较多采用记叙和论述方法的会展文案，以及篇幅较长的会展文案也常常采用这种方法。另一种为单设小标题，即在较大的层次之前仅标写小标题，不加序号。这种方法的查阅功能不如前一种。序数式和小标题式可以结合使用，即先用小标题概括每个较大层次的主要内容，每个层次中再用序数标注较小层次的主要内容。

（3）段旨式

段旨式又称撮要倒悬法，即用一句精辟的话置于自然段落的开头，以概括这一段落的主旨（段旨），给人以鲜明的印象，然后再具体展开说明或议论。段旨前可以加序数，也可以不加序数。

（4）章条式

这是指用编、章、节、条、款、项、目统一命名和表述各个结构层次。章条式结构体例具有名称统一、表述规范、容易辨识、便于查阅以及便于书面和口头引用等优点，适用于规范性、协议性等引用频率较高的会展文案的写作。

四、语言要精练准确

语言是人类最重要的交际工具。无论是在社会的政治生活、经济文化生活还是日常生活中，语言都是以充当人类交际和交流思想的工具这一特殊职能为社会服务的。文章的语言是表达写作主体意图的手段和工具。会展文案种类繁多，不同的会展文案写作对语言的要求各有侧重，风格也各不相同，但准确、简明、庄重、得体是任何会展文案写作的语言都必须达到的基本要求。

（一）准确

准确是会展文案语言的主要特征和基本要求。语言含混不清，歧义丛生，会直接影响会展信息的表达和接受，使读者判断失误，或者无所适从，有的甚至会造成严重的政治、经济等方面的后果。具体而言，会展文案语言的准确性主要表现在以下几个方面：

1. 概念明确，用词贴切

会展文案写作经常需要涉及一些概念，概念既是判断、推理、论证的基础，也是叙述和说明的对象，概念明确，才能进行正确的判断、推理和论证，才能使叙述和说明具有明确的针对性。

2. 句子通顺，合乎语法

会展文案中的句子应合乎语言学的要求，用词应准确无误、搭配应恰当，造句要合乎语法和逻辑，标点符号应正确，尽量避免增加理解上的困难，要善于辨析词义，区别词的感情色彩，根据特定的语言环境，选用最恰当的词语。

3. 简称规范，合乎习惯

会展文案的内容必须用准确的语言来表达每个词、每句话，适当使用规范、明确的简称，使用简明生动的惯用语，避免用词含混，歧义迭出；或用语不慎，前后矛盾；或概念不清。语言的准确表达，决定于思路的清晰，同时也决定于对字、词、句的精心选择和反复推敲。

4. 语言庄重，权威性强

会展文案代表着会展机构的整体形象，并与其他的会展参与者产生联系，具有严肃性。因此，会展文案的语言应当十分庄重，宜用规范化的书面语言代替口头语，用陈述句和祈使句代替疑问句和感叹句，用生动、形象的语言明白晓畅、稳妥庄重地表达内容。

（二）简明

简明就是用最少的文字表达尽可能多的内容，做到“文约而事丰”。把会展文案写得简短明了，精练准确，这不仅是会展文案的现实效用性决定的，也是会展文案写作的基本要求。语言精练、篇幅精干的会展文案能大大减少读者阅读的时间，提高阅读的效率，因而更能激发他们的阅读兴趣。使语言精练的具体方法有以下几种：

（1）力戒浮文。会展文案的开头部分要“开门见山”，主体部分要“要言不烦”，结尾部分要“当断即断”，必要时，可以掐头去尾。

（2）避免重复。要写得简短明白，既需要一定的思想理论水平，又要思路清晰，有一定的分析概括能力，还要有较高的文字修养。在此基础上，方能做到叙述平直，说明扼要，逻辑严密，议论精当。要力戒空话、套话，不要使用一些生僻的词语。

（3）使用约定语。当有些概念、术语已经成为社会约定或会展行业的基本常识时，可省略多余的解释。尤其是专业对口的往来性会展文案，只要双方有约定，适当使用代号和行业术语可使语言更为简要，如“特装展位”“标准展位”等会展约定语。

（4）运用数概。这是指把若干并列的事项用数字概括的方法来简称，这样既可以节约文字、便于引述，又能够帮助受众记忆和掌握，如“中央八项规定”。

（5）以规范性、通用性简称代替全称，如以“广交会”代替“广州中国进出口商品交易会”。不过，当第一次使用非规范性、非通用性简称时，应当先写全称，然后注明“（以下简称×××）”，以免产生误解。

（6）共用共同中心语。若干词语的中心语相同时，可共用一个中心语，如“主办，承办”可简写为“主、承办”，“进口、出口”可简写为“进、出口”。

（7）适当运用书面语，如“……者”“欣闻”“函复”等。

（三）庄重

庄重就是指会展文案中使用的语言态度的客观公正、语义表述的准确明晰、语言风格的端庄典雅。具体地说，会展文案的用语不仅要使用规范的书面语言，表述内容时也要注意语言质朴无华、真切庄重。书面语言的特点是比口语更为精练准确，更加有条理；忌滥用俚俗口语，忌堆砌华丽辞藻，忌多作修饰描写。由于一些会展文案具有公文的特点，使用庄重的语言，不仅是公文制发机关应有的严正立场和严肃持重的态度在公文中的体现，也是公文的严肃性、法定权威性和行政约束力决定的。

（四）得体

语言表达的得体是指能够恰当地使用语言，体现语境和语体的要求。会展文案“得体”就是根据语境条件使用语言，即根据内部语境（上下文文体、句式、语言间的搭配和使用习惯等）和外部语境（语言交际的各种情境条件，如说话的目的、场合，需要表达的方式，发话者的身份、职业、处境，受话者的年龄、经历、性格、心理需求等），选用恰当的语句来表情达意，这是比“简明、连贯”更高一层的要求。

知识拓展 1-3：《乐山市会展业发展规划（2020—2035 年）》印发

日前，记者从四川乐山市博览事务局获悉，《乐山市会展业发展规划（2020—2035 年）》（以下简称《规划》）已正式印发。根据《规划》，到 2035 年，乐山将实现会展业综合收入 1 150 亿元。

根据《规划》，到2025年，乐山将实现会展业综合收入140亿元，年总展览面积200万平方米以上，国际展览业协会（UFI）、国际大会及会议协会（ICCA）等权威认证达到3个；到2030年，实现会展业综合收入495亿元，年总展览面积500万平方米以上，国际展览业协会（UFI）、国际大会及会议协会（ICCA）等权威认证达到8个以上；到2035年，实现会展业综合收入1 150亿元，年总展览面积1 000万平方米以上，国际展览业协会（UFI）、国际大会及会议协会（ICCA）等权威认证达到15个以上。

据介绍，乐山将聚焦国际国内会展发展趋势和乐山旅游产业优势，打造“三个一”，即一个国际旅游会展名城、一个专业品牌展会聚集地、一个国际展贸商贸新平台。

从时间维度看，乐山市会展产业分为3个发展阶段，即产业培育期（2020—2025年）、提质增效期（2026—2030年）和巩固提升期（2031—2035年）。短期目标是建设“四川会展副中心”、成渝地区会展“第三极”，中长期目标是建设“中国会展旅游名城”和“国际旅游会展名城”。

在产业布局上，乐山将打造峨眉山市至五通桥区的会展经济发展带，建设乐山国际博览城、四川国际旅游交易博览中心两大高端会展聚集核，打造夹江、井研、犍为三个会展发展组团，培育沙湾、沐川、马边、峨边-金口河自然生态四个微展支点，形成全域会展、多点支撑的发展格局。

根据《规划》，乐山将培育“8+N”展览项目、“6+N”会议项目、“5+N”节庆项目、“3+N”赛事项目、“2+N”演艺项目等在内的“展会节赛演”会展体系，建立促进会展业发展的“1+6”制度体系和“1+3”政策体系等。

据悉，乐山市博览事务局牵头拟定了《乐山市会展业发展三年行动计划（2021—2023年）》，系统提出未来三年的工作目标、重点工作任务和具体保障措施，努力将乐山打造成为“四川会展副中心”，争创成渝地区会展“第三极”。

（资料来源：中国展会门户，http://www.cnena.com/news/bencandy-htm-fid-4-id-90144.html）

［范例1-1］　文旅相融共生，两岸合作共赢
第十五届海峡两岸（厦门）文化产业博览交易会在厦开展

2024年10月31日，第十五届海峡两岸（厦门）文化产业博览交易会（简称“海峡两岸文博会”）在厦门国际会议展览中心开幕，本届海峡两岸文博会突出文缘相承，两岸相关人士将同台竞技，促进两岸文创设计共融发展，其间还将举办两岸民间艺术家交流对话、两岸青年城市漫步等活动。

海峡两岸文博会是唯一以“海峡两岸”命名，并由海峡两岸共同举办的国家级大型文化产业展会。由中共中央台办、文化和旅游部、国家广播电视总局、福建省人民政府主办，厦门市人民政府、台湾亚太文化创意产业协会承办，秉持“一脉传承·创意未来”的主题，以鲜明的办展特色，丰富的展览内容，精彩的配套活动，完善的服务保障，持续提升展会的专业化、品牌化和精致化水平，注重突出新力量、新业态、新服务的引领作用，致力于打造海峡两岸文化产业交流交易、文旅项目投资对接的第一平台。

长歌奋进十五载，本届海峡两岸文博会创新采用“2+3+N”办展模式，精心打造“文化产业综合成果展”“城市印象主题展”2个综合主题展区，“海峡两岸文博IP授权展”“海峡两岸高校设计展”“海峡两岸工艺美术精品展”3个专业专题展区，突出两岸互动、非遗传承、数字创新、产业发展、文旅消费等，聚焦培育和发展新质生产力，赋能文旅经济高质量发展，巩固提升两岸文化产业交流、文旅项目投资对接，全方位展示文化产业发展趋势和两岸文化交流成果；同期举办对接会、签约会、互动体验、文博大讲堂等“N”场系列活动，并在厦门各区文化产业园区设立10余个分会场，在更大范围、更宽领域、更深层次邀请两岸文旅文创企业、非遗传承人、工艺大师以及青年业者和学生参与，进一步增进两岸文化领域交流交融，并为厦门及福建周边市民游客带来丰富的文化旅游深度体验。

突出以文促融，拓展两岸融合发展新路径

海峡两岸文博会自创办起，始终以突出两岸、突出产业、突出实效为宗旨，以搭建两岸文化交流“高架桥”为核心，深度推进文旅融合、数字文旅、非遗等内容，全力打造两岸特色文化交流和产业合作重要平台，拓展两岸融合发展的创新之路。

新面孔新力量为两岸交流注入新活水。本届海峡两岸文博会（图1-3）持续打造台湾主题展区，台湾县市馆、台湾大师工艺馆、海峡两岸文创馆等9个主题馆，汇集了法蓝瓷、田中窑等近200家台湾品牌企业，叶志诚、郭俊男、刘世平等100多位工艺大师，集中展示台湾茶、漆艺、少数民族工艺、设计IP、文旅消费品等多元内容。金门县首次复刻600年前的金门城为展馆形象，全方位展现金门文化底蕴及厦金文化联系以及历史渊源，推出一系列融入金门特有历史符号设计的文创产品。

图1-3　海峡两岸文博会现场

值得一提的是，参与本届海峡两岸文博会的除了亚太文化创意产业协会、台湾漆艺发展协会等“老伙伴”外，还有诸多新面孔。中华点茶文化艺术推广协会、台湾南华大学、中兴大学等11家台湾机构、50余位嘉宾首次参与文博会，进一步凸显海峡两岸文博会作为文化经济交流对接平台的实际作用。

工艺文化为两岸交流凝聚新力量。首次打造海峡两岸工艺美术精品展区，加大与台湾文化业界特别是民间协会的合作力度，诸多工艺大师将现场展示工艺精品和艺术品，为观众带来一场视觉与文化的盛宴。“台湾大师工艺馆”汇聚了包括传统工艺及文化资产漆工艺“古琴髹漆”保存者梁晊玮、百年历史品牌董坐砚第三代传承人董嘉靖以及国际陶艺竞赛获奖者刘世平等在内的50余位工艺美术大师和非物质文化遗产代表性传承人，集中展示陶瓷工艺、大漆工艺、雕塑艺术、玻璃艺术等具有台湾特色的工艺作品，展现两岸传统工艺美术的独特魅力和深厚底蕴。

“福见奇技——海峡两岸工艺精品展”邀请21位国家及省级工艺大师、6位台湾地区艺术家，展示海峡两岸工艺美术的精湛技艺以及两岸工艺精品的新质创造力。“交织·竹藤非遗工艺创新作品展”将联动两岸艺术家展示非遗创新作品，并共创非遗艺术装置。“两岸民间艺术展”邀请台湾地区10个行业协会、大陆10个行业协会的百名青年共同展示多个类别的两岸民间艺术技艺及作品。闽台交流中心的“两岸文创馆”则汇聚了来自台湾各县市的30名台湾文创业者与大陆文创业者，共同展示闽台精品手作、非遗项目衍生品、闽台旅游伴手礼、手作文化衍生品和潮玩美食等种类多元的文创产品。

青年创意为两岸融合带来新动能。“两岸高校设计展”集中展示两岸青年的新设计、新思路和新特色。台湾亚洲大学、台湾南华大学、台湾东海大学、台湾中兴大学将与大陆40余所高校同台对话，促进两岸设计协同发展；展会期间将举办海峡两岸青年文创沙龙，汇集众多两岸文创设计师、高校导师以及文创业者代表，围绕“文化交融，传承创新”“融汇古今，创想未来”“文化复兴，设计未来”“城市脉络，文化新生”等话题，通过主旨演讲、观展交流等多种形式展开探互动讨。两岸青年城市漫步等文创活动则为两岸青年提供了一个交流思想、分享经验、寻找合作机会的平台，致力于增进两岸青年交流互鉴，助力台湾青年在厦创业就业。

两岸传统文化交流焕发新活力。在本届海峡两岸文博会期间，还将举办丰富多彩的两岸民间文化、民俗文化交流活动。中华点茶文化艺术推广协会将复刻南宋画家刘松年笔下的《撵茶图》场景，首次在大陆地区沉浸式表演宋代点茶法，展示宋代文人雅士茶会的风雅之情；还有来自两岸多地的青年工匠同台交流制茶、雕刻、塑瓷等非遗技能，共同推动传统工艺传承发展；台湾蜡笔王王建民再次亮相文博会，用现代蜡笔彩绘技术演示宋代鱼拓技艺，创新艺术体验；此外，活动现场邀请了木偶戏传承人同台献艺，电音三太子、台湾少数民族舞蹈等丰富多彩的民俗文化节目也纷纷亮相，花道、香道、茶道等传统文化交流活动亦将依次展开，共同彰显了两岸文化同根同源的深厚底蕴。

突出交易对接，构建产业发展新高地

注重成果实效是海峡两岸文博会的特色与亮点之一，在板块设计上，除了产品展示交易之外，历届海峡两岸文博会致力于推动项目交流对接、IP（版权）推介授权、投融资项目路演、企业对接等各方面实质性内容。

首办文博IP授权展，带动产业发展活力。本届文博会首次举办海峡两岸文博IP授权展，邀请到中国博物馆协会和中国自然科学博物馆协会作为指导单位，中国国家博物馆、河南博物院、中国科学技术馆等20余家博物馆藏机构参展，集中展出一批具有较高知名度和商业价值的文博IP。展会期间还将举办“解锁文博IP授权密码”圆桌对话、“博物馆IP知识产权保护”交流会等活动，邀请文博专家学者以及两岸文化创意产业从业者，共同探讨文博IP授权的现状、挑战与机遇，以及博物馆IP保护机制等；同时邀请众多品牌企业进行版权开发、授权、确权等交易，助力厦门打造文博IP交易中心，促进文化IP授权产业可持续发展，促进两岸文化创意产业发展。

探索IP授权路径，推进IP品牌化转化。首次亮相展会的好励文旅（在文旅）将隆重推出“三星堆、敦煌、熊猫、千里江山”四大极具影响力的IP阵容，通过创新设计理念，将中华优秀文化元素融入现代化文创产品，让传统文化在现代生活中焕发新的活力。

厦门文旅优品第一甄选平台——“在厦有礼”也聚焦厦门城市风貌、闽南文化、非遗工艺等内容，带来一系列具有厦门特色的美食、茶、酒、首饰、器具、潮玩、香氛、轻文创等多种文旅产品，为消费者带来全新的体验。此外，在厦有礼还将联动多名艺术家、创作者发起“图样厦门共创行动”，旨在通过创意和创新，推动厦门文旅产业的发展，共同探索文旅IP转化的新机遇，为城市注入新的活力。

搭建项目招引平台，提升对接交易实效。福建省文旅厅将举办福建省文旅产业链招商推介会和福建省重点文旅项目签约会，邀请中国文化产业投资基金、中国旅游集团等头部企业出席；贵州省、江西省等20个省市地区组团参展，将充分利用文博会平台展示推介城市文旅品牌、优质文旅企业、文化项目和文化产品，并开展文旅产业对接活动，全面促进新产品、新技术、新项目交易。

突出数智赋能，引领文化科技新风向

以科技为后盾，以创意为灵魂，一系列充满“科技范”的数智文旅新产品和新业态纷纷涌现，不仅在文化表达和数智技术方面展现出高超的水平，更在创意上充满了无限的想象力，为观众带来了全新的视觉和体验盛宴。（图1-4）

图1-4　海峡两岸文博会现场

专家智库推动文化数字化。由文化和旅游部产业发展司主办，中国动漫集团承办，以“创新 生长 共融”为年度主题的文化和旅游人工智能应用推广交流活动集中亮相本届文博会，诸多专家学者、业界代表通过权威政策解读、AI技术发展趋势探讨、场景应用实践案例，推动数字赋能文旅场景建设行动，搭建文化新兴业态“顶流”场，以人工智能赋能文化和旅游产业高质量发展。

文化科技企业引领发展风向。第十五届海峡两岸文博会聚焦科技赋能文旅产业，全力打造数字文旅“新标识”，组织大数据、云计算、人工智能等新技术应用类文化企业展示“文化+科技”“文化+数字”融合发展成果。家用AI服务机器人先行者、AI下棋机器人品类开创者商汤科技、国内领先的AIGC内容创作平台无界AI等头部数字文化企业，集中展示人工智能、元宇宙、5G、3D高清建模、生成式AI等前沿技术在文化领域的创新运用成果。

创新助力“数字福建”“数字厦门”。在福建省广播电视和网络视听联合展区，参观者将有机会深入了解福建省在广播电视领域取得的丰硕成果。展区将全面展示福建广电系统在技术方面的新技术、新理念、新成果，以及福建省大视听基地（含影视）建设成就。

厦门广电集团聚焦以技术创新推动融合传播和产业升级，设置“媒体融合”“技术创新”“产业发展”等三大展区，联合索尼、中仪英斯泰克、科大讯飞、火山引擎等科技企业展现媒体转型升级、科技赋能发展的最新成果。展会期间，厦门广电还与科大讯飞举办闽南语AI大模型联合实验室揭牌仪式，推动闽南语的数字化和智能化进程，为保护和传承闽南语文化提供强有力的技术支持，为闽南语的传播和发展注入新的活力。

突出文旅融合，激发传统文化新动能

坚持以文塑旅、以旅彰文，海峡两岸文博会始终以突出两岸、突出产业、突出实效为宗旨，今年更是深度推进文旅融合、数字文旅等内容，多角度、广维度展示城市文旅品牌、优质文旅企业，突出各地文化产业发展特色和优势。

创新老字号体验新场景。驰名中外的三百年老字号店铺——荣宝斋首次参展，现场展示了多件珍贵的艺术品原作。不仅有诸多书画大师的真迹震撼亮相，还将带来国家级非物质文化遗产木版水印作品，让观众近距离感受传统技艺的魅力。同时还有丰富的研学体验活动，让参观者亲身体验传统艺术的魅力；数字资产中心将展示传统文化与现代科技相结合，让传统文化在现代社会中焕发新的活力。

焕新非遗新活力。福建省贸促会组织的“非遗走向世界——走进大阪世博会”主题特展，将带来代表性、演艺性和创新性较强的福建省非遗传承人和非遗作品，并在文博会现场开展遴选活动，进一步征集非遗作品参加2025年大阪世博会；首次与淘宝合办的“交织·竹藤非遗工艺创新作品展”，邀请王的手创、小宽竹工、篾匠姑娘等10余家百万粉丝网红文创品牌，共同展示非遗跨界融合及非遗品牌化成果，促进中华优秀传统文化创造性转化、创新性发展。福建九地市以及厦门各区也将集中展示布袋木偶、簪花、剪纸、雕版印刷、银器、漆线雕等诸多非遗内容，共同推动非遗的活态传承。

打造文旅消费新场景。联合抖音合作开设海峡两岸文博会#遇见闽地有艺人#话题，邀请三条簪、漆线雕、纸扎灯笼、布袋木偶戏、珠光青瓷等九地市非遗大师，联动幻想家、他们、小宋阿姐等百万级网红实地拍摄，大力传播中华优秀传统文化的独特魅力；此外10余个艺术产业园区分会场，以及30家艺术机构和商圈店铺联动进行全城文博活动，升级City Walk创意，带动文旅消费，线上线下联动促进文旅消费。

值得一提的是，展会期间，市民游客皆可免费入场观展。在现场扫描观众报名注册二维码，填写个人信息，注册成功后即可凭入场码+人脸核验入场参观。除手机扫码注册电子票证外，民众也可凭本人二代居民身份证（或军官证、港澳居民来往内地通行证、台湾居民来往大陆通行证、护照等证件）现场实名办理“观众登记表”入馆。

（资料来源：中国会展门户，http://www.cnena.com/news/bencandy-htm-fid-32-id-97267.html）

范例点评：

该范例主题鲜明、结构完整、语言准确，将第十五届海峡两岸（厦门）文化产业博览交易会办展模式清晰地表达了出来，同时引用真实数据彰显了本届博览会的优势。

核心知识小结

本章主要针对会展文案的相关基础知识进行了论述，主要包括文案及会展文案的概念、会展文案的特点及作用、会展文案的种类以及会展文案的写作要求，重点探讨了会展文案的概念、特点和作用，详细梳理了会展文案的种类以及写作要求。本章通过对会展文案的相关基础知识论述，引用大量会展文案的相关案例，借以理论与实践结合的方式，为会展专业的师生以及会展的业界人士提供了一些宝贵经验。

案例分析

我国展览业实现稳步发展

展览业是现代化产业体系的重要组成部分，是推动更高水平开放、全面推进中国式现代化和经济高质量发展的重要平台。

中国贸促会近期发布的《中国展览经济发展报告 2024》显示，2024 年我国境内共举办经贸类展会 3 844 场，展览总面积为 1.55 亿平方米，展会数量与上年基本持平，展览面积同比增长 10.1%，展览业呈现稳步发展的良好态势。

新质生产力加速赋能

以科技创新为突破口，我国持续推动改造提升传统产业，培育壮大新兴产业，布局建设未来产业，现代化产业体系加速构建。

2024 年，新质生产力发展壮大为展览业高质量发展提供了重要机遇。一方面，新质生产力赋能展览业高质量发展，人工智能、大数据、元宇宙等新技术应用规模逐步扩大，推动展览新场景、新模式、新业态加快发展；另一方面，展览业成为展示新质生产力发展成就的重要平台，战略性新兴产业、未来产业等成为展览业的热门展示内容。

全球首款人工智能骨科手术机器人、美团新一代自动配送车和无人机、京东虚拟物流园区互动体验系统……在 2024 年中国国际服务贸易交易会上，111 家企业机构发布数字化、人工智能等领域 219 项创新成果，其中新品首发 110 项。

报告显示，2023 年我国工业与科技类展会数量居各类展会首位，共 1 064 项，同比大幅增长 63.4%；占比达 27.7%，比 2023 年增加了 11.1 个百分点。

中国贸促会会长任鸿斌认为，以人工智能为代表的新一代信息技术正在重塑会展设施、管理、服务等各个环节，推动会展业从传统生产性服务业向现代化服务业转变。

2024 年 11 月份举办的第二届中国国际供应链促进博览会新增先进制造链展区，展示了该领域从前端研发设计、新材料运用、关键零部件加工、智能制造到高端装备的全产业链过程，展现先进制造业在推动产业升级、提升国际竞争力方面的关键作用。

“先进制造链展区聚焦新质生产力，展示全球先进制造领域的产业链，将促进国际沟通与合作，推动全球供应链的创新与发展。”住友电工投资（上海）有限公司副总经理小森省吾说。

“展览业为新质生产力的创新提供展示窗口。”香港贸易发展局副总裁张淑芬表示，将积极推出新展会、新主题，为新兴产业、创新科技、环保科技和医疗健康等领域缔造国际商贸平台，吸引国际投资者，推动行业高质量发展。

国际化程度不断提升

近年来，我国不仅将做强展览业作为促进经济发展的重要抓手，还通过举办中国国际进口博览会、中国进出口商品交易会等一系列大型国际展会，加速释放展览经济的“乘数效应”，在全球会展领域扮演更为重要的角色。

国际化程度不断提升是2024 年我国举办重点展会的显著特点。截至2024 年底，我国（境内）已有 265 个展会项目通过国际展览业协会（UFI）认证，同比增长超过20%；UFI 会员单位 253 家，同比增长约 10%。

重点展会吸引境外参展商比重增长明显，越来越多的外资企业重视通过展会拓展中国市场。以第二届链博会为例，境外参展商占比从首届的 26%上升到 32%，其中欧美参展商占境外参展商比重达到 50%以上。2024 年，进博会、服贸会等大型国际展会的外国展商数量均创新高，成为推进我国高水平对外开放的重要载体。

上海新国际博览中心有限公司总经理迈克尔·克鲁珀认为，中国展览业连通全球，中国是全球公认最具潜力的市场之一，很多全球会展公司能从中国展览业的快速发展中受益。

法国 ABE 商务会展有限公司亚洲区总裁苗瑞卿坦言，以在天津举办的国际直升机博览会为例，国际参展商比例已提升至六成，他们不远万里来天津参展并寻找商机，足以说明中国市场对国际企业的吸引力。“越来越多中国展会将全球元素融合在一起，让全球展览业对加强与中国合作有了更多期待。”

出国参展办展快速增长

近年来，伴随中外经贸往来不断加深、产业链价值链深度融合，中国企业积极乘着会展东风组团出海、拓展市场。我国企业出国参展办展力度不断加大、频次不断增多。

报告显示，2024 年经中国贸促会审批通过并实际执行的出国展项目数量达 1 166 项，其中出国参展 1 067 项，出国办展 99 项，涉及 68 家组展单位和 60 个国家或地区，参展企业超 5 万家，展览面积 70.37 万平方米。出国展项目数量、组织企业数量和展出面积同比分别增长 29.4%、26.3%、23%。

华沙 PTAK 国际展览中心管理委员会主席托马什·希普瓦表示，2024 年，该展览中心围绕工业、能源与建筑、医疗、食物等领域组织了约100场商业会展活动，吸引约1 000家中国展商到波兰参展。他预计，2025年这一数字将达到2 000家。

苗瑞卿介绍，法国ABE商务会展有限公司在大约30个国家和地区设有展会项目，不少展会中也有中国企业的身影。“近期还出现了一个新变化。中国‘走出去’的民营企业越来越多，规模也越来越大，这也证明了中国民营经济快速发展、企业向外寻求机遇的趋势。”

中国国际经济交流中心经济研究部副部长刘向东表示，近年来，我国持续推进高水平对外开放，促进外贸量稳质优，进一步提升国际竞争力。在此背景下，充分发挥展会展览等平台的作用，积极为企业“出海”开辟渠道，为高质量进口产品提供展销机会，有助于促进内外贸一体化发展。

随着展览业国际规则和行业标准进一步完善，中国与全球展览业双向开放的步伐将进一步加快。“我们将推动提升中国展览业国际影响力，在经济高质量发展中贡献更多中国会展力量。”中国贸促会展览管理部部长郇胜荣说。

（资料来源：中华人民共和国商务部，http://tradeinservices.mofcom.gov.cn/article/news/gnxw/202503/173704.html）

思考与讨论：

1. 请思考政府在展览业中的角色如何从主导型向引导型转变，并分析这种转变对展览业市场化发展的影响。

2. 根据《中国展览经济发展报告2024》，请思考新质生产力对展览业发展的影响。

复习思考

1. 什么是会展文案？
2. 会展文案的特点是什么？
3. 会展文案的类型有哪些？
4. 会展文案的写作要求分别是什么？

扫码查看本章PPT

第二章 会展筹备阶段的文案

■**学习目标**

➢ 了解会展筹备阶段相关文案的概念，熟悉会展市场调研的内容，灵活运用调查方法。

➢ 掌握会展项目立项可行性研究报告的使用情况、内容及写作要求。

➢ 熟悉会展申办报告的写作内容。

➢ 能够运用所学知识完成会展立项策划书的撰写。

■**导入案例**

2025 年，中国会展在新质生产力人工智能（AI）技术驱动下加速数字产业化融合。随着 DeepSeek、文心一言、豆包、讯飞星火等国产大模型的兴起，AI 技术正深度融入会展业的招商、招展、运营、服务等环节。AI 已成为推动会展业高质量发展的新引擎，中国会展业已形成“政府引导+科技赋能+产业协同”的创新发展模式。“AI+会展”在中国主要会展城市和品牌展会取得突破性进展：上海进博会元宇宙展区运用商汤科技 AI+AR 技术打造“虚实共生”展览空间、广交会智能匹配平台升级。2024 年 10 月商务部发布《推动国际贸易数字化、绿色化发展，第 136 届广交会展作为》报告中显示，该届广交会使用数字化智能产品共 39 万件，较上届超 300%。57.8%广交会参展企业中采用大数据、人工智能、工业互联网等技术工具改造提升产业链。

（资料来源：中华人民共和国商务部，https://www.mofcom.gov.cn/tj/qttj/art/2024/art_8c0090a7c8494cda8e72e8de66beea83.html）

思考问题：

AI 技术深度应用背景下国际会展业发展将会有哪些新趋势及策略？

第一节 会展市场调研文案

会展活动成功与否取决于活动开展前的筹备状态，成功的会展活动离不开周密的筹备工作。常见的会展市场调研文案、会展立项策划书、会展项目可行性研究报告和会展申办报告等在会展活动执行前就必须完成的文案即会展筹备阶段的文案。

一、会展市场调研的概念

（一）会展市场调研

市场调研（market research）是一种把消费者及公共部门和市场联系起来的特定活动。市场调研的信息用以识别和界定市场营销机会和问题，产生、改进和评价营销活动，监控营销绩效，增进对营销过程的理解。市场调研实际上是一个寻求市场与企业之间“共谐”的过程。

会展市场调研，是指会展活动中的相关利益主体（stakeholder），利用特定的方法和手段，对与本组织活动相关的会展市场情报进行系统的设计、搜集、整理和分析，并得出各种市场调查数据资料和研究结果，从而为组织制定经营决策提供依据的活动。

（二）作用

兵法云：知己知彼，百战不殆。而会展市场调研就像知彼，摸清行情。会展市场调研是一个动态的过程；会展市场调研的结果既可以是直接的市场调查数据，也可以是最终的市场研究报告；会展市场调研的主要功能是为处在动态市场竞争环境中的会展公司制定营销决策提供依据。

二、会展信息的提供者与使用者

（一）提供者——会展信息调查工作的实施者

1. 专业会展服务机构

专业会展服务机构包括会展咨询公司、会展策划公司、展会广告代理商以及现场服务公司。

由于国内的专业会展咨询公司刚刚起步，因此大量为会展本身提供资讯的调研还是主要来自策划公司和展会广告代理商，现场服务公司的工作主要是收集数据，不进行调研设计，也不进行分析。

随着全球广告业的发展和广告公司业务的拓展，越来越多的广告公司不仅代理展会的广告宣传业务，而且是深入会展业的内部，参与展会招商、管理以及调研业务。

2. 市场调研行业

市场调研行业所展开的会展调研多是为制造商和经销商服务，市场调研公司往往是将展会作为调研的平台，根据展会特点，选择使用特定的调研手段，将展会调研纳入相关的系统营销研究之中，同时也为参展商提供独立的展会效果评估等服务。

3. 企业营销调研部

多数大公司都有自己的调研部门，一些公司把市场调研和战略计划部门结合在一起，而另一些公司则把市场调研与客户满意部门相结合。

商业展会的调研工作比较接近竞争情报工作。竞争情报工作有助于企业分析对手和供应商，从而减少意外情况的发生。竞争情报工作使得企业管理者能够预测商业关系的变化，把握市场机会，对抗威胁，预测对手的策略，发现新的或潜在的竞争对手，学习他人成功和失败的经验，洞悉对公司产生影响的技术动向，并了解政府政策对竞争产生的影响。美国约有三分之二的大公司建立了竞争情报部门或系统。展会是竞争情报工作的圣地。

4. 新兴服务主体

在数字经济趋势的时代背景下，会展行业的信息采集与分析工作依托新质生产力等一系列数字技术，用创新的方式满足现代会展对数据的精确需求。这些新兴服务主体利用三大核心优势将原始信息转化为具有战略价值的商业洞察：首先是技术穿透力，运用物联网、人工智能等前沿技术实现数据采集的全面升级；其次是服务纵深度，从单一数据提供转向全链条解决方案；最后是价值创造力，将数据转化为可执行的商业策略。

（二）使用者——运用会展信息调查结果的群体

1. 当地政府

会展举办地政府关注会展调研的结论，其主要目的在于研究会展经济与区域经济的发展战略与政策，通过建立并运用数学模型，进行科学的定量研究和中长期预测，提出对策建议，权衡各产业间的均衡发展，促进有序竞争，制定可持续发展策略，宣传推广城市文化等。

2. 会展主办方

（1）确定展会的各项策略的需要

会展活动筹备期，主办方应预先做好科学、合理的策略并随运行实际情况调整。展会的各项策略主要包括展会主题、办展时间、招商对象等。

（2）为具体计划做准备

在基本构思的基础上，主办方必须制订详尽的执行计划，包括构成计划、建设计划、展示计划、活动计划、宣传计划、动员计划、招商计划、情报系统计划等，所有这一系列具体计划都不可能凭空制订，相关的调研数据将为这些计划的制订提供信息。

（3）制定预算的需要

对预算的有效把握是展会成功举办的最基本要求，支出项目与数量以及展会所能产生的直接或间接经济效益都是主办方最为关注的内容，准确有效的调研结论能够科学指导预算的制定，因此也是会展主办方使用调研结论的一个重要原因。

（4）招商的需要

在招商过程中最有说服力的就是各种各样真实可靠的数据，这些由专业机构或会展主办者提供的调研数据能够大大增强参展商对展会的信心和兴趣，从而推进主办方的招商工作。

3. 参展商

商业展会的参展商在做出出展决策之前都希望对展会的各项指标有所了解，他们可以要求展会主办方提交相关数据资料，也有可能委托其广告代理商进行调研。随着会展咨询业的不断发展，参展商还将有可能直接向会展咨询公司购买数据用于指导决策。

4. 相关广告商

相关广告商包括两类：一类是展会广告代理商，这类广告代理商主要负责展会本身的广告宣传工作；另一类是为企业服务的广告代理商。这类代理商对展会调研数据的需求相对较大，展会作为整个营销传播中必不可少的元素越来越多地被广告公司用于营销和传播组合中，因此，展会的实际效果、展会的性价比等成为广告代理商希望获得的重要信息。

各展会所需资讯分类表如表 2-1 所示。

表 2-1　各展会所需资讯分类表

展会类型	主办方类型	核心资讯需求	典型展会案例
行业专业展	政府/贸易促进机构	行业趋势数据、技术前沿动态、专业观众画像、供需匹配指数	上海国际汽车工业展览会/宁波国际服装节
商贸交易展	政府或企业	进出口贸易数据、采购商信用评级、供应链匹配模型	广交会（中国进出口商品交易会）
文化艺术展	文化部门/艺术机构	观众审美偏好分析、文化消费趋势、IP 开发展望	北京国际美术双年展
综合博览会	政府/国际组织	区域经济指标、产业联动效应、城市形象传播数据	上海世博会 /成都西博会
消费生活展	商业机构	消费者行为洞察、新品接受度预测、社交媒体传播效果	中国国际消费品博览会
科技创新展	科研机构/科技企业	技术转化率统计、投融资匹配度、专利布局分析	世界人工智能大会
特色产业展	地方政府/产业协会	产业集群优势、特色产品竞争力、乡村振兴成效	中国国际茶叶博览会

三、会展信息调研的内容

（一）项目调研

会展项目调研是指通过调研确定何种项目为本地会展行业的发展的基点。

目的：确定选择什么样的项目作为城市发展会展业的基点。

技巧：此类调研必须全面了解本地、本区域的经济结构、产业结构、地理位置、交通状况、展馆条件等因素，优先考虑本区域的优势产业、主导产业、重点发展的行业、政府扶植的行业，具体分析行业市场状况，摸清行业归属；分析办展资源，如资金、人力、物力、信息（目标客户的信息、合作单位的信息、行业产业信息）和其他社会资源（政府主管部门、全国及海外合作伙伴、招展组团的代理机构、专业传媒和大众传媒等）。

案例 2-1：全国糖酒会选址成都

有着中国食品行业“晴雨表”之称的全国糖酒商品交易会，始于 1955 年，是中国历史最为悠久的大型专业展会之一。全国糖酒商品交易会由中国糖业酒类集团有限公司主办，一年两届，分春、秋两季举行。目前，每年全国糖酒会展览面积超 50 万平方米，年度参展企业超一万家，年度观展人次超 60 万。是中国食品酒类行业历史悠久、规模宏大、影响深远的展览会。

第 112 届全国糖酒会继续以“两馆一城”形式于 2025 年 3 月 25 日—27 日在成都举办，规划展览总面积 32.5 万平方米，将设传统酒类、饮品及乳制品、包装及供应链、国际葡萄酒与烈酒、休闲食品、国际食品、调味品及配料、国际机械等 8 大展区，以及酱酒、清香酒、茶饮、坚果及烘焙、糖果及巧克力、乳品及冰激凌、电子商务、人工智能、百县千品万家福等 23 个特色专区。

（资料来源：根据全国糖酒会官网整理，http://www.qgtjh.org.cn/）

案例分析：

目前，全国糖酒会春季固定在成都举办。究其原因是成都具备糖酒会举办的产业优势，同时政府对于全国糖酒会的举办给予了大力的支持，不断完善的糖酒会办展硬件设施、软件以及交通等条件都为全国糖酒会顺利举办奠定了基础。

（二）主题调研

目的：确定选择什么样的主题作为城市发展会展业的基点。

如：2021 年，由国家有关部门和上海市共同打造的中国国际工业博览会（以下简称“中国工博会”）已迈过 23 个年头。中国工博会的目标是将工业化和信息化结合起来，所以主题定位为“以信息化带动工业化”。23 年来，中国工博会见证了中国工业的崛起，助力中国工业创新发展和开放合作，助推中国工业与全球产业链的交流、交融、交易。至今，中国工博会已发展成为与汉诺威工博会齐名的国际工业品牌展，成为全球工业开放交流和经贸合作的平台。中国工博会是全面展示全球制造业的“风向标”，许多国内企业通过中国工博会走向世界，如上海电气、依图科技等企业借助中国工博会这一平台，让世界了解其新产品、新技术以及制造能力，成功打开了境外市场的大门；许多境外企业也通过中国工博会进入中国市场，如西门子、ABB 等企业，有效拓展了市场空间。

技巧：结合会展的目的和意义，把握会展的定位，可以通过民意调研的手段广泛了解和听取市民的意见，从而确定一个意义深远的会展主题。

例：奥林匹克运动会是国际奥林匹克委员会主办的“世界规模最大的综合性运动会”，每四年一届，会期不超过 16 天，是世界上影响力最大的体育盛会。历届奥运会的主题口号也体现了奥林匹克精神的实质和普遍的价值观——团结、友谊、进步、和谐、参与和梦想：2004 年雅典奥运会——“欢迎回家”、2008 年北京奥运会——“同一个世界，同一个梦想”、2012 年伦敦奥运会——“激励一代人”、2016 年里约热内卢奥运会——“一个新世界”、2020 年东京奥运会——“激情聚会”。

展开会展情节主题，如“99 财富论坛”的主题为“中国：未来五十年”。

突出会展特色主题，如2002年第九届北京国际图书博览会在中国加入世贸的背景下将主题定为“版权贸易”。

（三）场馆调研

目的：调研选择什么样的场馆作为城市发展会展业基点。

技巧：场馆调研对于会展活动开展的效果具有举足轻重的作用。同时，选择好展馆对会展营销也具有十分重要的意义。一个好的场馆，位置、交通、展馆架构以及完善的内部设施和服务机制都会影响展览效果，周边环境的好坏也直接影响着项目甚至行业本身的发展。

案例 2-2：基于参展商满意度的会展场馆经营管理研究①

2015年，海南省人民政府发布《海南省会展业发展规划（2015—2020）》，表明了会展设施体系的形成是海南省会展业发展规划的重要目标之一，并将三亚市划为重点会展培养对象。三亚市依靠丰富的旅游资源和独特的气候优势，形成以会议、节事为主的会展业。三亚市对于大型展览的开展仍待突破，其最直接的原因是会展场馆设施设备较落后、经营管理水平较低，无法达到展会要求。随着科学技术的不断发展，会展业的发展对会展的硬件设施，尤其是会展场馆提出了更高的要求。会展场馆经营管理既是保证会展活动正常进行的基本条件，也是会展业发展的重要物质依托，其国际化、智能化和特色化的程度是会展业发展水平的重要衡量标准之一。因此，如何解决三亚会展场馆经营管理问题迫在眉睫。

三亚会展场馆的经营管理提升对策，可分为如下几方面。

一、完善会展场馆设施设备

在设施方面，重视空调及空气开关箱等已有设施设备的日常维护。同时，根据展览需求，三亚会展场馆急需引进先进的视听设备及展览租赁设施设备，如机械类展览给排水设施以及压缩空气设备等。在配套设施方面，增加商务中心的服务功能，提高商务咨询、订票等服务水平。公共通信设备方面，应在展馆各个楼层以及各个展位、会议室等设立无线网络、邮箱、公共电话使用点，并配备各种使用方式和支付方式，如注册免费、IC卡等使用方式，微信、支付宝等支付方式，满足展览活动中的各种公共通信的需求。

二、与场馆周边设施服务共同合作

受三亚物价较高、地价较高等的影响，三亚会展场馆大多远离市中心，位于郊区地带。所以周边的设施服务包括餐饮、酒店、交通等都无法满足参展商的需求。三亚会展场馆应积极利用会展场馆周边的设施服务，既可以与周边酒店、餐饮和商业中心进行合作，也可以与相关部门合作共同建设商业服务资源。尤其是在交通方面，在展会期间，人流量较大，可以利用公共交通工具减轻三亚的交通压力，如适当提高公共汽车或大巴的使用率或增加其数量，适当限制私人车辆的行驶，适当扩建路面或修建多条不同线路。

① 卢新新. 基于参展商满意度的会展场馆经营管理研究［J］. 科技创业月刊，2019，32（3）：49-52.

三、成立展中临时部门处理问题

在举办展览期间，人流、物流量大，会展场馆和展览活动举办方的人手缺乏、服务人员水平较低等因素，导致会展场馆整体服务质量较低。针对这种情况，三亚会展场馆可成立专门服务展中参展商的临时部门，从而有效解决展中所出现的问题。在主办方、承办方和展馆方中，遴选负责本次活动的工作人员，组成展中临时部门，负责统筹安排整个展会，责任划分明确，岗位安排合理，做到责任到岗、责任到人。同时，展会期间，临时部门要积极与参展商、观众进行互动，实时了解客户需求和反馈，不断提高服务运营水平，提高参展商对展馆的满意度。

四、多方面提高停车场运转效率

展馆的停车场会第一时间影响参展商对展馆的印象。三亚淡旺季明显，尤其是在冬季，停车场常呈现供不应求的情况，导致一些参展商无法获得展馆前的停车场位置。因此，应适当利用地下空间，扩大展馆停车场的规模，可对除承载参展物品的参展人员车辆统一安排停车场或摆渡车，从而降低停车场在高峰期的使用压力，节约停车场扩大规模带来的成本费用。充分利用好展馆自身内部停车场以及周边其他停车场，从而在提高停车场的使用效率的同时，减弱淡旺季对停车场车位需求的差异所带来的影响。

五、提升展台设计及搭建技术水平

展台设计及展台搭建技术水平是决定展台吸引力的关键。因此，要提升展台设计和搭建技术水平。展台设计方面，引进专门的展台设计人员，并进行岗前培训，使其能够具备展台设计的能力，注重展台设计的创新性以及可操作性，从而提升展台设计水平。同时，要引进所需配备的先进设计设施设备，提高展台设计的科技水平。在展台搭建方面，应了解并配备各种搭建器材以及搭建所需要的各项材料，培养专业搭建人员的技能与服务意识，从而更好地为展台的设计成果服务。

案例分析：

会展业能够为国家和地区创造更多的直接收益与间接收益，越来越多的国家和地区把会展业纳入经济发展规划之中。会展场馆为会展活动的开展提供场所，作为会展业发展的载体，得到了政府、社会和企业的重视。会展场馆的经营管理要从展馆自身出发，完善设施设备，满足展会举办的要求。在会展场馆经营管理过程中要用全面的眼光看待，重视展馆周边的设施服务对展馆的影响，加强与周边设施设备及服务的合作。成立展中临时部门、提高停车场使用效率以及提升展台设计与搭建技术水平等，都是三亚会展场馆经营管理过程中要关注的重点。

（四）参观人数预测

目的：预测是通过设计来降低决策制定中的不确定性或风险（错误范围），不过它无法完全消除不确定性和风险。借由预测来对自身未知的事物或情况做出适宜的判断和对策，才能百战百胜。

技巧：应以组织目标为基础，根据组织目标的变化而有所调整，采用“自上而下”（最高管理层的预测）与“自下而上”（业务部门的预测）相结合的形式更有助于提高预测的精准性。

参观人数的预测直接影响场馆选择、门票定价、办展时间、预算等一系列重大决策。即便对于举办多年的固定展会，人数的预测仍非易事，诸多不确定因素都有可能导致预测的失误，如天气条件、突发事件、同类展会的竞争等。因此，参观人数并不能简单地根据往届实际参观人数进行预测，还是应该在展会筹备之前通过科学的定量调研予以预测。

（五）同类会展竞争者调研

目标：识别现有的直接竞争者和潜在竞争者；收集与竞争者有关的情报和建立数据库；对竞争者的战略意图和各层面的战略进行分析；识别竞争者的长处和短处；洞察竞争者在未来可能采用的战略和可能做出的竞争反应。

技巧：重点分析直接竞争对手，进行必要的压制。对于间接对手更多的是学习和借鉴，提升自己的实力。不仅要知己知彼（对对方的会展规模、具体参展商、会展时间、效果等要进行详尽的调查研究），而且要取长补短，避免恶性竞争。

同类展会竞争者不断涌现，就国内案例而言，最著名的一对竞争对手就是北京国际汽车展和上海国际汽车展。在相同的行业、相同的主题下，要想成功举办展会就必须对竞争展会的规模、具体参展商、展会时间、效果、满意度等进行详尽的调查研究。

同类会展指会展举办的行业相同（相近）、主题相同（相近）、办展时间相同（相近）、参展客源相同（相近）等。

（六）住民意识调研

目的：了解居民对会展影响的感知状况，进而追寻会展业发展中存在的问题，旨在促进会展业的健康发展。

技巧：若在对住民意识的调研中发现问题（当地居民对该会展有抵触情绪，持反对意见等），要尽早想办法疏导、解释、宣传，以期营造会展最佳的外部环境。

部分长时间的展会将对场馆附近，甚至整个城市的普通市民的生活造成影响。特别是开闭幕式、论坛时频繁有重要领导甚至国家元首到来，对市民的工作、休息、学习、交通、餐饮、卫生、安全等方面都会造成影响。而当地住民的态度和认识将在很大程度上影响展会的效果，热情好客的当地居民不仅可以很好地配合主办者的各项安排，积极参与展会活动，为展会制造人气，同时也可以给参展商留下美好的印象。相反，居民的抵触情绪将给展会带来麻烦。

因此，主办方会在基本调研中特别强调住民意识的研究，发现问题尽早想办法疏导、解释、宣传，以期营造出展会最佳的外部环境。

（七）环境影响调研

目标：良好的生态环境是人和社会持续发展的基础，节约资源和保护环境是我国的一项基本国策，解决全国突出的环境问题，促进经济、社会与环境协调发展和实施可持续发展战略，是政府面临的重要而又艰巨的任务。

技巧：在会展中做好各项措施，保护环境，不要因为举办会展活动而给当地带来环境污染和生活不便。

展会期间，交通工具和流动人员暴增，将在一定程度上影响城市环境，展会过程中大量宣传品从展会现场被带出，在相当大的范围内造成环境污染或给卫生清洁工作带来压力，展会期间的声光电污染也多于平常。撤展后，大量展会现场遗留的垃圾也增加了城市的环保投入。特别是大型展会，如世界博览会，相关的环境影响问题就更加严重。

政府的有关部门要求展会主办方在展会申报时必须提交环境影响调研的预计结论以及解决方案，同时还有一些民间团体将对展会的全过程进行监督。

四、会展调研的过程

（一）为了谁？

会展调研的首要任务是明确“为谁而研”，不同利益相关方对数据的需求存在显著差异，这直接决定了调研方法的选择和成果的呈现方式，如政府部分在宏观政策制定、监管与公共服务部分有不同需求维度，生产企业聚焦市场竞争与技术动态，重视竞品分析、客户画像及产品反馈；主办方侧重商业价值与服务质量，需评估展商满意度、观众体验及创新成效；配套服务商则依赖人流预测、消费偏好等运营数据优化服务。

（二）会展调研要解决的问题是什么？

调研过程的开始首先是认识问题，应该准确把握数据的真正作用，明确开展调研究竟要解决什么问题，哪些问题是通过会展调研可以解决的，哪些不能或不用通过会展调研解决，否则大量的财力、人力和时间就将被浪费。同时由于展会时间的限制，必须认真对待那些在展会过程中难以完成的任务。

（三）生成调研设计

调研设计是指实现调研目标或调研假设需要实施的计划。调研人员需要建立一个回答具体调研问题的框架结构。当然，客观上不存在唯一最好的调研设计，不同的调研设计都各有优缺点，重要的是必须权衡调研成本和信息质量。通常，所获得的信息越精准、错误越少，成本就越高，但是由于会展调研的特殊性质，调研设计者应以有效性原则为基本准则。

案例 2-3：××节事调查问卷表

下面的问题能使某节事的组织者决定是否举办该项节事。因此您的参与非常重要。答题时，在适当的方框前打“√”。请于××××年××月××日前将此问卷寄回。

1. 性别　□男　□女

2. 年龄　□25 岁以下　□26~34 岁　□35~44 岁　□45~60 岁　□61 岁以上

3. 收入　□24 999 美元以下　□25 000~34 999 美元　□35 000 美元以上

4. 如果这项节事在夏季举行，那么我将（利克特量表法）

□不参加　□或许参加　□可能参加　□肯定参加

5. 如果这项节事在秋季举行，那么我将（语义差异量表法）

□不参加　□1　□2　□3　□4　□5　□肯定参加

6. 如果上两题你选择 1，那么请在正面的空白处给出不参加的理由。（开放式问题）

请于××××年××月××日前将此问卷寄至：
玛丽（节事经理）　14 号信箱　××，美国
如果随信附上您的名片将免费收到调查结果

案例分析：

近年来，随着节事经济的持续快速发展，大型节事活动对城市而言，不只具有旅游价值，而且具有提升城市品牌的价值。通过对节事活动的举办进行调研，使城市重新审视自己，在传统与未来的发展上变得更加和谐；通过大型节事活动的举办，加深居民对所在城市的印象，使城市与居民之间的关系更加柔和、亲密，使居民更加了解城市的内涵和发展动向。

（四）选择基本的调研方法

会展调研方法的选择需基于研究目标确定设计类型：描述性研究（现状分析）、因果性研究（关系验证）或预测性研究（趋势预判）。数据采集主要有三种方法：观察法（行为记录）、询问法（问卷访谈）和实验法（对照测试）。

（五）抽样过程

会展调研中，抽样方法与调研手段需动态匹配，样本选择应根据观察法、询问法和实验法的特性灵活调整。数据采集主要依托三类主体：市场调研公司负责收集专业数据，现场服务公司负责获取行为数据，主办方则负责提供基础展会信息。

（六）搜集数据

会展数据主要通过三类渠道获取：专业市场调研公司采用标准化工具采集深度数据；现场服务公司通过物联网设备实时捕捉行为数据；主办方则提供参展商档案、成交记录等结构化数据。主办方的非敏感数据正逐步开放共享，形成行业数据资产，而核心商业数据仍需通过专业渠道获取。

（七）分析数据

分析的目的是解释所搜集的大量数据并提出结论。数据的分析需要具备一定的专业技巧和手段，专业分析人员不仅可以对数据进行简单的频次分析，同时能够使用复杂的多变量技术进行交互、聚类、因子等分析，建立回归模型等，从而使搜集到的数据解释更多的信息。

（八）报告撰写

会展调研的报告形式因提交对象的不同而有所不同，一般市场调研报告都要求简明、清晰，如果报告是提交给政府部门用做宏观分析，那么，报告就应详尽丰富。会展报告需因对象而异，如学术调研强调严谨，会展企业关注可执行性。可“按需定制”，用可视化、模块化提升效率。

（九）跟踪

跟踪调研成果的应用情况，不仅可以督促和帮助委托方，还能有效地提高调研服务的水平。通过定期回访、效果评估和案例复盘，可验证数据准确性、方法适用性，并积累行业经验。持续跟踪形成“执行—反馈—改进”闭环，既提升客户满意度，又促进调研方法论升级，实现双赢。

五、会展调研的方法

（一）观察法

观察调研法主要是观察人们的行为。明确地讲，观察调研法可以被定义为不通过提问或交流，而系统地记录人、物体或事件的行为模式的过程。当事件发生时，运用观察技巧的调查员客观见证并记录信息，或者根据以前的记录编辑整理证据。展会主题明确，参展商与参观者已经过明确细分，绝大多数展会对专业参观者和普通参观者又进行区分，因此在客观上符合使用观察法的条件。

1. 非参与观察法

非参与观察法是指研究者以旁观者身份，在不介入研究对象活动的情况下进行观察记录的研究方法。该方法要求研究者保持客观中立，通过直接观察、影像记录等方式收集数据，避免对研究对象产生干扰。其优势在于能获取自然状态下的真实行为数据，常用于观众行为分析、展位互动研究等会展调研场景。实施时需注意观察的系统性和记录的规范性，以确保数据的客观有效性。

2. 参与观察法

与非参与观察法不同的是，参与观察法要和受访者直接相处并与其一起活动，从中可以更深入地了解受访者。

观察法简便易行且直接、客观，但与此同时也存在明显的缺陷，即往往只能了解事物表象，而对于表象背后的真正原因或问题的实质挖掘不够，因此，会展调研人员在使用观察法收集信息时，应注意以下三点：第一，准确选择观察对象、时间和地点，如要选择合适的同类会展或有代表性的参展商等；第二，做到观察与思考相结合，努力捕捉有价值的信息；第三，认真做好观察记录，避免观察过程中的遗漏和记忆差错。

（二）询问法

1. 问卷调查法

问卷调查法是一种利用统一设计好的问卷，向被调查者了解、收集会展信息的间接的、书面的、标准化的调查方法。按照问卷传递方式的不同，可以将问卷调查分为留置调查、邮寄调查或当面调查等类型。问卷调查法能够突破时空限制，在广阔范围内，对众多调查对象同时进行调查，并且具有匿名性、经济性、实用性和规范性等优点，因此是最常使用的调查方法。

2. 电话调查法

电话调查法是通过打电话向被调查者询问一系列问题并记下答案的调查方法。电话调查法是调研人员获取会展信息的一种非常简单、快捷的方式，它可以在短时间内与被调查者进行“接触”，并从成千上万个装有电话的企业或客户中获取市场信息，但这种调查方法对调研人员有很高的要求，调查者不仅要具备一定的专业知识、调研经验和随机应变能力，还要有良好的沟通技巧和语言驾驭能力。

3. 网络调查法

网络调查法是通过互联网向被调查者提出问题来收集信息的方法。从严格意义上讲，网络调查法属于问卷调查法的一种，其基本原理是调研人员将调查问卷通过互联网传递给被调查者，被调查者则在互联网上回答问题，然后调研人员利用预先设计好的程序对问卷调查结果进行统计。这种调查方法的优点是简单迅速、节省经费，缺点是调查结果的可信度较低。

网络调查法正日益受到众多会展公司的青睐。因为会展活动具有典型的交互性特点，无论是会议公司、展览公司、搭建公司还是会展场馆，几乎都实现了企业上网，而且广大会展从业人员早已习惯了在互联网上搜索各类市场信息。

4. 小组焦点访谈法

小组焦点访谈法是调研人员组织若干名专业人士围绕某个会展问题展开当面讨论，最终获得比较一致的结果的调查方法。小组焦点访谈法的访谈人数通常为6~10人。这种调研方法的优点是能够集思广益，而且意见反馈迅速，但对主持人和小组成员的要求较高。在会展活动中，来自四面八方的业内专业人士汇聚一堂，使得平时几乎无法实现的小组焦点访谈成为可能。

5. 深度访谈法

深度访谈法是调研人员通过与某位受访者面对面的口头交谈来深入了解会展信息的调查方法。深度访谈的对象主要有参加会展的重要官员、学者，以及参展企业的高层管理者和重要观众等。会展企业可以运用这种方法收集多方面的信息，最常见的如上门拜访重要客户；在会展现场访问与会者、参展商和专业观众，征求他们的意见；向业内专家征询他们对会展项目的意见和建议等。深度访谈法的优点是应用广泛、了解深入、便于交流、反馈迅速、可控性强，不足在于时间、资金和人员成本相对较高，同时对调查人员的综合素质和访问技巧要求也较高。访谈时应注意下列问题：

（1）做好充分的准备，事先了解访谈对象。

（2）使受访者在充分了解问题的情况下作答，并尽可能结合受访者当时的具体情形开始访谈。

（3）访谈的问题应该由浅入深、由简入繁。

（4）控制好访谈，避免谈话跑题。

（5）随时进行记录。

（6）讲究礼貌。

（三）实验法

以实验为基础的调研与以询问为基础的调研相比有着根本的区别，其对调研环境、技术、人员素质的要求都非同一般。在展会过程中，要想实现真正意义上的实验调研是很困难的。但是，实验法有许多值得在会展调研中积极采用的思路和手段。比如在展会中设置实验区域，请消费者现场实验产品功效，一方面可以起到宣传促销的作用，另一方面也可以为参与观察的调查员提供条件进行观察记录。

技巧：选对实验法实施的时间、地点，试图让实验法达到效果的最大化。

思考分析：美国某公司为改进咖啡杯的实验调查

美国某公司准备改进咖啡杯的形状和颜色，为此进行了一项调查。

首先，该公司做咖啡杯选型调查，他们设计了各种形状的咖啡杯子，让500个家庭主妇进行观摩评选，研究主妇们用干手拿杯子时，哪一种形状好；用湿手拿杯子时，哪一种形状不易滑落。调查研究的结论是，选用四方长腰果形杯子较佳。然后他们利用各种颜色会使人产生不同感觉的特性，通过调查试验，选择了颜色最合适的咖啡杯。其方法是：邀请30多人，让他们每人各喝4杯相同浓度的咖啡，咖啡杯的颜色分别为咖啡色、青色、黄色和红色四种。试饮的结果是：使用咖啡色杯子的20人中有13人认为咖啡“太浓了”；使用青色杯子的人一致认为咖啡“太淡了”；使用黄色杯子的人认为咖啡“不浓，正好”；而使用红色杯子的10人中，竟有9人认为咖啡“太浓了”。

根据这一调查，公司咖啡店里的杯子以后一律改用红色杯子。该公司借助颜色给人以某种“错觉”的这一特性，既可以节约咖啡原料，又能使绝大多数顾客感到满意。

（资料来源：VAN DOORN G H, WUILLEMIN D, SPENCE C. Does the colour of the mug influence the taste of the coffee? [J]. Flavour, 2014, 3 (1): 10.）

思考：

1. 本案例中应用的是什么调查方法？这种方法有什么优缺点？
2. 这个调查结果可信吗？
3. 如果让你设计调查方案，你有什么好的建议？

（四）文献法

文献法也称二手资料调查法，是调研人员从各种文献、档案资料中收集会展信息的调查方法，其调查对象是各种文献、档案，如图书、期刊、报纸、调查报告、政府文件、统计数据、会议记录、专刊文献、学术论文、历史档案、信息数据库和网络资料等。二手资料作为相对于原始资料而言的现成资料，一般不是围绕特定的调研主题而专门收集和整理的，但它们却与该主题具有一定的相关性，调研人员可以从中获得大量的有用信息。二手资料既可以来自会展企业的内部也可以来自会展企业的外部。其中，内部资料是企业的营销、客户管理、财务等部门经常记录或收集的资料，如参展商的参展申请、销售资料、财务报表等；外部资料常见的来源渠道有政府统训部门、行业管理部门、行业协会、商会、会展组织、外国驻华机构、新闻媒体、专业刊物、网站和科研机构等。

二手资料主要有以下几个来源：

1. 来自主办方

展会主办方都会在展会过程中免费发放各种名录，如参展商名录，内有详细的地址、联系方式、产品介绍、工厂分布、主要领导的姓名、员工数量、销售水平、市场占有情况等。

2. 来自参展商

参展商在展会中更是会准备大量资料，这些资料中就有可能包括平时难得一见的内部资料，各参展企业会精心准备产品技术白皮书、年度财务报告、市场分析报告等内部资料，这些在日常商业环境中较难获取的一手信息在展会期间会相对开放。特别是新品测试报告和研发档案，对了解行业技术动向极具参考意义。

3. 来自行业管理部门或行业协会

展会中常设有免费公开的信息查询系统，提供诸如行业统计年鉴、政策解读报告、技术发展白皮书等权威资料，能够帮助研究者把握宏观趋势和政策导向。这类信息通常经过专业统计和分析，数据质量较高。

4. 会展项目管理系统

越来越多的大型展会开始使用会展项目管理系统。这种系统实际上是一个庞大的数据库，可以为各个方面提供所需要的二手资料。

（1）展位预订管理系统：可在线查询展位状态，通过平面图和三维演示浏览展位位置和周边设施。

（2）邀请函、参展手册发放管理系统：可调用企业资料、已发送邀请函邮件列表，显示发送状态。

（3）新闻信息发布管理系统：可对展会新闻、图片新闻、会议新闻、专题新闻栏目进行查询。

（4）论坛管理系统：对展会期间的论坛主题、时间、日程安排、演讲内容纲要等予以发布。

（5）网上招商管理系统：组委会进行展会招商内容发布修改、有效参展信息过滤、预订反馈信息管理、网上预订业务跟踪、在线参展合同签订落实等都可以查询。

（6）网上门票预订管理系统：网络在线进行门票预订发售、个人资料提交、预订处理、门票发送（下载打印或邮寄）、网上观众信息统计管理等。

（7）展会观众登记管理系统：现场观众登记数、发放参展商胸卡数、通过条码识别进行身份认证、通过照片进行个人识别、网上预订观众汇总、大会贵宾和重要买家的到场情况等。

（8）展会现场网上直播管理系统：可提供现场图片即时传输和现场摄像即时传输两种方式等。

六、会展调查表

会展调查表是收集参展商、观众和相关利益方的基本信息和参展意向及意见的最主要的工具。只有通过设计合理的会展调查表，主办方才可以翔实地采集到参展商、观众和相关利益方的意向和意见，并根据这些反馈的意向和意见来组织管理会展工作，最终为整个会展筹备工作打下坚实的基础。

会展调查表的设计，一定要坚守实事求是的原则，立足于现实情况，真实反映会展活动各方面的情况。同时，会展调查表的内容也必须简洁明了，避免给受访人增添过多的麻烦，尽量让受访人只需要花很短的时间就可以完成调查表的填写，从而保证调查工作可以更容易地得到受访人的理解和支持。

会展调查表按照时间节点不同与调查对象不同可以分为不同的种类：

（一）按时间节点分

1. 展前调查表

这类调查表主要是收集参展商、观众和利益相关方的基本信息，了解其对展会的参展意向和各种诉求。此类调查表获取的信息是展前市场分析的依据，也能为展会实施工作提供指导。

2. 现场调查表

现场调查表旨在收集参展商、观众和利益相关方参展和观展的现实感受，以及其对展会的管理和服务工作的各种意见和建议。这些现场采集的信息，将用于展后的评估和总结。现场调查表既可以和参展报到表同时印制，也可以单独印制。常见的单独印制的调查表如“与会代表意见反馈表”“参展商调查问卷”“观众调查问卷”等。

3. 展后调查表

会展的实施效果往往只能事后验证。因此，会展效果的事后调查具有十分重大的意义，既能检验本次会展的实施效果，又能为后续的会展工作提供改进意见。

（二）按调查的对象分

1. 与会者调查表

与会者调查表主要用于收集与会代表对会展实施工作的各种意见和建议。该表既可与报到注册表同时发放，或印制在同一份材料上，也可以在会展结束之前单独发放给每位与会代表，全部调查表应该在与会代表离开之前全部收回。

2. 参展商调查表

参展商调查表的发放对象是全体参展商。参展商的参展会费是展会的主要营收，因此，参展商调查结果对展会的评估有至关重要的意义。参展商通过展会取得的贸易收获是评估展会后续发展潜力的重要依据。

3. 观众调查表

观众调查表主要用于了解观众对展会的感受和意见。观众调查表可以根据拟调查信息的不同和群体身份的不同，有针对性地设计。一般而言，主要针对相对专业的观众展开调查，但是在实际情况中，我们无法准确地从海量的观众中筛选出专业观众。这种情况下，我们可以尝试在调查表中插入一两个观众身份识别的问题，从而将专业观众和非专业观众区分开来。

案例 2-4：××世博会调查问卷表

第一部分：受访者基本资料（匿名回答，资料绝对不对外公开，敬请放心作答。表 2-2）

表 2-2　受访者基本资料表

1. 请问您的性别是：□（1）男　□（2）女
2. 请问您的婚姻状况是：□（1）已婚　□（2）未婚
3. 请问您的年龄是： □（1）20~29 岁　□（2）30~39 岁　□（3）40~49 岁　□（4）50~59 岁 □（5）60 岁（含）以上
4. 请问您的受教育程度是： □（1）初中（含）以下　□（2）高中（职专）　□（3）大学（专）　□（4）硕士（含）以上
5. 请问您的职业是： □（1）学生　□（2）军警公教　□（3）服务人员/工人　□（4）工商业　□（5）制造业 □（6）退休人员　□（7）农民　□（8）自由职业者　□（9）其他
6. 请问您个人每月平均收入： □（1）无固定月收入　□（2）1 000 元及以下　□（3）1 001~2 000 元　□（4）2 001~3 000 元 □（5）3 001~4 000 元　□（6）4 001~5 000 元　D（7）5 001 元及以上
7. 是否参与了有关世博会的工作 □（1）是　□（2）否

第二部分：××世博会调查问卷（表 2-3）

表 2-3　××世博会调查问卷表

问题选项 （请问您是否同意描述内容，请在适当的地方打√）	量表				
	强烈赞成	赞成	一般	不赞成	强烈不赞成
	2	1	0	−1	−2
举行世博会期间（经济方面）					
(1) 有很多就业的机会，让我心里踏实					
(2) 生活质量提高，让我过得舒心					
(3) 收入明显增加，让我满意					
(4) 提供了很多创业的机会，让我充满激情					
(5) 引来外资促进当地经济发展，为我带来收益，我很满意					
(6) 加速经济转型（刺激消费、促进第三产业的发展），我从中获取收益，我很开心					
(7) 工作机会是季节性的、暂时性的，我很失望					
(8) 物价上涨，对我生活质量没影响					
(9) 房地产价格上涨，对我的生活质量没有影响					
(10) 博览会带来的收益平均分配，我没有感到不公平					
(11) 政府过度投资博览会，我很不满意					
举行世博会期间（社会文化方面）					
(12) 对自己生活的地方感到自豪					
(13) 个人素质提高，让我对自己充满信心					
(14) 让我更好地了解了其他地区和文化，我十分受益					
(15) 提升了周边居民的整体文化水平，让我感到自豪					
(16) 成为“自然博物馆”让我或孩子了解更多的知识、开阔视野，让我感到很满意					
(17) 留下了世博会的遗产，为博览会的举办感到自豪					
(18) 提升了地区的知名度，改善了城市的国际化形象，吸引了更多的游客，让我感到十分兴奋					
(19) 我接触了很多游客，让我变得更加友善热情					
(20) 有更多的游憩与休闲娱乐场所，让我觉得自己活得更有意义					

表2-3（续）

问题选项（请问您是否同意描述内容，请在适当的地方打√）	量表				
	强烈赞成	赞成	一般	不赞成	强烈不赞成
	2	1	0	-1	-2
(21) 有了更多参与社区事务的机会，增强了我的自信心					
(22) 那些拥有丰富或稀缺社会资源（如多余房屋）的居民与自己产生了经济、社会地位上的差距，让我很不满意					
(23) 餐厅、商场变得太拥挤，我很生气					
(24) 犯罪事件明显增多，让我感觉很不安					
举行世博会期间（生活环境）					
(25) 交通、卫生等基础设施更完善，让我觉得生活很方便					
(26) 都市环境更加漂亮，我很满意					
(27) 交通及停车十分不便，让我感到很焦急					
(28) 垃圾、废气排放污染了环境，让我感到很生气					
(29) 游客与观光车的频繁流动，带来了喧闹与嘈杂，给我的生活带来了影响					

案例点评：

案例以“××世博会调查问卷表”为例，通过问卷调研，就观众和居民视角下的世博会服务满意度与体验度进行了调查研究，对大型会展活动的后续发展乃至整个会展业发展有所裨益。

七、会展调查表的格式

（一）标题

调查表的主题应包括：会展名称（需要完整标注展会的官方名称、届次和举办时间）、调查主题或对象（针对参展商的“参展成效评估”、面向专业观众的“采购需求调研”或是针对普通观众的“参观体验调查”）、文案类型（调查表、调查问卷）。例如：第108届全国糖酒商品交易会（2024年春季·成都）观众调查表。

（二）调查说明

调查说明又称前言，旨在让调查对象了解清楚调查的目的、意义、用途、范围、指标解释、填写须知，同时感谢被调查对象的支持和合作。如涉及调查对象的保密信息，必须明确告知被调查对象将予以保密，不对外提供，以消除被调查对象的顾虑。如调查表以信函的形式发出，格式上应有称呼和落款，落款写明调查的组织机构名称和日期。某些内容简单的调查表，如无需要，可以省去调查说明这部分内容。

（三）正文

调查表的正文，包括被调查者基本情况和调查表主题两部分。被调查者基本情况部分，主要是了解被调查者的一些主要特征信息，如企业名称、地址、规模、行业等企业信息或个人性别、年龄职位等个人信息。主体部分是调查表的核心，直接决定调查工作质量的好坏。主体部分的调查项目的多少，应根据调查目的和调查对象而定，尽量简洁明了，避免信息冗杂。

调查表正文有登记表和问卷两种形式。登记表主要用于被调查人如实填写信息，例如参展企业、参展面积等信息就可以以登记表的形式进行调查。而问卷形式则需要被调查对象回答，问题形式包括封闭式和开放式。封闭式问题以选择题为主，调查人员事先拟定备选答案，被调查人从中选择答案。封闭式问题的优点是利于数据处理，缺点是答案的选项可能无法精准反映被调查人的意思。开放式问题不提供备选答案，被调查人自主回答问题。开放式问题的优点是可以精准地反映被调查人的意思，缺点是意见往往多种多样，后期处理调查数据工作难度更大。

八、会展调查表制作的要求

会展调查表的制作应满足以下要求：

（1）调查表中所列的问题和调查目的相符合。

（2）问题的排列要有逻辑性，要由一般到特殊依次排列。

（3）填写指导语或填写说明要清楚，指示要明确，没有歧义。

（4）问卷的编排要合理。

案例 2-5：××展览会观众调查问卷

本调查数据用于教学研究，请曾经参加过广州国际礼品暨家居用品展览会的观众填写以下问卷，万分感谢！

Q1：您对本次展会的总体期望（单选）

□非常高

□比较高

□一般

□比较低

□非常低

Q2：您对于到达展馆的便利程度（单选）

□非常满意

□满意

□一般

□不满意

□非常不满意

Q3：您对于展会期间到达展馆的交通状况（单选）

□非常满意

□满意

□一般
□不满意
□非常不满意
Q4：您对于展馆整体规模和布局（单选）
□非常满意
□满意
□一般
□不满意
□非常不满意
Q5：您对于停车场的规模（单选）
□非常满意
□满意
□一般
□不满意
□非常不满意
Q6：您对于展会展台的设计（单选）
□非常满意
□满意
□一般
□不满意
□非常不满意
Q7：您对于展会的前期宣传（单选）
□非常满意
□满意
□一般
□不满意
□非常不满意
Q8：您对于参展商的质量（单选）
□非常满意
□满意
□一般
□不满意
□非常不满意
Q9：您对于展品的质量（单选）
□非常满意
□满意
□一般
□不满意
□非常不满意

Q10：您对于展馆的整体秩序（单选）

□非常满意

□满意

□一般

□不满意

□非常不满意

Q11：您对于展馆的卫生情况（单选）

□非常满意

□满意

□一般

□不满意

□非常不满意

Q12：您对于展馆的安保工作（单选）

□非常满意

□满意

□一般

□不满意

□非常不满意

Q13：您对于现场标志的设计（单选）

□非常满意

□满意

□一般

□不满意

□非常不满意

Q14：您对于展馆的餐饮服务（单选）

□非常满意

□满意

□一般

□不满意

□非常不满意

Q15：您对于观众休憩场所（单选）

□非常满意

□满意

□一般

□不满意

□非常不满意

Q16：您对于工作人员的专业性（单选）

□非常满意

□满意

□一般
□不满意
□非常不满意
Q17：您对于工作人员服务的主动性（单选）
□非常满意
□满意
□一般
□不满意
□非常不满意
Q18：您对于工作人员服务的及时性（单选）
□非常满意
□满意
□一般
□不满意
□非常不满意
Q19：您对于入馆安检、登记时间（单选）
□非常满意
□满意
□一般
□不满意
□非常不满意
Q20：您对于入馆排队等待时间（单选）
□非常满意
□满意
□一般
□不满意
□非常不满意
Q21：参展后，您觉得本次展会与您预期相比（单选）
□非常满意
□满意
□一般
□不满意
□非常不满意
Q22：您认为本次展会是否成功（单选）
□非常成功
□成功
□一般
□不成功
□非常糟糕

Q23：您对本次展会的总体满意度（单选）

□非常满意

□满意

□一般

□不满意

□非常不满意

Q24：您认为参加本次展会是否值得（单选）

□非常值得

□值得

□一般

□不值得

□非常不值得

Q25：您是否愿意参加下一届的广州国际礼品暨家居用品展览会（单选）

□肯定会

□可能参加

□不参加

案例点评：

该调查表具有以下优、缺点：

1. 格式完整。该调查表由标题、前言和正文三部分组成。标题反映了展会的名称和调查对象。前言简明地阐述了调查的目的和对象，用语文明礼貌，容易得到被调查者的支持和配合。

2. 简洁明了。问题设计简洁，语言表述准确，问题数量适当，答案可较为准确地反映被调查者的态度。

3. 缺点是第 25 个问题有待丰富。如选择“不参加”，可增加主观陈述“为什么不参加”。

九、会展调研报告

会展调研报告是完成对会展某方面深入调查之后形成的书面报告。会展调研报告是基于翔实的调研数据和严格的逻辑分析而得出的结论。会展报告的主题名称可以根据具体情况称为“情况调查”“考察报告”“调查分析”等。

（一）会展调研报告的特点

实事求是。调研报告采用的材料必须能反映客观现实，否则形成的调研报告不但对工作没有帮助，还会带来巨大的损失。

以数据为准绳。数据是最具说服力的语言，调研报告应多以数据为支撑，坚持用数据说话，这样形成的报告才更具有可信度。

（二）会展调查报告的种类

1. 按调研报告的性质划分

（1）总结性调研报告：会展评估的核心文档，重点在于系统梳理展会各环节的执行效果，既总结成功经验，也分析不足之处。如参展商满意度、观众流量分布等关键指标的达成情况，这类报告通常作为展会官方总结的重要组成部分。

（2）问题性调研报告：发现问题，为以后的工作提供借鉴。更具针对性，主要聚焦于办展过程中暴露的各类问题，包括服务短板、流程缺陷或突发事件处理等，通过深入剖析问题成因，为后续展会风险防控提供参考依据。

（3）情况性调研报告：发现新情况、新规律、新趋势，并在报告中进行分析。通过对参展商构成变化、观众行为特征等数据的深度挖掘，揭示行业发展新动向和市场新需求。

（4）建议性调研报告：根据调查的情况，发现问题，分析问题，最终提出解决问题的意见和建议。

2. 按调查范围划分

（1）综合性调研报告。综合性调研报告主要是针对某一特定对象或特定地区的会展发展状况的全面考察报告，如《成都市会展业发展情况的调查》。

（2）专题性调研报告。专题性调研报告是针对某一特定对象或特定地区展会发展的某个方面或某个环节的调查报告，如《互联网经济对成都市会展业发展影响的调查报告》。

（三）会展调研报告的结构和写法

1. 标题

（1）公文式标题。公文式标题应包括主题和文种，采用“事由+文种”的规范格式，如《2024 年上海国际汽车展览会参展商满意度调查报告》。这类标题突出专业性和正式感，适用于向政府部门或行业协会提交的正式报告。建议包含展会全称、年份和调查范围等关键信息。

（2）新闻式标题。新闻式标题可以提高调查报告的吸引力，由主标题和副标题组成，如《数字赋能 智领未来——2024 中国国际智能产业博览会数字化转型成效调研》。主标题突出亮点，副标题说明具体内容，适用于需要宣传推广的场合。可适当运用修辞手法增强吸引力。

（3）论文式标题。采用研究课题式表述，如《基于大数据的会展观众行为特征研究——以广交会为例》。这类标题强调学术性，通常包含研究对象、研究方法和研究范围三要素，适用于学术期刊或专业研讨会。

2. 署名

会展调研报告可以根据实际情况酌情署名，署名既可以是调研单位或课题组，也可以是调研报告作者。如果署名为个人署名，可酌情加注署名者的所在单位和职务。

3. 目录

在调查报告章节内容较多的情况下，应在调查报告中增加目录和附注，方便受众阅读。

三级目录体系：建议采用“章—节—点”的层级结构，数字编号：统一使用“1→1. 1→1. 1. 1”的编号方式，附录标注：对专业术语、调研工具等作必要说明。

4. 正文

调查报告正文的不同结构层次应采用序号加小标题的形式进行区分。

（1）开头

调查报告开头是整个报告的前言，应进行综述性的陈述，说明开展调查的原因、开展调查的方法，以及调查要达成的最终目标。该部分内容应简明扼要，抓住问题的重点，要让读者读完开头部分，就清楚调查报告要调查什么、怎么调查，以及调查的最终目的。

（2）主体

主体部分作为整个调查报告的核心部分，要把调查工作的来龙去脉全部交代清楚。主体部分文体结构可以根据实际需要选择采用并列式、递进式等结构。并列式一般适用于综合性的调查报告，各并列部分分别说明问题或事件的一个方面；而递进式更适用于对某一问题和事件的深入调查和剖析，层层递进，深入分析，最终找到问题的症结并提出解决意见。

（3）结尾

调查报告的结尾一般应在概括调查工作之后，就整个调查工作给出结论性陈述。结尾部分的撰写应当注意逻辑严密、层次分明，避免简单重复前文内容，而是要在整合分析的基础上形成新的认识。

（4）日期

调研报告的时间标注通常包含三个关键时间节点：首先是调研实施的时间范围，采用“YYYY 年 MM 月 DD 日—YYYY 年 MM 月 DD 日”的格式明确标注实地调研的起止日期；其次是报告撰写完成时间，这是指分析人员完成报告终稿的日期；最后是报告提交时间，即正式交付委托方的日期。这三个时间节点应当统一标注在报告封面或尾页，采用中文数字书写（如“二〇二四年六月三十日”）以体现正式性。对于需要持续跟踪的调研项目，还应当注明数据更新的截止时间，确保时效性信息的准确。

第二节　会展立项策划书

一、会展立项策划书概念及作用

（一）会展立项策划书的概念

会展立项策划书是主办机构对于开发新的会展项目，通过科学的市场信息的分析，设定会展项目目标、设计会展项目主题、营销方式、搭建会展项目基本框架的书面体现形式。

会展项目立项是需要周全考虑的环节，如展会时间的选择，既要考虑行业因素、自身企业因素，又要考虑竞争对手办展的时间，其中一个环节考虑不当，就可能会影响会展项目成功。

（二）会展立项策划书的作用

会展立项策划书是会展项目成功实施的重要基础，一份科学的、完整的、具有创新性的立项策划书，能够保证项目后续成功的实施，同时增强对于参展商、观众等相关利益群体的吸引力，帮助会展企业树立展会形象和品牌。

二、会展立项策划书写作要求

（一）会展立项策划书的内容

1. 会展项目名称

会展项目中，展览的名称要求更规范，展览项目一般包括三个方面的内容：基本部分、限定部分和行业标识。下面分别对这三个内容做一些说明。

基本部分：用来表明展览会的性质和特征，常用词有：展览会、博览会、展销会、交易会和“节”等。限定部分：用来说明会展项目举办的时间、地点和会展项目的性质。会展项目举办时间的表示办法有三种：一是用“届”来表示；二是用“年”来表示；三是用“季”来表示。行业标识：用来说明会展项目针对的行业及展出的题材。

举例：如“第93届中国出口商品交易会”这个会展项目标题，如果按上述三个部分划分，基本部分是“交易会”，限定部分是“中国”和“第93届”，行业标识是“出口商品”。

2. 地点

策划选择会展项目的举办地点，包括两个方面的内容：一是会展项目搭建在什么地方，二是会展项目在哪个展馆举办。

（1）策划选择会展项目在什么地方举办，就是要确定会展项目在哪个国家、哪个省或者是哪个城市举办。在文案写作中，需要规范地写清楚会展项目举办的省份、城市，如果是国际性会展项目，还需要写清楚举办的国家。

（2）策划选择会展项目在哪个展馆举办，就是要选择会展项目举办的具体地点。具体选择在哪个展馆举办，要视会展项目策划的展览题材和会展项目定位而定。另外，在具体选择展馆时，还要综合考虑使用该展馆的成本大小如何、展期安排是否符合自己的要求以及展馆本身的设施和服务如何等因素。在文案写作中，需要规范地写清楚会展项目举办场馆的全称。

知识拓展2-1：国家会展中心（上海）

国家会展中心（上海）总建筑面积超过150万平方米，集展览、会议、活动、商业、办公、酒店等多种业态为一体，其中可展示面积近60万平方米，是目前世界上运营中规模最大的会展建筑单体。主体建筑以伸展柔美的四叶幸运草为造型，采用轴线对称设计理念，设计中体现了诸多中国元素，是上海市的标志性建筑之一。2020年荣获国家绿色建筑运行三星标识认证，达成设计、运行三星双认证，成为国内首家大型会展类三星级绿色建筑，同时也是国内体量最大的绿色建筑。

（资料来源：国家会展中心官网，https://www.neccsh.com/cecsh/gsjs/index.jhtml）

3. 办展机构

办展机构是指负责会展项目具体事宜落实的有关单位，包括项目策划、招展招商、宣传推广、现场执行等多个环节。办展机构可以是企业、行业协会、政府部门和新闻媒体等。一般办展机构由主办单位、承办单位、协办单位、支持单位几种类型构成。

（1）主办单位

主办单位是拥有会展项目，并且需要对会展项目承担主要法律责任的有关单位，通常由政府机构、行业协会、企业等担任。

（2）承办单位

承办单位是指直接负责会展项目的策划、组织、操作与管理，并对会展项目承担主要财务责任的办展单位。大部分承办单位负责会展项目的招展、招商和宣传推广工作。如第111届糖酒会是由中国糖业酒类集团有限公司主办，中粮会展（北京）有限公司承办。

（3）协办单位

协办单位通常是协助主办或承办单位完成会展项目的策划、组织、操作与管理工作，部分承担会展项目的招展、招商和宣传推广工作。

（4）支持单位

支持单位是指对会展项目主办或承办单位的策划、组织、操作与管理，或招展招商、宣传推广等工作起支持作用的办展单位。如第十二届世界华商大会（成都）支持单位是中国国务院侨务办公室、四川省人民政府。

4. 办展时间

办展时间是指会展项目计划举办的时间。

具体举办时间在写作时通常包含：一是指举办会展项目的开展时长。展览时间的长短没有一个统一的标准，有些会展项目的展览时间可以很长，如“世博会”的展期长达半年；但对于占绝大多数的专业贸易展来说，展期一般是3~5天为宜。会展项目时间长短需要根据会展项目自身情况科学制定。二是指会展项目办展时间，包含从开幕式到闭幕式（结束）的时间。三是需要提前确定会展项目重要的日期及时间节点，如：会展项目搭建及撤展日期、开幕式及闭幕式日期、报名截止日期等。

5. 办展频率

办展频率是指会展项目举办是定期举办，如一年举办几次还是几年举办一次，或者是不定期举行。

6. 展品范围

会展项目的展品范围是指计划在展会上展出的展览题材的范围。根据会展项目的定位，展品范围根据展会的自身情况可以包括一个或者是多个产业，也可以是一个产业中的一个或几个产品大类。

7. 会展项目规模

会展项目规模包含参展商数量、会展项目展览面积、会展项目观众数量三个部分构成，三部分相互影响。作为会展立项策划书，在写作中，需要考虑办展题材市场需求、产业发展规模和分布、竞争对手等因素将以上三个部分进行科学合理的预测。

8. 会展项目初步预算

会展项目初步预算包含收入和支出两部分。

收入部分构成主要由展位费、门票、赞助和广告三部分收入构成，作为会展组织机构，需要提前制定和合理的价格。

会展项目的支出部分门类更为复杂，从项目调研、策划、招展招商、宣传推广、展会搭建、现场服务管理、相关活动举办等环节都会涉及支出，如场馆租赁、宣传费用、招展招商费用、人工费，等等。

会展项目初步预算还需要包含整个会展活动的收益部分，通过收入与支出差额，可以反映出会展项目是否盈利。

9. 人员分工计划

人员分工计划是对会展项目前、中、后期的工作进行人员统筹安排，明确参与的部门或参与的机构，确定各自的工作内容。

10. 招商招展计划

招展计划主要是为邀约参展商而制定的各种方法、渠道和策略。招商计划主要是为招揽观众特别是专业观众参观而制定的各种方法、渠道和策略。

11. 宣传推广计划

宣传推广计划是为会展项目的招展和招商提供支持，同时帮助会展项目树立品牌形象，扩大影响力。通常会展项目宣传推广需要提前制定明确的渠道、方法。

12. 会展项目进度计划

在立项策划书中，需要对会展项目各个不同环节的工作如招展、招商、宣传推广和展位划分等进行提前科学合理的统筹安排，方便各个部门按照进度计划完成相关工作。

13. 现场管理计划

现场管理计划是会展项目在正式开始后为了更好地对现场进行有效管理而制定的计划安排，包括专业观众注册、布展撤展、媒体接待等计划。

14. 相关活动计划

会展项目相关活动计划是对计划在会展项目举办期间同期举办的各种相关活动做出的计划安排。

15. 项目风险及措施

会展项目风险是对项目运作中可能存在的风险进行预估，并提出应对的措施。

（二）会展立项策划书的结构

1. 封面

会展立项策划书内容较多，封面是需要具备的一个部分。在进行封面设计时，通常需要包含会展项目的名称+“立项策划书”作为策划书的名称，还需要包含策划书的编号、策划机构名称或策划小组名称、完成日期。如果是国际性的会展项目，需要由中英文名称构成。

2. 目录

会展立项策划书配备目录更加方便查阅。需要注意目录应与内容一一对应。

3. 正文

正文写作中应可以通过划分章节、结合每个部分第一二三级标题标序的方式更清楚地呈现内容，内容应涵盖上面所提 15 部分内容；在立项策划书表述中，应该突出重点，语句通顺，可以多采用图表方式进行内容呈现。

4. 附件

附件为立项策划书的补充内容，如市场调研数据，对于附件应做好编号处理。

案例2-6：××××年第一届熊猫三国文化展立项策划书

1　办展目的

熊猫被誉为“活化石”和“中国国宝”，属中国国家一级保护动物。这种生物憨态可掬，深受人们的喜爱。三国有着丰富的物质财富和精神财富，文物众多。这个展会利用熊猫知名度来展示蜀都三国文化风采，将三国名城作为成都一张新的名片向大众展示，同时本展会也将展示四川当地特色非遗，观众不但能够了解熊猫和三国文化知识，也可以深入了解成都作为文化名城的独特魅力，从而进一步提升成都文化的形象。

2　办展可行性分析

优势：成都交通便利，通信条件发达，信息化水平高；基础设施完备，有世纪城等大型会展中心，有辐射带动作用；生态环境优美，文化底蕴深厚，有得天独厚的三国文化和熊猫旅游资源；成都市政府的支持和重视，着力打造自主会展品牌。

劣势：自主品牌起步晚，影响力弱；展馆软硬件设施发展不均衡；会展人才匮乏，年轻团队缺乏经验，无此类展会经验借鉴；成都作为旅游大城，人流量大，市场前景广阔；将三国文化与熊猫文化结合起来，形成独特的吸引力；同类型展会较少，有发展前景，有利于新业态探索。

威胁：其他类似展会或同为新型展会的激烈竞争；国际同行的竞争。

3　市场分析

①展览业行业和区域结构进一步优化

从区域分布看，上海、北京、广州继续领跑全国展览业发展，重庆、成都、南京、深圳、杭州、青岛等城市展览业发展优势加快显现。从行业分布看，展览会数量排名居前的依次是日用消费品及居民服务类，占31.3%；房屋建筑、装饰及经营服务类，占18.4%；工业科技类，占10.5%；文化、体育和娱乐类，占9.7%。

②市场主体多元化、精细化态势明显

行业资源整合加快，企业经营着力于增加有效供给、提高供给质量、增强品牌竞争力，从单一业务模式转向一站式系统化解决方案供给，更加重视用户体验和个性化需求，质量效益进一步提升。

③科技创新进一步驱动展览业升级

现代信息技术与会展经济的交汇融合正成为趋势，大数据和智能化应用作为行业创新升级的新动能，有力推动业态模式和管理服务创新。

④可持续发展理念渐入产业链各环节

在国家的持续推动和行业龙头企业的积极倡导下，“绿色、低碳、可持续”发展理念成为行业共识和产业转型升级的方向。

4　展会基本框架

展会的名称：××××年第一届熊猫三国文化展

展会主题：熊猫带你看三国

举办地点：成都世纪城新国际会展中心

办展机构的组成：

①主办单位：四川省文旅厅 成都市人民政府

②承办单位：四川旅游协会 成都文旅局

③协办单位：四川××××会展有限公司

展品范围：

①文物：传统书画、艺术品、首饰、玉器、古钱币、碑帖、仿古文物等

②周边：服饰、玩偶、办公用品、钥匙扣、海报等

③非遗展品：糖人、蜀绣、银饰、传统服饰、刻版画等

办展时间：××××年5月1日至5月3日

办展频率：一年一次

展会规模：中型展览会　面积：5 600平方米　　参展商数量：400

展会定位：以熊猫文化形象为媒介，宣传成都三国文化，将三国文化打造成成都新的名片，从而带动相关产业发展，提高成都国内外知名度。

展区划分：

①文物区

②非遗文化区

③VR体验区

④熊猫三国表演区

⑤周边售卖区

主要展示的产品：自主设计的熊猫造型，三国文化，从古到今熊猫的称呼变化和人们对熊猫态度的变化、三国故里的介绍展示、非遗展示。

5 展会宣传推广计划

5.1 微信、微博宣传

展会前一个月在相关的微信公众号上发布相关展会消息，上传日程表，并联合产品做相应的活动（例如微信朋友圈集赞可以换取某产品等）。

在展会前半个月利用相关微博名人的流量进行微博宣传。

制作网络视频在各大应用平台上传，转发点赞收藏可参与抽奖等一系列活动。

制作官方二维码附在宣传文案上。

5.2 新闻发布

展会在启动招展前举行一个新闻发布会。利用这次新闻发布会，展示主办、支持单位资源，对支持者和工作室等潜在客户介绍展会规划及相关情况。借助新闻发布会的势头通过邀请的新闻媒体对展会进行宣传造势，形成展会的第一轮宣传冲击波。

5.3 专业观众组织推广

对一个专业展会来说专业观众的邀请是成功的关键。只有让你的参展商在展会上获得交易才可能使一个展会保持旺盛的生命力。任何展会都希望从成千上万参观展会的观众中找到参展商想要见的人。正是基于这一点展会应该以“直接沟通目标买家全面提升到会买家质量与数量”为目标采取大量行之有效的方法来满足展会的需求。在针对专业观众的推广方面以下方法是行之有效的。

（1）为保证展会专业观众组织工作落实到位，展会组委会应成立专业观众组织机构，由其机构负责专业观众组织邀请、服务等相关工作。

（2）针对专业观众展开密集式宣传攻势具体说来又可以分别采取以下措施，如在

更广的区域展开广泛全面的广告和推广活动，包括贸易出版物、杂志、报纸、网络、电视、户外媒体、直邮、电子邮件、夹页广告、会员（VIP）邮件和电话销售等。

（3）数据库营销以强大的数据库为基础结合共同主办单位的会员和行业资料由专业观众邀请和组织团队分期向买家发送展会动态资讯，由展会推广部与客户服务部通过电话、传真、电子邮件邀请及重点客户登门拜访等形式反复邀请专业买家到会参观。

（4）贵宾邀请针对特定的重要参观人士制定专门的贵宾邀请计划为最好的客户以及潜在买家提供一系列的特殊待遇，为专业买家提供各种便利，邀请专业观众。

6 展会招展计划

6.1 招商渠道

（1）专业媒体——投放广告

（2）大众媒体——投放广告

（3）行业协会或商会——利用其强大号召力

（4）国内外同类展会——现场推广本展会或争取合作机会

（5）参展企业——自己带客户

（6）网络招商

（7）寻求与其他展会主办机构的合作机会

（8）各种招商代理

（9）政府有关部门——行业影响力

（10）通过策划展览期间的相关活动带动招商

6.2 招展计划

（1）电话邀请

针对已有电话联系方式的商户进行电话招展。

（2）电子邮件的邀请

针对已有电子邮件联系方式的客户邮寄电子邮件。在电子邮件中包含邀请函、展会资料、专业观众数据。

6.3 招展时间

展会前5个月：通过行业协会和国内外同类展会进行招商。

展会前3个月：网络媒体投放招商广告。

展会前2个月：与相关部门、其他展会主办机构合作；电话、电子邮件邀请。

展会前1个月：联系参展企业带来客户。

6.4 展位分布（略）

7 展会筹备进度计划（略）

8 配套活动

8.1 展会前

线上赢门票答题活动

新闻发布会

8.2 展会期间

三国文化虚拟现实（VR）体验活动

有关三国文化的知识讲座

有奖知识问答

有关大熊猫和三国时期名人故事的节目表演

9 展会工作人员分工计划

9.1 总指挥

总指挥负责本次会议的进程监控，每天检查各部门，同时按照项目需求进行各部门调动，处理突发事件，对整个会议起总指挥的作用。

9.2 安保组

安保组负责维护现场秩序，配合处理会议进行的细节问题或突发事件。

9.3 展商招展组

展商招展组负责展商招展工作，同时收集客户需求，接收整理客户回执单。

9.4 现场管理小组

现场管理小组负责展会接待、处理报到、设备器材管理、展览日程安排。

9.5 推广组

推广组负责展会宣传、公关。

10 展会价格及初步预算方案

展会支出预算表如表 2-4 所示。

表 2-4 展会支出预算表

支出项目	日开支/万元/天	费用/万元
场地费用	15	45
行政管理费用	5	15
宣传费用	6	18
招展	7	21
总计/万元	99	

11 展位定价

光地展位报价：1 000 元/平方米

标准展位报价（3×3 米）：6 000 元/9 平方米/个

精品展区（18 平方米）：9 660 元/个 · 展期

特装展区（36 平方米）：15 000 元/个 · 展期

主要费用包括：

（1）相应的展位面积，企业楣板（中英文）、洽谈桌、洽谈椅、220V 标准电源，照明等。

（2）可以派 2 人参会，作为展会及展会期间举办活动的正式代表。

（3）展会开始前两天，可提供成都双流机场、成都火车站、高铁站至指定酒店大巴交通（酒店费用自理）。

（4）会期入住展会指定酒店，提供酒店至展馆往返大巴交通。

（5）会场设置电脑供与会代表查询会议的相关情况和日程安排。

（6）会后可获取一本《展会会刊》。

12 展位总收入预算表

展位总收入预算表如表 2-5 所示。

表 2-5 展位总收入预算表

收入项目	日收入/万元/天	预计收入/万元
展位费	43	129
门票收入	3	9
企业赞助收入	7	21
共计/万元	159	

13 展会预计盈利表

展会预计盈利表如表 2-6 所示。

表 2-6 展会预计盈利表

盈利项目	总计盈利/元
展位费	1 308 160
门票	90 000
赞助	210 000
拨款剩余	200 000
总盈利	1 808 160

14 注意事项(略)

15 展会应急措施(略)

16 总结工作

为了将展会做得更好，我们还需要做到以下几点：

(1) 加大引导，不断调动企业参展的积极性。要深入研究会展工作，逐步提高企业参展的意识，促使企业深刻理解展会是市场与企业互相了解的重要途径和发展手段。通过产品的展示能吸引客户，拓展和建立市场，展会也是企业持续发展的重要平台。

(2) 积极调研，以展会助推产品产业转型升级。密切关注国内外知名展览机构在新兴产业领域开办新展的动向。

(3) 加大宣传力度，营造良好氛围。充分利用广播、网络等多种手段加大展会工作宣传力度。

(4) 整合资源，进一步挖掘会展潜力。进一步整合展览资源，充分利用现有的工作资源。同时更加重视系统外展览工作资源的整合，进一步加强与市会展办和其他展览机构的交流与合作。高度重视专业队伍建设，以人为本，探索建立展览业务人才的培养与发展机制。

（资料来源：学生完成实训作业）

案例点评：

该份立项策划书内容较为完整，既包含行业市场调研，又包含具体的实施计划方案，整体层次清楚。但是其中还是存在一定的问题：

1. 整体的排版序号较为凌乱，建议采用“1.”“1.1”“1.1.1”“（1）”四级标题的形式。

2. 展位费的计算应该更加详细。

3. 可行性分析中缺少对机会的分析。

4. 第6部分标题应为“展会招展招商计划”。

5. 增加现场管理计划。

6. 规模部分增加观众数量。

第三节　会展项目可行性研究报告

一、会展项目可行性研究报告的概念

在完成《会展立项策划书》之后，就应该对会展项目和实施方案进行进一步的可行性分析。因此，会展项目可行性的分析结论，是决定展会项目是否可以举办的最终判断依据。

会展项目可行性研究报告的编写基础，是会展项目立项策划书，也可以说会展项目可行性研究报告是会展立项策划书的一个工作延续。会展项目是通过深入细致地研究市场环境、客户需求、实施方案和经济效益等不同方面的内容，对会展项目进行一个系统而全面的分析。

会展项目可行性研究报告的最终目的，是检验该会展项目是否具备良好的市场条件，是否具备强大的生命力，项目的实施方案是否合理，是否具有经济可行性。如果该项目具备了以上的条件，同时项目风险较小，又有一定的社会效益，这样的会展项目就具备举办实施的可行性。

二、会展项目可行性研究报告的内容

会展项目可行性研究报告主要是系统地分析评估该项目的可行性，为完善具体的执行方案提供依据。报告应该包括以下各项内容：

（一）市场环境分析

1. 宏观市场环境分析

宏观市场环境是指能对展会举办产生影响的各种社会因素，这些因素可能给办展机构举办展会带来市场机会，也可能会造成市场威胁。办展机构在策划一个展会时，必须密切关注宏观市场环境以便有效识别和把握市场机会，避开和减少市场威胁。这些因素包括人口环境、经济环境、技术环境、政治法律环境和社会文化环境等。获得这些宏观市场环境信息后，应结合会展业的特点，对各因素进行准确的分析，寻找机遇，识别风险。

2. 微观市场环境

微观市场环境是指对办展机构举办展览构成直接影响的各种因素。这些因素包括办展机构内部环境、目标客户、竞争者、营销中介、服务商和社会公众等。和宏观市场环境一样，微观市场环境所包括的各因素也可能会给办展机构举办展览带来市场机会，或者对其造成市场威胁。

3. 市场环境评价

市场环境评价的基础是大量的相关信息，只有获取翔实、充足的相关信息，才能对市场环境进行系统分析和综合评估。市场环境评价最常用的分析方法是“SWOT 分析法”，即内部优势（strength）、内部劣势（weakness）、外部机遇（opportunity）、外部威胁（threaten）。

案例 2-7：盐城市会展旅游可行性分析

20 世纪 90 年代以来，我国旅游会展业发展迅速，年增长速度达到 20%以上。盐城作为一个发展中的城市，有必要大力发展会展旅游，促进经济的可持续发展。通过分析盐城发展会展旅游的基础以及存在的问题，分析盐城发展会展旅游的可行性，并提出相应建议。

一、盐城发展会展旅游的基础和有利条件

（一）区位优势。盐城位于中国东部沿海地区，承南启北、贯通东西，是沿海中心枢纽城市，在长三角经济圈占有一席之地，也是“一带一路”与长江经济带连接点，是江苏省内土地面积最大、海岸线最长的地级市，坐拥海港空港，两个一类开放口岸；在苏北五市中，盐城距上海最近，成为高铁枢纽后盐城将融入上海一小时经济圈。这些因素给盐城带来了对内对外的开放优势、接轨上海的区位优势，使盐城发展会展旅游成为可能。

（二）交通优势。盐城拥有“五位一体”的立体化交通运输网络，涵盖了高速公路、铁路、航空、海运、内河航运。辖区内 204 国道、盐金公路、宁靖盐、徐宿淮盐高速公路等分别连接南京、上海、连云港、徐州等地，并初步构成网络。目前，新长铁路盐城站开通全国客货运，多条铁路处于规划中或在建状态，包括连盐铁路、沪通铁路、盐通铁路、盐泰锡宜城际铁路、徐宿淮盐城际铁路、连淮扬镇铁路等，通车后往北京、西安、南京、上海、杭州五个方向的高速铁路和青岛方向的快速铁路都将在盐城交会或始发，盐城也将列入中国东部铁路网的重要枢纽城市之一，并融入上海一小时经济圈。盐城是同时拥有空港（南洋国际机场）、海港（盐城大丰港区）两个一类开放口岸的地级市，且盐城空港开通国际、国内航线 14 条。随着更多条铁路的建成通车，民航机场新航线的开辟，更多港口的建成通航，盐城逐渐具备成为会展旅游目的地的交通优势。

（三）经济实力。在全国 200 多个同类地级市中，盐城经济总量可以排前 30 强，经济发展水平已超越全国平均水平。2015 年，盐城实现地区生产总值、人均地区生产总值高达 4 212.5 亿元和 58 299 元，二者在上年的基础上增长速度都达到了 10%以上，体现了盐城经济增长的持续性，发展后劲足。盐城的经济实力为盐城市发展会展旅游奠定了基础。

（四）产业优势。近年来，盐城特色产业如雨后春笋般拔地而起：汽车产业优势突出、节能环保产业发展良好、电商物流大有可为，另外清洁能源、大数据、智能终端、海洋经济等产业也保持强劲的发展势头。这些产业的形成及发展为盐城发展会展旅游提供了基础和条件，盐城也依托这些产业举办出有特色的展览，吸引大批会展旅游者参展参会。

（五）资源优势。盐城作为旅游城市，三色文化“银文化、绿文化、红文化”独具特色。银文化代表盐城的盐文化，盐城因盐得名，因盐建城，具有2 000多年的海盐历史文化，盐城“古盐运集散地保护区”、中国海盐博物馆等都是盐城盐文化的见证；绿文化代表滩涂文化，盐城拥有中国沿海地区面积最大的滩涂、湿地，还是丹顶鹤的家园、麋鹿的故乡，得天独厚的滩涂旅游资源赋予盐城“东方湿地、鹤鹿故乡”的美誉；红文化代表红色革命文化。盐城的新四军纪念馆被列入全国100家“红色旅游经典景区”和30条“红色旅游精品线路”，成为盐城独具特色的红色旅游资源。

（六）完善的会展设施。当前，盐城已拥有一定规模的会议展览设施，初步具备接待大型会展活动的能力。2010年建成的盐城国际会展中心，建筑面积及占地面积分别为5万平方米及16万平方米，内设国际标准展位1 000个，分不同功能区，包括会展、会议、商业卖场等区域。盐城国际会展中心还包含10万平方米的室外广场，使整个会展中心成为兼集会、展览、游憩等功能于一体的多功能综合体。自投入使用以来，盐城国际会展中心承办多场具有影响力的展会，还获得了极高的荣誉——年度十佳品牌会展中心。据盐城旅游局统计，盐城拥有6家五星级酒店、13家四星级酒店和26家三星级宾馆，三星级及以上宾馆都具备举办会议的能力，这也为盐城接待会议旅游提供了一定的基础。

二、盐城会展旅游发展中存在的问题

（一）新型产业缺乏绝对优势。盐城节能环保、清洁能源等新型产业虽然发展迅速，但是在东部地区乃至全国没有形成绝对优势。原因在于盐城的环保节能产业虽然起步较早，但产业内的龙头企业少，缺乏强有力的带动作用。另外，也存在很多其他问题，如产业层次不高、产业链条短、产品同质化现象、缺乏自主知识产权的先进产品等问题，这些问题直接导致盐城节能环保、清洁能源企业的核心竞争力不强。最终致使盐城的产业优势被其他后来居上的城市或者实力雄厚的大城市所取代。

（二）来自周边城市的竞争压力。盐城市位于长江三角洲城市群北翼，地理位置不如苏州、南京、杭州、宁波等长三角区域中心城市，在江苏省内，地区生产总值（GDP）等主要经济指标总量在沿海三市中不及南通，在苏北五市中逊于徐州，无论是经济实力还是城市品牌的影响力都有所欠缺，导致会展业发展与以上城市相比有一定差距。盐城要发展会展旅游，一定程度上会与周边兄弟城市争夺现存的会展资源，但盐城会展业的竞争力不足，体现在其起步较晚，基础尚未打牢，从每年举办的大型的具备影响力展会的数量可以看出与周边兄弟城市的差距。

（三）配套服务设施不够先进。设施良好的场馆对于一个城市举办展览来说并不是唯一条件，知名度高的旅游资源、现代化的商业设施和休闲娱乐场所也是必不可少的要素。盐城自然及人文旅游资源固然丰富，但增长方式上不同程度地存在着一定问题，被认为是“一流资源、二流开发、三流服务”，且知名度不够高。另外，盐城缺乏现代化的大型卖场、购物中心以及休闲娱乐场所，虽然有金鹰商场、宝龙广场等消费场所，但数量及规模上与其他会展城市相比，不具备优势，难以支撑会展业的发展。

（四）专业会展人才短缺。盐城会展专业人才处于十分紧缺的状态，一方面，由于开设会展专业的院校大多分布在会展经济比较发达的城市，如北京、上海和广州，盐城市的两所二本院校，均未开设会展专业；另一方面，盐城因为会展经济的发展水平较低，吸引和集聚人才的能力远远不如会展活动较为活跃的大城市。专业会展人才是发展会展旅游的重要支撑要素，会展人才短缺势必会影响盐城会展旅游的发展。

三、盐城市发展会展旅游的建议

（一）加大招商引资力度，加大自主创新力度。想要克服盐城新能源等产业缺乏绝对优势的缺陷，必须加大新能源等产业的招商引资力度，引进国内外行业龙头企业，扩大产业规模；加大企业自主创新扶持力度，提高企业自主研发能力和水平，着力在突破技术、培育品牌、提升功能、完善服务上下功夫，推动特色产业规模效益持续提升、产业链条逐步完善、创新能力不断增强、装备技术加快升级、品牌效应日益突出。

（二）突出特色，错位发展。为了提升盐城会展发展的竞争力，必须要突出特色，错位发展，形成与其他几个城市的互补合作发展格局。一方面，要根据自身的区位特点和产业优势，大打“特色牌”，着力培育特色的专业展览和会议，围绕重点打造的产业，力争招引龙头外资企业，形成产业聚集；另一方面，完善城市基础设施建设，大力推进城市化进程，扩大城市规模，提升城市辐射力，进而提升盐城的经济实力，提升与周边城市竞争的竞争力水平。

（三）加快关联产业发展，完善配套服务设施。一方面，要充分利用盐城与上海一小时经济圈的区位优势，将盐城的旅游资源纳入上海旅游经济圈，打造与上海旅游资源为一体的旅游线路，提高旅游资源的吸引力；另一方面，要加快住宿餐饮业、商贸服务业、休闲旅游业等服务业的发展，大力完善支撑会展业发展的配套设施，将盐城打造成满足会展业发展的现代化都市。

（四）加快会展人才的培养和引进。想解决盐城会展专业人才短缺的问题，一是引进，二是培养。在引进渠道方面，需要从薪资水平、福利待遇、晋升空间等方面制定能够吸引会展人才的政策；在人才培养渠道方面，目前盐城两个本科院校以及多所专科院校均未设置会展专业，因此既要鼓励、动员盐城大专院校设置会展专业，培养会展专业人才，也要对现有会展行业工作人员进行在职培训，提升其职业素质和专业水平。

（资料来源：朱远征. 盐城市会展旅游可行性分析［J］. 合作经济与科技，2017（21）：28-29.）

案例点评：

案例通过宏观、微观环境的分析与评价对盐城发展会展旅游进行可行性分析，其分析结构严谨，条理清楚；会展项目可行性研究的“市场环境分析”的写作方法，与案例的写作方法基本相同。

（二）会展项目生命力分析

1. 项目发展空间

项目发展空间的大小，主要取决于会展项目所属行业的产业空间、市场空间、地域空间和政策空间。这些空间越大，则项目的发展空间越大；反之，项目发展空间就越小。

2. 项目竞争力

项目竞争力包括多个方面，如办展机构自身的品牌影响力、参展商和观众的构成、展会的定位、会展价格、会展服务等。

3. 办展机构优劣势分析

知己知彼，百战不殆。只有认清自身的优劣势，才能确定办展机构自身适合在哪些产业举办会展，适合举办哪种性质的会展。

（三）会展执行方案分析

会展执行方案分析的目的，是评估会展各种执行方案的合理性、完备性和可行性。

1. 会展的基本框架评估

（1）会展名称和展品范围、会展定位之间是否有冲突，避免产生歧义或误导参展商和观众，名称应准确反映展会的核心内容和专业领域。

（2）办展时间、办展频率是否符合产业特征，确保与市场需求节奏同步。

（3）会展举办地点与展品所在行业是否匹配。场地选择直接影响参展效果和观众参与度。

（4）会展的规模与展品行业是否匹配。展会规模需要与行业发展阶段相适应，规模过大或过小都会影响展会效果。

（5）办展机构的自身能力是否支持在特定时间举办特定规模的展会，包括资金实力、团队规模和执行经验等。

（6）办展机构对展品行业的了解程度。展会内容可结合行业最新发展趋势和技术方向。

（7）会展定位与会展规模之间是否存在冲突，定位与规模的协调是保证展会质量的关键因素。

2. 招展招商和宣传推广计划评估

招展招商和宣传推广计划评估包括招展计划评估、招商计划评估和宣传推广计划评估，以及在执行过程中这三个评估方案之间的互相影响。

3. 会展计划评估

会展计划评估是指对执行工作全面统筹安排的计划，它明确规划了各部门、各阶段在什么时候应该完成什么任务以及需要达成的目标。会展计划评估主要包括分析会展各阶段、各分项工作进程安排的时间合理性，各阶段、各分项工作的目标的合理性，各阶段、各分项工作彼此之间的配套性和统一性。

4. 现场管理计划评估

现场管理计划评估是确保项目顺利实施的重要环节，主要从周密性、可控性、分项工作协调性和必要性四个维度进行全面审查。周密性评估需关注计划是否覆盖所有关键节点，包括人员配置、物资调度和应急预案等细节；可控性则重点分析进度、质量和成本目标的动态监控机制是否健全；协调性需评估各分项工作的逻辑衔接与资源分配的合理性，避免交叉作业冲突；必要性审查要剔除冗余环节，优化资源配置。此外，还需结合现场实际条件评估计划的可行性，包括环境因素、技术难度及突发风险应对能力，并通过专家论证或模拟推演验证管理体系的完整性，最终形成量化评估报告为决策提供依据。

（四）会展项目财务分析

会展项目财务分析是分析会展项目是否具备经济可行性，是在筹办会展时已确定的价格基础上对此次会展活动的收益和支出进行分析和测算，并根据财务分析的结果，制订会展项目的资金使用计划。

1. 会展项目财务分析需要的相关基础数据

会展项目财务分析需要的相关基础数据包括成本数据、收益数据、投资需求、资金成本等。这些数据都来自市场调查或基于市场调查而做出的预测。

2. 价格定位

价格定位直接决定展会项目收益的多寡。价格过高，一些支付能力较弱的潜在客户便无力参展；价格过低，又无法覆盖展会成本。如何定价？这是一个复杂的问题。目前主要有五种定价目标策略，包括利润目标、市场份额目标、市场汲取目标、会展质量领先目标、生存目标。最终选择哪种策略目标，需要根据项目的顾客群特征、成本和竞争对手等主要因素予以确定。

3. 成本预测

通过分析筹备会展活动所需的成本和收入才能明确该会展是否合理可行。主要包括以下各项：

（1）展览场地费用。展览场地费用涵盖展览场地租金、展位搭建费用、展位特装费用、展馆空调费用、其他场地设施费用等。

（2）宣传推广费用。宣传推广费用主要包括宣传资料设计和印刷费用、广告制作和投放费用、媒体发布会费用等。

（3）招展和招商费用。招展和招商费用主要是招商和招商相关的差旅费、渠道费和公关费。

（4）其他相关活动费用。其他相关活动费用包括技术交流会、研讨会、开幕仪式、嘉宾接待、酒会、礼品等费用。

（5）办公费用和人员工资。

（6）应缴税费。

（7）不可预见费用。

4. 收入预测

会展项目的收入来源主要包括销售展位收入、门票收入、广告费收入、行业相关企业的赞助费收入。

5. 盈亏平衡分析

盈亏平衡分析是通过对成本和收入的分析，找到实现盈亏平衡的销售额。例如，展位销售率达到70%，可以实现盈亏平衡，则该条件就是这个展会项目的盈亏平衡点。当然，展会项目涉及多项不同的收入来源。在做盈亏平衡分析时，可以重点考察主要收入来源指标，例如展位销售率，而假定其他指标不变，以求解展位销售率的盈亏平衡点。盈亏分析的计算公式如下：

盈亏平衡价格（单个展位）= 会展总成本÷会展总展位数

以单个标准展位来定价：

盈亏平衡价格（单位展览面积）= 会展总成本÷会展展览总面积

能够使会展达到盈亏平衡的标准展位数量可以用以下公式求得：

盈亏平衡规模（标准展位数量）= 会展总成本÷单位标准展位价格

能够使会展达到盈亏平衡的展览面积可以用以下公式求得：

盈亏平衡规模（展览面积）= 会展总成本÷单位展览面积价格

6. 现金流量分析

现金流量分析是通过预测项目的现金流量情况，制作现金流量表，从而分析项目在不同时间点的现金情况，以便提前为资金使用计划和筹融资活动提供数据支撑。目的就是保证项目实施过程中不会出现资金不足的情况。健康的现金流对于项目实施的意义，就像呼吸对于人的意义，不管你个人如何强壮，一旦没有呼吸，则无法生存。再好的会展项目，如果实施过程中现金流断裂，则必将面临失败。

7. 判定性财务指标

判定一个项目是否可行，主要考察项目净现值和内部收益率。项目净现值指未来资金（现金）流入（收入）现值与未来资金（现金）流出（支出）现值的差额。内部收益率就是资金流入现值总额与资金流出现值总额相等、净现值等于零时的折现率。净现值和内部收益率越大越好，一般而言，企业应设定自己的内部收益率标准。如果项目内部收益率大于企业的标准，则项目可以实施；反之，则不可实施。

（五）风险分析预测

所有的项目都会面临风险，只是行业不同，风险的来源不同，风险的大小也不同。会展行业有其自身的特点，会展项目在实施过程中，也将面临不同的风险，包括市场风险、经营风险、财务风险和合作风险。在项目可行性研究报告中，应对各个风险点进行分析和梳理，以综合确定项目的风险情况。

1. 市场风险

市场风险是指基础资产市场价格的不利变动或者急剧波动而导致衍生工具价格或者价值变动的风险。基础资产的市场价格变动包括市场利率、汇率、股票、债券行情的变动。

2. 经营风险

经营风险是指办展机构经营方面的原因为会展活动带来的一系列风险，包括会展宣传不佳、招商不顺、现场布置不当和人员配置不合理以及或因设施老化引起的安全事故等。

3. 财务风险

财务风险是指办展机构因资金方面的问题而给会展举办带来的不确定性，如成本预算不合理导致现金流无法满足筹办工作的需要，筹资阶段引起债务违约等。因而，加大会展机构财务风险管理力度是实施会展战略性发展的首要任务。

4. 合作风险

合作风险是指利益相关方在合作的多维度可能出现的不协调、不一致、不确定性等因素。如，合作机构中途退出或临时撤资、会展各服务商配合不当而延迟会展排期等。

三、会展项目可行性研究报告的写作要求

展会项目可行性研究报告是筹备人员对整个项目的分析和建议做出的书面表达，是决定展览项目最终是否可以落地实施的判断依据。可行性研究报告是针对展会项目的一个系统、全面、综合的分析报告，要通盘考虑盈利能力、场地要求、管理技术要求、预测参展商数量和观众数量、展会竞争力、企业赞助可能性、政府支持等各种因素。展会项目作为一种商业行为，预估展会的成本和收益是最为关键的工作。

会展项目可行性研究报告的内容必须立足于真实材料，分析过程应客观合理，结论应清晰准确。一般应包括六大部分的内容，分别是：项目简介、技术性要求（如场地要求、技术人员要求等）、财务预算（含资金投入、政府拨款、展位销售收入、赞助费、广告收入等）、展览会的市场前景与目标市场分析、管理技术和人力资源分析、结论。

案例 2-8：运输机场转场运行可行性分析框架

本文基于业务连续性管理原理，提出运输机场转场运行的可行性框架，为运输机场在转场前系统性识别业务流程关键路径、分析其转场运行可行性提供依据。本文以国内一线城市的大型枢纽民用运输机场为例，对该方法论开展实证分析研究。

1. 运输机场转场运行可行性分析框架

业务连续性是运输机场转场运行的重要目标。基于业务连续性管理原理，本文通过业务重要度分析识别核心业务及其关键路径，最终确定关键资源。在此基础上，系统性地识别和分析业务模式、运行流程、关键资源等方面的差异，为制订优化调整方案提供重要依据。

1.1 转场运行可行性分析框架模型

运输机场转场运行的可行性分析框架，如图 2-1 所示。

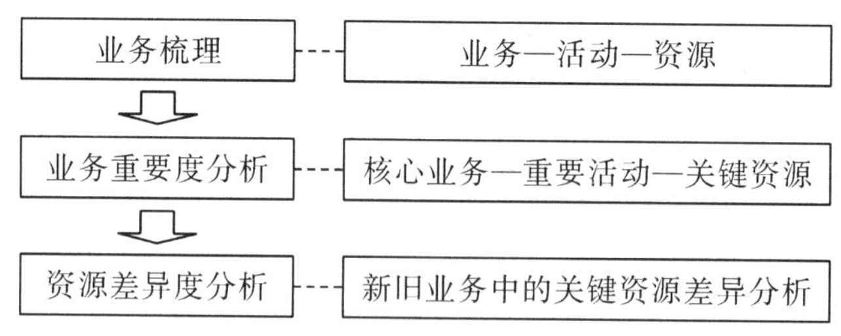

图 2-1　运输机场转场运行可行性分析框架

1.2 业务重要度分析

确保核心业务的连续是转场运行任务中的重要目标。因此，本文通过业务影响分析模型，构建了基于运输机场各项业务的业务重要度评价工具。根据运输机场的运行与管理特征，本文梳理出如下 6 个方面的评价指标维度。

（1）安全影响：包括旅客安全、员工安全、周边人员等；

（2）运行影响：航班正常性降低、服务质量下降等；

（3）客户影响：航司、旅客等的满意度降低等；

（4）财务影响：收入损失，成本增加等；

（5）合规影响：违反法律法规等的要求；

（6）声誉影响：社会舆论、负面报道等影响。

基于上述 6 个维度的评价指标设置，制订 1~5 个等级的评价标准，“1”为最低等级，具体每个指标的评价标准示意如表 2-7 所示。

表 2-7　指标评价标准示意

指标	评价等级				
	1	2	3	4	5
安全影响	使 3 人以下处于危险状态	使 10 人以下处于危险状态	使 30 人以下处于危险状态	使 100 人以下处于危险状态	使 100 人以上处于危险状态
运行影响	运力降低 3%以下	运力降低 3%~10%	运力降低 10%~20%	运力降低 20%~50%	运力降低 50%以上
客户影响	投诉量较平时增长 3%以下	投诉量较平时增长 10%以下	投诉量较平时增长 20%以下	投诉量较平时增长 50%以下	投诉量较平时增长 50%以下
财务影响	经济损失 100 万元以下	经济损失 1 000 万元以下	经济损失 5 000 万元以下	经济损失 1 亿元以下	经济损失 1 亿元以上
合规影响	可能导致警告	可能导致行政警告	可能导致行政约见	可能导致行政处罚	暂停营业或吊销执照
声誉影响	非主流媒体有一些负面报道但不需要回应	—	核心媒体报道或转载，需要控制舆情	—	核心媒体报道或转载，电视媒体报道，需要公司高层出面

表 2-7 提供了为每项业务进行业务重要性赋值的工具表格。表 2-8 中，选取了 1h、4h（赔付时间）、24h 以及 2d 的时间跨度（timeframe），该时间跨度能在一定程度上体现业务随着时间的推移而产生的影响变化。

表 2-8　业务重要性评估表（示例）

业务名称	影响维度	时间：1 h					时间：4 h					时间：24 h					时间：2 d					影响分值
		影响等级					影响等级					影响等级					影响等级					
		1	2	3	4	5	1	2	3	4	5	1	2	3	4	5	1	2	3	4	5	
运输航空国内出港领班地面服务	安全影响	*					*					*					*					4
	运行影响		*						*						*						*	14
	客户影响	*						*						*					*			9
	财务影响	*						*						*						*		10
	合规影响	*					*						*					*				6
	声誉影响	*					*							*						*		9

注：

1. 影响分值范围为 24~120 之间。

2. 将机场各项业务用表 2 的业务重要性评估表进行打分，并通过走访调研、研讨会等形式，促进公司高层领导与各单位充分沟通与探讨，最终建立统一的业务重要度排序。

1.3 关键资源差异性分析

在各项业务进行重要度排序之后，基于核心业务流程上的关键路径，识别业务开展所依赖的关键资源。本文将运输机场各类资源分为8大类别，分别为人员类、业务场地类、运行设施设备类、IT系统类、办公设备类、业务单据类、基础保障类以及合作方/供应商类。

（1）人员类（People，PL）：主要指不同岗位上的员工，通常需要相关的专业技能才能胜任该岗位的工作；

（2）业务场地类（Workplace，WP）：主要指开展相关作业的特定地点或区域，如值机区域、安检通道、机场塔台等；

（3）运行设施设备类（Operational Equipment，OE）：主要指保障业务运行的行李系统、安检系统等设施设备；

（4）IT系统类（Information Technical System，IS）：主要指基于弱电的处理信息加工、传递、存储以及信息利用等有关的系统，如离港系统、广播系统等；

（5）办公设备类（Office Facilities，OF）：主要指用于办公室处理文件的设备，如电脑、打印机等；

（6）业务单据类（Document，DM）：主要指支持重要业务或关键活动运行所需要的纸质或电子单据凭证；

（7）基础保障类（Supporting Infrastructure，SI）：主要指供水、供电、网络等基础保障资源；

（8）合作方/供应商（Partners and the Supply chain，SC）：主要指供应各种所需资源的企业和个人，如设备供应商、货运代理人等。

对上述关键资源进行新旧环境下的差异化分析，找出转场运行资源配备薄弱点。

2. 案例分析

2.1 背景介绍

M机场为我国一线城市的大型枢纽民用运输机场，共有T1与T2两个航站楼，3条跑道，截止2021年航线数量多达400多条，通航城市232个。受新冠病毒疫情影响，2022年M机场的航班处于低位运行状态，航站楼内较多保障资源处于闲置状态，部分岗位削减上班人员及上班时长。本着在满足航班运行保障和旅客服务水平的基础上，最大程度降低无关能源消耗、降低经营成本支出，对两楼合并运行的可行性进行分析评估。

2.2 可行性分析过程

2.2.1 业务重要性分析

通过梳理，M机场对外业务（或服务）共有18项，如表2-9所示。

表 2-9　M 机场对外业务清单

业务大类	一级业务名称
航空业务	旅客运输业务（国内航班）
	旅客运输业务（国际航班）
	贵宾服务业务
	行李运输业务
	货邮运输业务
	运输航空器地面保障业务（国内航班）
	运输航空器地面保障业务（国际航班）
	通用航空器地面保障业务
	国家航空器地面保障业务
	机务维修业务
	机票销售（含退改签）
	办理临时身份证
非航业务（经营性）	办公用房租赁业务
	商铺租赁业务
	广告业务
	航站楼餐饮业务
	停车场业务
	商务休息室服务
	航站楼购物业务
	地面交通运输

从表 2-9 可知，M 机场对外业务主要分为航空业务与非航业务两个板块。其中，航空业务有 10 项，主要为与航空运输有关的各项业务；非航业务有 8 项，主要为机场非航经营为目的的各项业务。

通过业务重要性分析，将 18 项业务重要性评估表分别发给 M 机场高管、二级部门级负责人以及民航行业专家等人员打分，最终得到 M 机场业务重要性等级梳理结果，如表 2-10 所示。

表 2-10　M 机场业务重要性等级梳理结果

等级	等级描述	业务
一类（重要业务）	指该业务为公司的重要业务，该类业务中断对公司的声誉、财产、运行以及服务保障带来巨大损失，因此需要在第一时间快速恢复	·旅客运输业务（国内航班） ·旅客运输业务（国际航班） ·运输航空器地面保障业务（国内航班） ·运输航空器地面保障业务（国际航班） ·行李运输业务

表2-10(续)

等级	等级描述	业务
二类 (次重要业务)	指该业务为公司的次重要业务，重要程度仅次于重要业务，该类业务中断会大大降低业务的运行效率和服务水平，需要在保证重要业务连续性的同时尽快恢复	·国际货物运输服务 ·国内货物运输服务 ·机务维修业务 ·机票销售（含退改签） ·地面交通运输 ·贵宾厅出进港服务 ·酒店经营管理
三类 (非重要业务)	指该业务为公司的非重要业务，该类业务中断不会影响业务的运行效率和服务水平，因此可以延缓恢复	·办公用房租赁业务 ·航站楼购物业务 ·航站楼餐饮业务 ·办理临时身份证 ·商务休息室服务 ·广告业务

针对表2-10中的重要性排序结果，得到M机场的重要业务为旅客运输、行李运输、航空器地面保障等3类业务。因此，M机场在设计转场方案时，需重点围绕旅客保障、行李保障、航班保障这三个方面，针对新旧航站楼的资源配备，系统性梳理现有资源的保障能力。

2.2.2 关键资源可行性分析

基于M机场的转场需要，重点考虑航站楼的8类资源切换可行性。分析T1航站楼与T2航站楼之间的运行资源配备，存在如下几个方面的差异。设施设备与IT系统方面，表2-11对两楼的设施设备与IT系统进行了匹配度分析。

表2-11　M机场的两楼设施设备与IT系统匹配度分析

序号	业务名称	运行资源名称	T1与T2运行资源匹配度结果
1	旅客运输业务(国内航班)	中航信离港系统	两楼系统版本不同
2		春秋航空离港系统	T2航站楼无专网
3		门禁系统	两楼权限不同
4		安检系统	因离港系统不同，数据无法通用
5		航显系统	因离港系统不同，数据无法通用
6	旅客运输业务(国际航班)	离港系统	两楼系统不同
7		安检系统	因离港系统不同，数据无法通用
8		海关检验检疫	两楼系统不兼容
9	行李运输业务	行李托运设备	因报文数据无法兼容，行李无法与旅客信息匹配
10		行李系统	因报文数据无法兼容，行李系统无法识别
11		航显系统	因报文数据无法兼容，行李提取处的航显系统无法显示信息
12		行李转盘	两楼合并后行李转盘可能不够用

表2-11(续)

序号	业务名称	运行资源名称	T1 与 T2 运行资源匹配度结果
13	运输航空器地面保障业务	登机口	两楼合并后登机口可能不够用
14		停机位	两楼合并后停机位可能不够用
15		广播系统	航司个性化用语受影响

保障人员方面，表 2-12 对两楼工作人员进行了匹配度分析。

表 2-12　M 机场的两楼保障人员匹配度分析

序号	保障人员类型	T1 与 T2 保障人员匹配度结果
1	设备监控、消防、系统维保、楼内巡查人员	出于安全考虑，两楼的相关保障人员仍需保留
2	关键岗位技术人员	管理流程、工作标准、设备熟悉程度不同

业务场地资源方面，表 2-13 对两楼的业务场地进行了匹配度分析。

表 2-13　M 机场的两楼业务场地匹配度分析

序号	业务场地类型	T1 与 T2 业务场地匹配度结果
1	T1 的国际航班旅客保障业务场地	由于疫情管控需要，T1 国际航班的旅客出行保障业务场地仍需连续使用
2	T1 的重点管控航班	由于疫情管控需要，T1 重点管控航班的旅客到港业务场地仍需继续使用
3	T1 的解除隔离旅客区域	由于疫情管控需要，T1 的解除隔离旅客场地仍需保留
4	T1 的机组专用通道	部分机组仍需使用专用通道
5	T1 的地面交通区域	地铁、职工班车、公交等区域仍需继续使用

2.2.3 活动关联性分析

活动关联性方面，表 2-14 对 M 机场转场运行后业务流程节点面临的问题进行分析。

表 2-14　M 机场的两楼活动类联性分析

序号	活动流程类型	T1 与 T2 活动流程匹配度结果
1	VIP 旅客商务休息服务	合并运行后无法为高端旅客提供本航司专属休息室服务
2	走错航站楼旅客保障流程	合并运行初期可能会出现旅客走错航站楼问题，需要及时引导

2.3 可行性分析结论

根据可行性分析，M 机场在疫情影响下的航站楼合并运行具备一定的基础。然而，因转场运行调整涉及业务流程变更、软硬件配套、资源投入及收益等多重因素，其评估结论与建议如下。

(1) 时间维度方面，建议疫情影响长达两个月以上考虑转场运行。前期运行准备时长方面，结合当前收集到的软硬件调试准备期耗时约为 30 d。影响持续时长预测方面，若本市疫情维持当前总体可控局面的前提下，结合航班运行恢复时间，对航班的整体影响时间约 35~50 d。

（2）业务流程方面，具备合并运行条件。T1 非涉疫国内航班具备合并至 T2 运行的基础，但航司完成内部请示及沟通、调整评估、调整的实施需要一定时间。

（3）资源保障方面，基本满足合并运行条件。需重点关注，一是与中航信的协调以及九元及春秋的线路调试、系统安装等不能完成，造成出港旅客及行李托运需要人工办理；二是合并前期与恢复前期对于走错航站楼旅客的指引及接驳资源的投入；三是两楼保障人员合并后，管理标准及保障人员对于设备差异、工作标准差异的磨合、熟练需要一定时间。

其他可能存在的问题与风险如下。

（1）航空公司配合意愿方面，需重点考虑国航与南航的保障标准要求、交通保障需求等因素。

（2）商业与广告服务方面，将影响航站楼的商业与广告服务。根据最新的上级文件，支持中小企业的要求，需要减免中小企业 3 个月租金。广告服务因合并运行将带来相应的收益损失。

（3）地铁公司协调方面，由于不停靠关闭航站楼，因此需协调地铁关闭或调整广播内容，以及需加派人员进行旅客的解释及引导。

3. 结论

本文基于业务连续性管理的基本原理，构建运输机场转场运行可行性分析框架，从安全、效率、成本等维度建立转场运行的策划方案，为运输机场转场运行提供了方法论指导。

（资料来源：陈志浩. 运输机场转场运行可行性分析框架［J］. 民航学报，2025（3）：30-34.）

案例点评：

案例基于业务连续性管理的基本原理，构建运输机场转场运行可行性分析框架，从安全、效率、成本等维度建立转场运行的策划方案；会展项目可行性研究的“市场环境分析”的写作方法，与案例的写作方法基本相同。

（一）项目可行性研究报告首先应分析会展项目所处的市场环境条件

市场环境是会展策划的基础，在各种已有信息的基础上，可行性研究报告要详细分析会展项目的各种市场条件是否充分成立，政策条件和社会基础是否符合会展项目的举办要求。同时，鉴于事物总是发展变化的，要时刻关注各种市场条件的动态变化和发展趋势，提前预测市场条件的变化趋势。只有将市场条件的动态变化纳入可行性研究报告中，得出的分析结论才更加合理、更加可靠。此外，针对重点市场条件的变化，应制定应对预案。

（二）会展项目生命力分析的核心问题是分析会展项目未来是否有发展前途

会展项目生命力的分析，不仅仅是考虑举办一两届，而是要分析会展项目五届以上是否还有生命力。如果会展项目未来生命力很强，则可以考虑降低对当前一两届项目的收益预期，而聚焦于会展项目的长期生命力。例如，中国进出口商品交易会（广交会）就是具有很强生命力的会展项目。

（三）会展执行方案分析重在分析会展项目的各种执行方案的合理性、完备性和可行性

分析过程应本着实事求是的态度，客观分析执行方案与实际情况的匹配性和冲突点，如有不合理的地方，应进行更正或提出应对预案。会展可行性研究报告在分析执行方案各要素的合理性和可行性的同时，更要注重从整体上分析各执行方案要素之间的协调性和合理性，从而避免出现“个体合理，群体冲突”的现象。

（四）会展项目的财务分析是办展机构从财务角度分析展会项目的费用支出和收益

通过财务分析，可以评价该会展项目的经济可行性。并且，通过进行财务分析，可以预测制定项目的现金流量表，从而为项目制订资金使用计划。展会公司是商业机构，其首要存在目的就是盈利。因此，财务分析是项目可行性分析的非常重要的部分。只有当前具备营利性或在未来几届具有营利性的展会项目，才具有经济可行性。

（五）风险预测、存在的问题、改进建议等

风险预测、存在的问题、改进建议等也是项目可行性研究报告不可或缺的部分。风险预测需识别潜在风险（如招商不足、成本超支、政策变动等），并评估其影响程度；存在的问题应客观分析当前方案的短板（如宣传渠道单一、定价策略不合理等）；改进建议需结合行业经验提出针对性措施（如优化招商策略、引入多元化收入来源、加强风险对冲机制等），确保项目可行性及抗风险能力。

四、会展项目可行性研究报告的框架

（一）总论

会展可行性研究报告总论主要包括主旨、理念、思想和简要的背景资料。会展可行性研究报告的总论部分是对整个项目的概括性阐述，需要简明扼要地勾勒出项目的整体轮廓。这一部分首先要明确会展的主旨目标，即举办该会展的核心目的和预期达成的效果，比如是为了促进行业技术交流，还是为了拓展市场贸易机会。其次要阐明项目的策划理念，包括会展的特色定位和创新亮点，例如是否采用数字化会展模式，或者聚焦于某个细分领域的专业展会。在思想层面，需要说明项目的策划思路和运作逻辑，比如采取“展览+论坛+对接会”的立体化运作模式，或是“政府引导、市场运作”的办展机制。背景资料部分则要简要交代行业发展现状、市场需求情况以及相关政策支持等基础信息，为后续的可行性分析提供必要的背景支撑。总论部分的撰写应当突出重点、层次分明，既要全面概括又要避免冗长，为整个可行性研究报告奠定清晰的分析基调。

（二）展会目标和范围

此部分要写明会展项目的目标参展商和专业买家，参展范围以地域为划分标准，如国际、全国或地区展。展会目标和范围需明确核心定位：目标参展商应细化至行业类别（如制造业、科技企业等）及企业规模；专业买家需界定采购需求与级别（如批发商、零售商等采购决策者）；地域范围应具体说明覆盖区域（如“国际展”需列明重点招展国家，“地区展”需划定辐射省市），并注明是否设置特色展区（如跨境电商专区）。

（三）与行业市场有关的资料

会展项目可行性研究报告中与行业市场相关的内容包括全国和地区性宏观经济统计资料，如净利润、营业额、增幅或减幅、年度或季度报表等。

（四）行业市场分析

此部分内容包括以下五方面：

1. 供应

供应方面包括市场细分、市场结构、相关的和潜在的展览公司名单。

2. 需求

需求方面包括市场细分、市场结构、相关的和潜在的展览公司名单。

3. 市场—销售系统

市场—销售系统方面包括市场结构、销售渠道、有关分销商名单、确定目标群体、利益相关者，并对他们进行目标分析。

4. 市场趋势

市场趋势表现为国际、国内和地区趋势和发展，未来发展表现为技术进步、新需求和日益增长的需求。

5. 竞争态势

竞争态势方面包括国际竞争，中国国内竞争；类似的主题、构想；顶尖级展览会。

（五）可利用资源

可利用资源是指为会展项目的开展提供支持、赞助的单位，包括政府机构、行业协会以及高校科研机构。

（六）财务分析

财务分析包括会展项目的成本预估、预期利润与收益、投资回报率等。

（七）活动预测

活动预测包括活动的风险分析、活动现场效果预测、项目实施评估分析，如利用评分模型对项目、标准、展览主题、计划进程、竞争、可利用资源、财务负担/风险进行评估。

（八）总结和建议

总结和建议部分对项目是否可行给出结论，同时针对项目的开展提出建议措施。

案例2-9：粤港澳大湾区建设与澳门会展业发展机遇分析

一、澳门会展业发展概况

（一）“一带一路”与澳门会展业的政策支持

1. 国家层面

“一带一路”建设截至目前，共有100多个国家参与，带动了周边国家的产业合作，使各国在政策、设施、贸易、资金等方面有了进一步合作，对于澳门而言，“一带一路”的设施联通、贸易畅通、资金融通，为澳门会展业的发展提供了新的机遇。

在国家政策的支持下，港珠澳大桥的建设；“9+2”泛珠三角经济体系的建立；《内地与澳门关于建立更紧密经贸关系的安排》的签订；“一带一路”的国家政策；粤港澳大湾区的合作，使得粤港澳之间的区域经济合作将更加紧密，澳门成为一个独具特色的区域性服务平台，澳门将更好地融入新的经济体系当中。

2. 澳门特区政府层面

澳门会展业的国际化、市场化、专业化程度较高，澳门区域联动性强，地理位置优越，紧邻内地，交通方便。澳门具有特殊的历史文化背景与得天独厚的地理位置优势，是中国与世界各地经贸合作的汇合点。中葡经贸平台的搭建，成为中国与葡语系国家交流的桥梁，在澳门举办的会展活动，促进泛珠三角与葡语系国家的贸易往来，通过澳门打开了葡语系国家市场。澳门是对外开放和交流的平台，澳门会展业具有国际化、市场化、专业化的特征。

（二）澳门会展业发展的基础条件

1. 澳门会展业发展的硬件条件

澳门经济基础雄厚，基础设施完备。澳门展馆建设大型化、标准化，会展相关配套设施完备。澳门致力于打造世界旅游休闲中心，具备国际级的会议展览设施，能够满足不同类型及规模的活动。2010 年澳门统计暨普查局对澳门的调查显示，澳门地区有将近 2 万间酒店客房，其中配有会展中心的酒店可承接 3 000~4 000 人的活动，提供一站式的住宿餐饮服务，具有 10 万平方米的会展场地，可同时满足 8 000 人以上的活动需求。除此之外，澳门的博彩业和旅游业发展也相对成熟和完善，可为澳门发展会展业吸引较大的人流量和较多的消费者，促进澳门会展产业的发展。

2. 澳门品牌会展的形成

澳门会展业凭借良好的区位优势，成了国际性会展的心仪之地，出口商品洽谈会、展销会，以及展示本地制造业产品的工展会等，都是澳门品牌经贸合作活动。澳门的最终目标是要成为"亚太会展之都"，这需要澳门通过不断完善自身的办展设施条件，吸引更多品牌会展来澳门办展。目前，澳门共有品牌会展 11 个，当中 6 个品牌展会获国际展览业协会（UFI）认证，包括"澳门国际贸易投资展览会"（MIF）、"澳门国际环保合作发展论坛及展览"（MIECF）、"亚洲国际博彩娱乐展"（G2E Asia）等。未来，澳门要进一步将自身打造成为"中葡经贸合作会展中心"，培育更多具葡语国家元素的品牌会展，更好地发挥"中葡平台"的独特作用。

澳门会展业要得到进一步的发展，首先，要吸引国际型会展活动，积极促进与会展相配套的物流、搭建、设计、宣传等工作；其次，还要培养和支持规模较小的专业型会展品牌，将其打造成该行业领域的知名会展活动，培养自己的本土品牌和内地优秀会展品牌，使澳门会展业更加多元化发展。

（三）澳门会展业发展的经济条件

为了改变澳门博彩业一业独大的局面，澳门特区政府致力于支持新兴产业的发展，包括旅游、会展、文化创意产业等行业。根据澳门统计暨普查局发布的资料，澳门地区经济生产总值由 2010 年的 225 051 澳门元，增长至 2016 年的 358 200 澳门元。从整体趋势看，2010—2014 年，澳门地区生产总值不断增长，但是这几年间的增长速度在不断放缓，增长率下降，表明经济发展整体态势良好，经济状况呈现平缓上升趋势；2014—2016 年，澳门地区生产总值开始下降，但是 2015 年以后下降趋势明显放缓，表明经济已经开始回升。就业人口从 2010 年的 31.48 万人，增长至 2016 年的 38.97 万人，2010—2015 年就业人口平稳增长，2015—2016 年就业人口呈现下降趋势；就业人口的同期变动率从 2010 年的 0.92 变为 2016 年的 -1.72，2010—2016 年就业人口变动率波动较大，文娱博彩与其他服务业的就业人口与整体就业人口变化呈现正相关关系，可见整体的经济形势影响博彩业、文化创意产业的发展（见表 2-15）。

表 2-15　2010—2016 年澳门总体就业人口与服务业就业人口统计

年份	总计		文娱博彩及其他服务业	
	万人	同期变动率	万人	同期变动率
2010	31.48	0.92	7.54	2.25
2011	32.76	4.07	8.20	8.78
2012	34.32	4.78	8.95	9.18
2013	36.10	5.18	9.34	4.34
2014	38.81	7.51	9.40	0.59
2015	39.65	2.16	9.42	0.30
2016	38.97	-1.72	9.27	-1.58

最近十年，澳门博彩业一直是推动澳门经济发展的主要产业，占每年特区政府税收的 80% 以上。澳门博彩业的发展影响着澳门经济的整体状况，一业独大的局面造成澳门经济产业的结构失衡。澳门应巩固经济基础，进一步推进产业适度的多元化，开展与其他区域经济的合作，避免产业结构单一带来的经济风险。

（四）澳门会展业发展现状

澳门会展业起步于 20 世纪 80 年代初，首次举办是由澳门厂商联合会主办的“澳门工业展览会”。近十年来，澳门特区政府和民间资本开始投资会展产业，新建大型会展场馆，赌场酒店也增设专门的会展中心及场馆设施，基础设施不断完善，会展数量逐年增加。澳门会展业发展前景好，获得国际会展组织的肯定，2014 年，在《亚洲展览业年度报告》中，澳门是亚洲表现最佳的展览市场。

根据澳门特区政府统计局的资料，2016 年全年会展活动共 1 276 项，与会及入场人数达 172.2 万人次，其中会议占 1 195 项，展览 55 项，奖励活动 26 项，整体比 2015 年增长 13 项，占 1.03%，平均展览日期为 1.6 日，使用面积增加到 142.9 万平方米。如表 2-16 所示，澳门的展览业规模有所扩大，使用面积由 2015 年的 85.4 万平方米增加至 2016 年的 142.9 万平方米；澳门会展业的活动数量在 2010—2012 年有所下降，2012—2016 年平缓上升，澳门会展的发展呈现良好态势；澳门会展业的入场人次在 2010—2014 年呈大幅度的增长，入场人次年增长率达到 26% 以上，其中 2011 年的会展入场人次增长率达 58.52%，是澳门会展行业发展质的飞跃，会展业的逐年进步，吸引越来越多的人关注；2010—2016 年展会日期普遍缩短，可见会展业展出和销售效率有所提升。

据调查，2010—2015 年，澳门的会议展览场所由 24 间增至 67 间，在职员工由 118 人增至 373 人，2015 年职工同期增长率为 36.13%。2010 年行业总收入为 2 亿澳门元，增幅为 163.4%，其中会议展览筹办服务收益为 1.9 亿澳门元；2015 年行业总收入为

3 亿多澳门元，比 2010 年增长了 35.5%。澳门会展业的发展，一定程度上促进了地区旅游业的发展，两者互促互进，形成会展旅游的产业趋势，成为澳门经济适度多元化的重点产业之一，是澳门经济发展新的增长点。

表 2-16　2010—2016 年澳门会展业的基本情况

年份	会议及展览									
	活动数目/个	增长率/%	增长个数/个	入场人次数	增长率/%	增长人次数	平均展期/天	同比增长/%	使用面积/平方米	同比增长/平方米
2010	1 393	16.57	198	805 777	41.05	234 490	2.5	0.4	—	—
2011	1 035	-25.70	-358	1 277 309	58.52	471 532	2.0	-0.5	—	—
2012	1 015	-1.93	-20	1 612 596	26.25	335 287	1.9	-0.1	—	—
2013	1 024	0.89	9	2 033 619	26.11	421 023	1.9	0.0	832 023	—
2014	1 050	2.54	26	2 614 473	28.56	580 854	1.9	0.0	863 801	31 778
2015	1 263	20.29	213	2 516 092	-3.76	-98 381	1.7	-0.2	854 095	-9 706
2016	1 276	1.03	13	1 721 527	-31.58	-794 565	1.6	-0.1	1 428 817	574 722

二、粤港澳地区区域合作的可行性分析

（一）澳门参与“一带一路”建设的机遇

截至目前共有 100 多个国家参与“一带一路”建设，主要为新兴的经济体及发展中国家，人口总数占全球的 63%，约有 44 亿人口，经济总量占全球 30%，约为 22 亿美元。“一带一路”沿线各国经济优势互补，“一带一路”建设各国的合作重点为政策沟通、设施联通、贸易畅通、民心相通，在基础建设、交通运输、旅游、国际贸易、金融等方面为各国创造合作机遇。

澳门结合自身的优势，在参与“一带一路”建设中具有以下优势：一是设施联通机遇，共建“一带一路”国家多为发展中国家，包括有 7 个葡语系国家，处于工业化和城镇化建设阶段，对于基础设施建设需求大。澳门可以利用自身优势搭建中葡合作平台，提供更系统专业的平台对接服务，使中国企业“走出去”，参与这些国家的基础设施建设。二是贸易畅通的机遇，“一带一路”沿线各国与中国的产业，具有互补性，可以进一步消除贸易壁垒。澳门作为“海上丝绸之路”的重要节点，是中国对外贸易窗口，将获得与其他国家更多的贸易往来与合作机会。三是资金融通机遇，“一带一路”致力于建设各国间完善的投融资体系及信用体系，加强监管，促进各国金融合作；“一带一路”建设对于金融服务需求巨大，为澳门金融行业营造了良好的市场环境，也带来新的机遇。四是民心相通机遇，“一带一路”的建设促进各国文化政策交流，澳门作为中心文化的交融点，推动各国人民赴澳门旅游，为发展澳门旅游业、会展业及其他文化产业奠定了坚实基础。

（二）粤港澳会展业区域合作的优势

1. 粤港澳产业优势

粤港澳三地产业上具有互补性，澳门致力于打造世界旅游休闲中心，博彩业为澳

门的支柱产业，服务业发展较完善，但是产业结构单一，其他产业发展薄弱，特别是工业与制造业得不到发展，使得澳门对外部依赖强，很难形成完整的产业链，一定程度上限制了自身拓展市场的能力。因此澳门以丰富的历史资源和文化资源为基础，发展博彩业、旅游业和会展等服务产业。会展业的发展因缺少其他第二、三产业的支持，例如零售业、运输业、金融保险等的服务规模太小，缺乏机械器材制造业、电子及通信设备制造业、印刷业等第二产业的支撑，降低了澳门会展产业的吸引力。广东地区是著名的制造业生产基地，用工成本比港澳地区低，通过两地的合作，可以形成产业互补，同时又为广东的会展产业和制造业带来新的机遇。粤澳的合作可以形成“前展后厂”的模式，发挥澳门的贸易优势和广东地区的制造业成本较低与丰富的客源优势。

2. 粤港澳地缘优势

不同的地缘优势使得不同地区拥有的客户源不同。澳门位于珠江口的西岸，有浅水港、澳门机场和四通八达的交通与通信网络，2 小时航程内的经济圈可辐射大概 15 亿的人口，5 小时的航程内有约 30 亿人口，这些都是澳门会展业的现有或潜在客户源。中葡经贸平台的搭建与中葡论坛的举办，使得澳门可以以拥有 2 亿多人口的葡语国家企业以及东南亚众多华商作为会展业发展的目标客户，这也是中国内地与葡语系国家贸易合作的重要窗口；澳门也可以通过与广东地区，特别是珠三角地区的合作，进一步打开中国内地市场；香港的会展定位以消费品展商展为主，服装、珠宝、礼品、钟表等轻工业就是香港的优势产业，通过举办展览可以吸引大量的国外参展商和买家，进一步带动香港及周边地区的旅游及经济发展。

3. 粤港澳专业优势

粤港澳三地会展业市场发展方向不同，使三地会展业有不同的专业优势，可以建立粤港澳三地的会展产业联盟，利用三地不同资源优势，建立中国特有的品牌会展。广东省的会展业在我国起步相对较早，配套措施完善，已经形成一定的产业集群及产业规模，成功举办了包括广州广交会、深圳高交会、珠海国际航展等在内的全球国际会展活动及其他具有专业特色的区域性会展活动。在中国内地也已形成华东会展经济带、华南会展经济带等五个会展经济带，市场开发充分。澳门会展产业也呈现出快速增长的趋势，场馆增设，会展业就业人口增加，会展收益不断提高。

4. 粤港澳政策优势

澳门香港的特区优势使得其对外开放的程度更高，应该发挥其自由港的优势，吸引国际资本的进入。港澳地区享有高度自治权，能够以个体的名义参与 29 个国际组织，包括世界贸易组织（WTO）、亚太经济社会委员会（ESCAP）、联合国教科文组织（UNESCO）等，适用 161 项国际公约，获 49 个国家和 12 个地区的免签证待遇。这些政策优惠使得港澳与其他国家和地区的联系更加便利，进一步增强了港澳会展业的竞争力。

（三）澳门会展业区域合作发展的 SWOT 分析

澳门会展业，关系到澳门经济的发展，随着各项政策的落实和实施，澳门会展业的发展机遇与挑战并存。澳门会展业区域合作发展的 SWOT 分析如表 2-17 所示。

表 2-17　澳门会展业区域合作发展的 SWOT 分析

优势	劣势	挑战	机遇
1. 政策优势：港珠澳大桥的建设，“9+2”泛珠三角经济体系的建立，“CEPA”《内地与澳门关于建立更紧密经贸关系的安排》的签订，“一带一路”的国家政策，粤港澳大湾区的合作； 2. 形成一批品牌会展，具有国际化、专业化的特征； 3. 博彩业带动旅游业，旅游业带动会展经济的发展	1. 地理空间狭小，本地人口少，市场小； 2. 产业结构单一，相对于粤港地区，其他产业的支撑程度低，会展业产业链不完整； 3. 人才缺失，教育资源相对有限，高等学府比香港和内地少，会展业相关人才缺乏； 4. 交通网络的限制，载客量有限	1. 受到香港地区和广东地区会展业的冲击，过度依赖外来会展资源，本地会展企业及会展品牌得不到发展； 2. 区域合作中受到社会体制、社会内部矛盾的制约； 3. 澳门会展业的发展受博彩业与旅游业的影响大，本身未形成完整的产业链	1. 会展业的发展优化产业结构，带动金融、教育、旅游、医疗、个体工商户等产业的发展； 2. 有利于促进整体经济的发展，带动旅游业、文化产业和博彩业发展； 3. 通过会展合作扩大内地市场，引入各方面的人才

1. 澳门会展业区域合作发展的优势

澳门会展业区域合作发展的优势主要有三个方面：一是政策优势，在国家的大力支持下，各项政策相继在澳门落实，为澳门会展业的发展提供条件。二是形成专业化、国际化的品牌会展。三是博彩业、旅游业带动会展经济发展。

2. 澳门会展业区域合作发展的劣势

澳门地理空间和市场较小，产业结构单一和人口数量较少，导致人才资源不足，同时，澳门整体经济不够强大，发展为交通枢纽的基础不足，从某种意义上说，其交通主要依靠香港和内地。

3. 澳门会展业区域合作发展的挑战

香港和广东等地区都相继建设了数量繁多的会展公司，给会展业发展处于初级阶段的澳门带来了较为强烈的冲击。此外，澳门没有形成较为系统的产业链。

4. 澳门会展业区域合作发展的机遇

随着中国经济持续健康快速发展，澳门会展业得到了强大的经济依托，《内地与澳门关于建立更紧密经贸关系的安排》的签订，既为澳门会展业提供了广阔的平台，也为人才的吸引提供了条件。澳门会展业的发展，可带动澳门其他产业的发展。

三、澳门会展业的区域合作情况

（一）澳门会展业的区域合作整体情况

1. 概况

2015 年，“一带一路”倡议中进一步提出“充分发挥深圳前海、广州南沙、珠海横琴、福建平潭等开放合作区作用，深化与港澳台合作，打造粤港澳大湾区”。2017 年政府工作报告明确提出“研究制定粤港澳大湾区城市群发展规划”，意味着粤港澳大湾区的规划建设可能提速，未来粤港澳大湾区有望成为继长江经济带和京津冀一体化之后的国家区域经济发展新战略。进行三地的产业融合，包括金融、物流贸易、科技创新、旅游、会展等产业的协调和错位发展，是构建粤港澳大湾区中很重要的内容。

2. 现状分析

调查显示，2016 年澳门地区全年参展商共 4 787 个，主要来自内地（占 25.8%）及本地（占 36.7%）。政府主办展览的参展商以来自内地为主（占 40.3%），澳门本地的占 32.9%，而香港地区的参展商仅占 4.5%，可见澳门特区政府主办的展览对香港地区的吸引力较弱。非政府机构主办的展览，参与的主要是本地参展商（占 39.3%），其次是香港地区的参展商（占 25%），内地的展商（占 16%），相比政府主导的展览，非政府机构举办的展览参展商的地区分布较为均衡，是市场化导向的结果。澳门全年 54 项展览共吸引了 9.9 万人次的专业观众，其中非政府机构主办的展览共有 9 万人次的专业观众入场，非政府机构主导下的展览更贴近市场化的需要，吸引力较大。由这些数据可以推测出粤港澳区域合作下会展业发展的最好模式为非政府机构主导下，并得到政府支持和协助的模式。

（二）澳门会展业的区域合作模式

政府主导的会展会议主要出于政治目的或非功利目的，对于市场的吸引力较小，因此盈利能力较弱，吸引的人流量和参展商较少；市场主导的会展会议举办的效果不稳定，成功举办很大程度上取决于对市场的有效和准确预测；混合型合作模式（非政府机构与政府的合作），既依据市场的需求做出判断，也借助了政府的力量，符合政府政策的发展，双重动力下的合作模式，更能有效推动粤港澳地区的会展业合作发展。澳门会展业区域合作模式的比较，如表 2-18 所示。

表 2-18 澳门会展业区域合作模式比较情况

类别	政府主导型	市场驱动型 （非政府机构主导型）	混合型
驱动因素	特区政府、中央政府的政府规划与政策落实	市场需求、地方政府，各利益主体间的相互利益	特区政府、中央政府、地方政府、市场需求，各利益主体相互利益与政策共同作用
主要参与者	政府主导，各级部门响应	地方政府、NGO（非政府组织）、私营部门、行业协会、专家等	中央 / 特区政府、地方政府、NGO、私营部门、行业协会、专家等
营利性	较差	一般	较好
融合度	较差	一般	较好
选择模式	—	—	粤港澳地区会展业的合作模式

（三）澳门会展业的经济辐射效应

经济社会发展的实践证明，由于资源拥有状况不同，不同地区、不同行业、不同个体的发展状况都处于不平衡状态。根据增长极理论，在某个资源禀赋好、基础设施建设完善、地理位置优越的区域，其较高的经济发展水平可以产生极化效应，吸引周围地区更多的生产要素向其集中，从而使该地区的经济实现跨越式发展。当其在经济发展的规模、质量和速度上远高于周围的地区时，能够形成示范带动作用，在自身快速发展的同时将技术、资金、高素质人才等生产资料辐射到周边地区，带动整个区域一起发展。会展业的发展也遵从这种发展规律。粤港澳的会展合作是在“一带一路”

倡议背景下，粤港澳大湾区体系不断完善，城市的经济、文化合作交流不断加深的背景下逐步达成的，是会展业自身辐射力的一个具体表现。粤港澳会展业的区域合作可以整合各个城市的展览项目和场馆、会展人才、会展物流、会展配套设施等相关资源，并建立专业的信息交流与人才培养平台，打造品牌会展，从而提升粤港澳地区在会展规划、会展品牌建设、会展人才培养等方面的建设水平，推动合作成员间互利共赢。通过粤港澳区域合作，以及产业与资源互补，可以不断提升办展能力，加大国际影响力，更有利于形成当地的国际展览品牌；通过相关企业间的不断聚集和扩散，带动泛珠三角地区与粤港澳大湾区整个会展业的发展，进而形成较为成熟的会展产业带；通过举办会展，各参与办展的城市与周边地区的联系增多，经济合作频繁，更能促进区域经济一体化发展。

四、澳门会展业区域合作发展的策略

区域合作过程包括产业合作、交通网络化建设及最终的社会管理体制融合。首先，构建多层次的管理体制，成立开发投资控股公司进行合作开发，利用国家优惠政策进行机制体制创新等，实现主体间的紧密合作；其次，创造次区域合作模式实现区域合作的紧密联系，建立不同社会制度层面的区域合作方式，促进制度性的融合发展，进行区域制度一体化建设，由点及面实现区域的整体融合。在"一带一路"倡议背景下，以区域合作的视角分析，澳门会展业的发展首次进行了准确的自我定位，比较与广东、香港会展业发展的优劣势，培育自身的不可替代性；借鉴拉斯维加斯的发展模式，利用产业联动效应拉动会展业的发展，借助博彩业和旅游业发展会展产业；发挥澳门的政策优势，发挥政府与协会组织力量，鼓励社会各界支持和参与粤港澳会展业合作；重视会展业人才培养，重点培养品牌会展，形成品牌效应；粤港澳应共同探索构建区域性会展经济圈，实现三地会展业更深层次合作。

（资料来源：梁欢. 粤港澳大湾区建设与澳门会展业发展机遇分析［J］. 文化产业，2019（1）：21-26.）

案例点评：

一份好的可行性研究报告，必然要对项目的可行性、技术有效性、效益以及整个项目的投资价值做出全面科学的分析。由于可行性研究报告在领导决策中起着非常重要的作用，因此我们在编写的时候，必须注重，包括编制的科学性、完整性。

五、会展项目可行性研究报告写作中常见的问题

好的可行性研究报告，大多具有资料翔实、观点明确、格式规范、言简意赅的共性。而不好的可行性研究报告，常见的问题如下。

一是，文不对题，胡乱拔高，以为照抄党政文件内容才显得"高大上"，殊不知，引用党政机关文件必须具有针对性。即便需要引用也不应连篇累牍，照抄照转；更何况缺乏有针对性的引用除了增加报告篇幅外，还会令阅读或审议者产生不悦。

二是，堆砌资料，而且是大量采用与报告主题缺乏逻辑关系的资料，企图撑大篇幅，以为报告的页数越多越好。殊不知，在能够反映情况、说明观点的前提下，文案所采用的资料越精越好，文字的篇幅越小越好。

三是，分析问题、表达观点没有条理，逻辑混乱，前后重复甚至前后矛盾。这种问题往往源于写作前缺乏系统的思维导图构建。可采用“总—分—总”结构，每个分析模块保持独立的论证闭环，同时设置过渡段落确保整体连贯性。可以借鉴金字塔原理，先结论后论证，层层递进。特别注意避免在不同章节重复使用相同论据，这会让专家评委对报告的专业性产生质疑。

四是，分析论证缺乏数据，多以空泛的概念作为依据。所采用的系统性数据，没有注明数据来源，给人以杜撰数据的感觉。可靠的可行性研究必须建立在真实可信的数据基础上。建议建立多维度的数据采集体系：行业数据采用统计局或行业协会的权威发布；市场数据优先选择第三方咨询机构的调研报告；往届展会数据需注明具体年份和统计口径。所有数据都应标注明确来源，必要时在附录提供原始数据表格，既增强说服力又体现专业性。

第四节　会展申办报告

一、会展申办报告

国内与出国举办会展项目的申办流程不同，所以会展申办报告可以分成国内会展项目申办报告和国际性会展项目申办报告。

（一）国内会展项目申办报告

国内举办的会展项目需要主办单位向政府主管部门提交国内会展项目的举办申办报告。申办报告通过后，方可举办。申办报告在写作中，也可以采用“申请报告”“申报文件”“函”或者“请示”几种称呼。

（二）国际性会展项目申办报告

国际性会展项目中的国际会议申请需要主办或承办单位一般应至少提前半年按会议内容性质由申请单位报省主管部门并报省外办审核，省外办审核后报送上级部门审定。出国办展项目中经济贸易展览会须经中国国际贸易促进委员会审批（会签商务部），组展单位应当向中国国际贸易促进委员会提出出国办展项目申请，项目经批准后方可组织实施。

知识拓展 2-2：出国举办经济贸易展览会审批

一、审批事项名称：出国举办经济贸易展览会审批

二、设定依据

《国务院对确需保留的行政审批项目设定行政许可的决定》（国务院令 2004 年第 412 号）、《出国举办经济贸易展览会审批管理办法》（贸促展管〔2006〕28 号）

三、申请条件

出国办展是指符合相关规定的境内法人（以下称“组展单位”）向国外经济贸易展览会主办者或展览场地经营者租赁展览场地，并按已签租赁协议有组织地招收其他

境内企业和组织（以下称“参展企业”）派出人员在该展览场地上展出商品和服务的经营活动。

出国办展须经中国国际贸易促进委员会审批（会签商务部）。组展单位应当向中国国际贸易促进委员会（以下简称“贸促会”）提出出国办展项目（以下称“项目”）申请，项目经批准后方可组织实施。

（一）组展单位申请出国办展，应当具备以下条件：

1. 依法登记注册的企业、事业单位、社会团体、基金会、民办非企业单位法人，注册3年以上，具有与主办出国办展活动相适应的经营（业务）范围；

2. 具有相应的经营能力，净资产不低于300万元人民币，资产负债率不高于50%；

3. 具有向参展企业发出因公临时出国任务通知书的条件；

4. 法律、法规规定的其他条件。

（二）以地方人民政府名义出国办展，由有关省、自治区、直辖市、计划单列市、副省级市、经济特区人民政府商务主管部门提出项目申请。除非友好省州、友好城市庆祝活动所必需，同一地方商务主管部门申请的项目一年内不应超过2个。

（三）以商务部名义出国办展，由受商务部委托的组展单位或商务部委派的机构提出项目申请。

四、申请材料

（一）项目申请

组展单位应以书面形式逐个提出项目申请。项目申请包括以下材料：

1.“出国举办经济贸易展览会申请表”原件；

2. 我国驻赴展国使领馆商务机构同意函复印件。

首次提出项目申请的组展单位，除应提供前款规定的项目申请材料外，还应提供以下材料：

1. 项目可行性报告及与国外展览会主办者或展览场地经营者联系的往来函件复印件；

2. 法人登记证书复印件（验证原件）；

3. 会计师事务所出具的验资报告、财务年度报告、资产负债表复印件；

4. 税务机关出具的完税证明原件；

5. 事业单位批准成立机关或社会团体、基金会、民办非企业单位业务主管单位出具的同意事业单位或社会团体、基金会、民间非企业单位出国办展的批准件原件；

6. 有因公出国任务审批权的部门和单位出具的同意向参展企业发出因公临时出国任务通知书的证明函原件。

（二）人员复核申请

对于经批准的项目，组展单位最迟在展览会开幕前2周向贸促会提出出国办展人员复核申请，包括以下材料：

1.“出国举办经济贸易展览会人员复核申请表”复印件；

2. 国外展览会主办者或展览场地经营者出具的展览场地使用权确认函复印件。

（三）人员调整申请

人员复核结束后，人员发生变动但展位数不变或减少，组展单位可最迟在展览会开幕前5天向贸促会提出人员调整申请，提交“出国举办经济贸易展览会调整申请表”复印件即可。

五、基本流程

（一）组展单位在每年2月、5月、8月、11月的最后一个工作日前向贸促会递交项目申请。提交申请时间至少比展会开幕时间提前6个月。

（二）项目申请批准后，最迟在展览会开幕前2周向贸促会提出出国办展人员复核申请。

（三）如参展人员发生变动，但展位数不变或减少，组展单位可最迟在展览会开幕前5天向贸促会提出人员调整申请。

上述流程都必须先登录出国展览业务管理系统（http://exhibit.ccpit.org/ccpitnew/servlet/ccpitnew.base.FrontServlet? handler = 4000&operate = LoginUI）在线填写申请表，保存并提交后打印出纸质材料交贸促会。

六、审批时限及审批决定证件

（一）项目申请

每年3月、6月、9月、12月的第一个工作日为贸促会受理的起算日。自受理起算日起，20个工作日内做出是否批准的初审决定并会签商务部。经会签同意后，报贸促会领导审批。符合条件的，核发“出国举办经济贸易展览会批件”，抄送相关部门；不符合条件的，核发未批通知书，说明理由并告知申请人享有依法申请行政复议或者提起行政诉讼的权利。

（二）人员复核

在收到申请后并确认材料无误后的10个工作日内做出是否复核的决定。符合规定的，核发“出国举办经济贸易展览会人员复核批件”，抄送相关部门；不符合规定的，书面告知申请人并说明理由。

（三）人员调整

在收到申请后的3个工作日内做出是否批准的决定，符合规定的，核发调整复函，不符合规定的，告知申请人并说明理由。

七、收费标准

本行政审批事项不收费。

八、咨询服务

受理地点：北京市西城区复兴门外大街1号中国贸促会展览管理办公室

咨询电话：010-88075054，010-88075037

传真：010-88075426

电子邮箱：zhanguan@ccpit. org

九、有关说明

本服务指南将根据法律法规规章相关内容的修改变动情况和工作实际要求，予以实时更新。

（资料来源：岳阳市贸促会，https://www. yueyang. gov. cn/yyccpit/31015/31017/content_764248. html）

知识拓展 2-3：世博会申报流程

申请：

按国际展览局（BIE）规定，有意举办世博会的国家不得早于举办日期的九年，向BIE 提出正式申请，并交纳 10%的注册费。申请函包括开幕和闭幕日期、主题，以及组委会的法律地位。BIE 将向各成员国政府通报这一申请，并告知他们自通报到达之日起 6 个月内提出他们是否参与竞争的意向。

考察：

在提交申请函的 6 个月后，BIE 执行委员会主席将根据规定组织考察，以确保申请的可行性。考察活动由一位 BIE 副主席主持，若干名代表、专家及秘书长参加。所有费用由申办方承担。考察内容是：主题及定义、开幕日期与期限、地点、面积（总面积，可分配给各参展商面积的上限与下限）、预期参观人数、财政可行性与财政保证措施、申办方计算参展成本及财政与物质配置的方法（以降低各参展国的成本）、对参展国的政策和措施保证、政府和有兴趣参与的各类组织的态度，等等。

投票：

如果申办国的准备工作获得考察团各项的支持，那么全体会议将按常规在举办日期之前八年进行投票选择。如果申办国不止一个，那么全体会议将采取无记名方式投票表决。

若第一轮投票后，申办国获三分之二票数，该国即获得举办权。若任何申请均未获三分之二票数，将再次举行投票，每次投票中票数最少的国家被淘汰，随后仍按三分之二票数原则确定主办国。当只有两个国家竞争时，根据简单多数原则确定主办国。

注册：

获得举办权的国家要根据 BIE 制订的一般规则与参展合约（草案）所确定的复审与接纳文件，对展览会进行注册。注册申请应在开幕日之前五年提交 BIE。这也是主办国政府开始通过外交渠道向其他国家发参展邀请的时间。注册意味着举办国政府正式承担其申请时提出的责任，认可 BIE 提出的标准，以确保世博会的有序发展，保护各成员国的利益。BIE 在收到注册申请时，将向举办国政府收取 90%的注册费，其金额按 BIE 全体会议通过的规则确定。

（资料来源：中研网，https://meeting.chinairn.com/news/20190708/103722870.shtml）

二、会展申办报告的内容

目前，我国的会展项目审批规定不尽相同，但总结起来，会展申办报告（申请报告、函或请示）一般由以下几个部分构成：

（一）会展项目名称

该部分应该写清会展项目的全称，如果是国际性会展项目，还需要写上英文名。

（二）组织单位名称及分工

该部分写清会展项目组织单位，如主办单位、承办单位、协办单位等，写清各个组织机构的分工情况和具体职责。如是国际性会展项目，需要写上组织机构英文名称。

（三）历届会展项目情况

如果会展项目不是第一届举办，为了更详细说明会展项目发展情况，通常还需要说明历届会展基本情况和相关数据。

（四）本届会展项目情况

详细说明本届会展项目时间、地点、意义、目标、主题、参加人数、展览面积等信息。

（五）经费来源

说明本届会展项目经费来源情况。

（六）联系人信息

会展项目负责联系人姓名、电话、传真、邮箱和网址等信息。

（七）相关附件

可提供会展可行性报告、会展项目总体工作方案、应急预案、招展招商方案、上届展会总结报告等材料。

如是申报境外会展项目，还需要在以上内容中说清工作人员数量、停留天数、路线等信息。

三、会展申办报告的结构

会展申办报告（申请报告、函或请示）一般由标题、主送机关、正文、附件和落款五部分组成。其各部分的格式、内容和写法要求如下：

（一）标题

会展申办报告（申请报告、函或请示）的标题一般有两种构成形式：一种由发文机关名称、事由和文种构成，如《××县关于举办×××节事活动的请示》；另一种由事由和文种构成，如《关于举办××××××展会的请示》。

（二）主送机关

主送机关是指负责受理和答复该文件的直属的上级机关。会展申办报告（申请报告、函或请示）只能写一个主送机关，不能多头请示。

（三）正文

其结构一般由开头、主体和结语三部分组成。

（1）开头

开头主要交代请示的缘由。它既是请示事项能否成立的前提条件，也是上级机关批复的根据。原因讲得客观、具体，理由讲得合理、充分，上级机关才好及时决断，予以有针对性的批复。

（2）主体

主体主要说明会展项目申办报告的内容事项。它既是向上级机关提出的具体请求，也是陈述缘由的目的所在。请示事项要写得具体、明确、条项清楚，以便上级机关给予明确批复。

（3）结语

结语应另起段，习惯用语一般有“当否，请批示”“妥否，请批复”“以上请示，请予审批”或“以上请示如无不妥，请批转各地区、各部门研究执行”等。

（四）附件

会展项目申办报告如果有支撑和补充材料，需要以附件形式出现，涉及多份附件，按照顺序进行标号，写明附件的名称。

（五）落款

落款一般包括署名和成文时间两个项目内容。标题写明申请的名称，这里可不再署名，但需加盖单位公章。

案例 2–10：关于申请举办×××展会的请示

一、展会目的：×××。

二、展会情况

举办时间：×××。

展览面积：×××平方米。

组织机构：拟由×××主办，×××承办。

展会主要内容（包括展示范围及期间活动）。该活动将邀请×××参会。

主办方简介。

公司背景：（略）。

三、历届展会情况（略）。

四、请示事项

1. ×××　2. ×××

附件：

附件 1

附件 2

×××公司（章）

案例分析：

这篇请示内容较为完整，整体比较精悍，部分内容还需要完善：

（1）缺少发送机关。在请示标题下，首先应该明确审批报送机关名称。

（2）结尾用语中缺少结语，通常需要采用“当否，请批示”“妥否，请批复”“以上请示，请予审批”或“以上请示如无不妥，请批转各地区、各部门研究执行”作为结语。

（3）附件的写作方式欠规范。通常附件除了需要标注清楚序号，还需要写清楚附件的名称。

（4）缺少提交的日期。通常在申请单位下面需要写清楚提交的时间。

核心知识小结

本章主要针对会展筹备阶段的文案写作进行了论述。主要包括会展市场调研阶段文案、会展项目可行性研究报告、会展立项策划书和会展申办报告四个部分，重点探讨了会展可行性报告与立项策划书的写作要求。本章通过对会展筹备阶段文案的理论梳理，结合会展筹备阶段文案的相关案例，为会展专业学生完成筹备阶段文案写作奠定基础。

案例分析

关于举办×××国际会议的请示

国际合作局：

我单位拟于×××年×月×日至×月×日在××省××市举办“×××国际会议（研讨会等）”（英文名称：×××；简称：×××），会期×天。会议拟由××××主办，×××协办。会议组织委员会主席由×××单位×××担任，会议学术委员会主席由×××单位×××担任。

会议主题：××××。

会议议题：1. ×××；2. ××××；3. ×××××；4. ×××××。

会议背景、意义：××××××

会议规模×××人，其中境外代表×××人，主要来自××、××、××、××、××、××和××等国家。会议经费由×××自筹。

妥否，请批复。

附件：

1. 会议背景材料

2. 会议第一轮通知样稿

关于举办2025上海女子半程马拉松赛的请示

上海市体育局：

长宁区积极贯彻习近平总书记关于体育工作重要论述指示精神，对标上海建设全球著名体育城市和长宁建设具有世界影响力的国际精品城区的目标，根据长宁区委、区政府2025年的工作部署，依据长宁区体育局与东浩兰生赛事管理有限公司签订的合作协议，长宁区体育局和东浩兰生赛事管理有限公司作为赛事承办单位，拟定于2025年3月9日（星期日）上午7:00在长宁区举办2025上海女子半程马拉松赛（上马系列赛），着力打造上海特色、长宁特点的女子路跑赛事。2025上海女子半程马拉松赛总规模为7 000人，其中半程马拉松6 000人、5公里健康跑1 000人。此次赛事拟邀请市体育局主要领导担任赛事组委会名誉主任，市体育局分管领导担任组委会副主任，竞赛处负责人担任组委会委员。

当否，请批复。

长宁区体育局

2025年1月13日

（资料来源：上海市长宁区人民政府，https://zwgk.shcn.gov.cn/xxgk/sshd-tyjzdgz/2025/20/76026.html）

思考题：

请分析以上两份申办请示需要包含的内容有哪些？评价以上两份申办请示的写作。

复习思考

1. 会展市场调研阶段文案的作用是什么?
2. 会展可行性分析包含的内容有哪些?
3. 通过网络查找两份会展申办报告，分析其优缺点。
4. 设计一份校园展会立项策划书。

扫码查看本章 PPT

第三章 会展运作阶段的文案

■**学习目标**

- ➢ 了解会展运作阶段文案的概念及特点。
- ➢ 掌握会展运作阶段不同文案写作的要求。
- ➢ 理解会展运作阶段不同文案写作的方法。

■**导入案例**

第二十七届成都国际汽车展览会于 2024 年 9 月 8 日在中国西部国际博览城圆满闭幕。在省、市有关部门的大力支持和指导下，作为中国汽车工业“风向标”的成都国际车展，共吸引 130 个国内外参展企业集中亮相，展出车辆 1 600 余辆，展会规模达 22 万平方米。展会首日举办了 63 场精彩纷呈的发布会，揭幕首发车型 73 款，其中全球首发新车 27 款，全国首发新车 38 款，国内外 3 570 家媒体 10 102 名记者赴车展现场报道展会盛况。

（资料来源：成都车展官方网站，http://www.cd-motorshow.com/Cn/Co/? CID = 41&AID = 418）

思考问题：

成都车展邀请到了高质量和足够数量的参展商和媒体参加，会展文案会对参展商、媒体的邀约起到怎样的影响？

会展活动的成功举办，取决于参展商和专业观众的数量和质量，因此在展会开始前，招展招商的环节和宣传推广的环节尤为重要。会展文案写作，需要完成展会的招商、招展、宣传推广文案的设计。

第一节　会展招展和招商方案

会展招展是招徕参展商参加展会；会展招商是吸引合作伙伴，如赞助商、广告商，以及通过各种方式将对拟办展览会感兴趣的采购商和其他观众吸引进展览会。会展招展和招商是会展成功的关键，没有参展商的展会活动是不可能进行的，没有观众的展会是不能让参展商满意的。因此为了保证展会活动的成功举办，会展活动的组织方需要提前做好策划工作，制定详细的会展招展和招商文案，招展和招商的文案是展会组织机构内部使用的文件，一般是提供给展会组织内部实施使用。

一、会展招展方案

会展招展方案是对招展工作的总体规划，是在招展策划的基础上，为展位营销而制订的具体执行方案。它的撰写必须在全面掌握市场信息的基础上，结合展览的定位与主题，并考虑展览题材所在行业的特点，对招展各项工作进行合理的安排与部署。

（一）招展方案的基本内容

1. 行业背景介绍

会展招展方案需要对会展题材行业背景做出深入的分析，对于其市场现状、分布情况、发展前景等方面进行深入分析。

2. 展区和展位划分

招展方案需要对展会的展区和展位划分进行详细说明，可以使用平面图的方式进行表示，对于展位情况进行详细介绍，方便参展商了解。

3. 招展价格

会展招展方案需要对于展会的展位价格进行说明。

4. 招展分工

这一部分对会展项目的招展工作进行分工安排，包含地区分工、招展单位分工、具体人员分工等部分。

5. 招展代理

这一部分说明招展代理公司的选择及负责的工作。

知识拓展 3-1：招展代理选择

首先，所选代理商对象应该对于展会有一定的客户基础，针对展览会的主题和行业，考察我们所选定的代理商是否掌握这一展览主题的有关参展商客户，这是他能否胜任这一项工作的基础。通常在国外能满足这一条件的有相关行业协会、地区商会等机构。另外，有专业展览公司、广告公司等可供选择。尤其是一些在境外举办过相同题材展会的机构（企业），更应是首选对象。

其次，要熟悉展览会各项工作的运作和相关的专业知识。代理商在其代理的范围（地域）代表着主办者的形象，因此，一个成功的代理商，要通过对客户进行展会宣传，吸引参展商。而每一个参展商都会对自己参加的展览会进行评估，会对有关参加展会的费用、程序、展览服务等各方面提出各种各样的问题和疑问，这一切都需要由代理商进行详细的解答和解释。如果所选的代理商不熟悉这些方面的情况，不熟悉组织展会的运作，或者没有这方面的工作技能，是不能给予客户满意答复的，也就不能很好地完成招展工作。

再次，选择信誉良好的代理机构。良好的商业信誉不仅是双方合作的基础，而且是保证招展工作顺利进行的前提；否则，容易产生经济纠纷，影响相互合作。因此，要通过各种渠道，既要深入了解代理商的代理能力，也要了解其资质信誉度，对于某些国家的代理商，还要了解其代理资格（如果某些国家对代理资格有要求），经过对比，择优取舍。

最后，选择办展理念相近的合作者。由于国内外的社会状况、企业特点、经济环境、人文价值观等方面都存在不少的差异，因此，在选择代理商时，应尽量选择能够互相理解，最好是能接受我方办展理念、工作方法及要求的合作者。否则，双方文化和社会环境差异而带来的副作用，也会直接影响到招展成效。

（资料来源：艾肯网，http://www.icanexpo.com/Article/zlhzbztxdl.html）

---

6. 招展宣传推广

（1）说明招展宣传推广的渠道，如新闻发布会、地推、网络推广等。一般展会都会选择多种宣传推广渠道搭配进行。

（2）说明招展宣传推广的时间段和地区，对于每一种宣传推广方式都应该说明推广时间和宣传地区。

（3）说明招展宣传推广的策略和经费，说明宣传推广的重点和亮点，同时对经费进行严格计算。

7. 招展预算

招展预算是后期进行项目决算的重要部分，在进行招展方案写作时，必须要详细计算招展工作需要花费的费用，这些费用主要包含：人工费用（主要涉及在招展工作过程中人员的工资、加班费用、差旅费用等）、资料费（在进行招展前期，需要设计好招展的宣传资料，宣传资料应该是精美的）、办公费用（电话、传真等费用）、宣传费用、招展代理费用、招展公共费用及其他支出费用。

8. 招展进度控制

在招展开始前，需要统筹安排招展工作的进度情况，在不同阶段明确需要完成的目标和内容，明确负责人，保证招展工作的顺利开展。

（二）招展方案的结构与写法

1. 标题

较为常见的招展方案的标题由会展活动的名称+招展方案构成，如《第三届中国西部国际博览会进出口商品展暨中国西部（四川）国际投资大会招展方案》。

2. 正文

正文部分需要包含以上八个部分，在写作时要注意章节清楚，方便阅读，可以采用图表形式进行说明。

3. 落款、发布日期

落款需要写清发布单位和发布年月日。

案例3-1：中国（×××）国际皮革、鞋材展览会招展方案

第一章 中国（×××）国际皮革、鞋材展览会的背景

一、举办中国（×××）国际皮革、鞋材展览会的背景

（一）区域产业发展层面

×××作为中国鞋业“三州一都”的重要组成部分，是传统的中国鞋业制造和商贸基地，年产值超五百亿元，对鞋材有强烈的市场需求；由于×××鞋材市场自发形成，缺乏引导，目前尚处于低档水平，所供应鞋材也较为普通，在品质、工艺等方面与国内领先的广州市场有较大差距，因此×××本土中大型工厂有中高档鞋材需求时，均需远赴广州采购，耗时费力。此外，由于对新材料了解不及时，对新工艺、新技术掌握不熟练，×××鞋业在开发、生产诸环节全面落后于广州、温州等地，×××鞋业要追赶、超越，在竞争中占据有利地位，还缺乏有力的支撑。×××鞋业发展到现在，对新材料、新技术、新工艺的需求日益凸显，但现有市场不能满足这一需求。而随着行业的快速发展和逐渐强大，急需利用其产业优势，通过一场大型的展会促成行业形成供销链产业群聚效应，并通过内聚力量外拓市场，积极延伸产业链，真正促进×××鞋业迅速发展。

（二）园区发展层面

中国女鞋之都经过14年发展，形成了辐射、服务全省鞋业的影响力，聚集了大量鞋企，形成了四川鞋业生产、商贸总部基地。对于未来发展，园区提出“一平台八中心”发展规划，其核心在于重点打造“原辅材料交易中心”和“成品鞋订货中心”，将这两个中心打造成“千亿级产业服务平台”。作为重点的原、辅材料交易，是园区未来发展的重要支撑。从短期来看，园区的繁荣需要聚集大量的客流、物流、信息流、资金流。展会则正是这种能在短期内起到扩大信息传播，吸引人流、聚集人气、引导商贸消费习惯的大型营销性事件。从中长期来看，中国女鞋之都园区拟打造“精品鞋材城”，以建设西南鞋材首选商城为目标。为实现这一目标，保证市场长期的火爆运营，产生区域的影响力和广辐射性，就更需要一个平台好、起点高、具有权威性和影响力的大型展会来拔高高度、推动发展。

二、中国（×××）国际皮革、鞋材展览会

中国（×××）国际皮革、鞋材展览会拟由中国皮革协会、中国皮革和制鞋工业研究院、×××市经信委、×××市商务委、×××市武侯区人民政府指导，由四川省鞋业协会、四川省鞋材行业协会（筹）、×××星购途信息技术有限公司、广州市皮革行业商会、中国女鞋之都·精品鞋材城等主办，四川女鞋之都商业投资管理有限责任公司、四川西部鞋都产业运营有限公司承办，计划于2017年3月19日至3月21日在工厂联盟订货中心举行，主要展示入驻鞋材厂商及沿海地区鞋材厂商的鞋业新材料、新技术和新工艺；展会场地规划在工厂联盟订货中心一二楼，展览面积初步设定为5 000平方米，预

计邀请广州、东莞、本地等地200余家鞋材厂商参展。

“国际鞋材展”主要内容分为两大部分，第一部分为鞋材实物展；第二部分为鞋材配套活动，包括开幕式、2017中国女鞋流行趋势发布会、中国（×××）鞋业供应链改革发展论坛等相关活动。

三、举办中国（×××）国际皮革、鞋材展览会的有利条件

（一）500亿元产业支撑和市场需求（略）

（二）形成展会品牌，可得到政府的支持（略）

（三）运营方有成熟的展会组织经验（略）

四、举办“中国（×××）国际皮革、鞋材展览会”面临的不利条件

（一）筹备工作任务重，时间比较紧迫。目前各项筹备工作还没有完全启动，会展方案、机构设置、资金筹措等方面都需要做大量的具体工作。

（二）×××还从未有针对性地组织过全国优秀鞋材厂商来举办鞋业行业的大型展会，没有知名度和影响力，市场开发的难度较大。

（三）广东与四川存在空间距离，广州、东莞等地厂商参展涉及展会费和交通运输费双重费用，参展意向暂不明晰。

五、收益分析

本次将投入大量财力、人力进行宣传、展会组织，除收取少量展位费之外，并未计划收取参展商任何广告、活动费用。

我司主要看重的还是中长期的隐性收益。搭建×××乃至四川鞋企与全国优秀鞋材商交流合作的平台、为×××鞋业带来新的认知和理念是我们的筹展初衷；同时，树立展会品牌、推动鞋材城招商工作也是我们筹展的重要目标。

第二章 中国（×××）国际皮革、鞋材展览会的内容及定位

一、展会的目的

（一）通过开展生产基地鞋材展将广东沿海前沿的信息资讯带入内陆，将新材料、新技术、新工艺展示给×××鞋企，不仅让×××鞋企更多地接触鞋材先进的成果，了解鞋业发展的风向，而且让入驻鞋企的开发跟上潮流，以便在秋冬款产品开发上有所提升，为“6·16”订货会打下良好基础；

（二）通过展会为“精品鞋材城”后期试营业打下基础，促进项目招商，让×××鞋企知晓项目，为鞋材城在行业中建立影响力奠定基础；

（三）后期展会成熟后，可为鞋材城带来人流、物流、信息流，为鞋材城在行业中建立影响力奠定基础。

二、展会的意义

以增强经贸实效、提高科技水准为主题，强化商业性经贸盛会角色的定位，进一步提高市场化、科技化程度，提升展会品牌，促进×××乃至西部地区鞋业及相关产业发展。

三、展会日期：2017年3月19日—21日 9:00—18:00

四、展览地点：×××市武侯区中国女鞋之都工厂联盟订货中心一、二楼

五、组织机构

指导单位：中国皮革协会、中国皮革和制鞋工业研究院、×××市经信委、×××市商务局、×××市武侯区人民政府。

主办单位：四川省鞋业协会、四川省鞋材行业协会（筹）、广州市皮革行业商会、购途网、蝶讯网、中国女鞋之都·精品鞋材城。

承办单位：四川女鞋之都商业投资管理有限责任公司、四川西部鞋都产业运营有限公司。

六、展会宗旨：以市场为基础，搭建鞋业上下游企业合作与交流的桥梁

七、展会功能：招商融资、商贸交易、资源合作、技术交流

八、展会形象：务实、高效、方便

九、展会主题：新趋势、新材料、新工艺

十、展会定位：展会品牌化、服务标准化、宣传立体化

十一、参展范围

（一）展商构成

（1）已入驻厂商自然参展；

（2）有极大入驻意向的本地与外地厂商，优先选择具有影响力的厂商。

（二）展商属地

（1）广东地区优质鞋材厂商约 110 家（含东莞地区 10 家）；

（2）温州地区优质鞋材厂商 5~10 家；

（3）福建地区优质鞋材厂商 5~10 家；

（4）香港地区优质鞋材厂商 5~10 家；

（5）川内优质鞋材厂商 60~80 家；

（6）合计约 200 家。

（三）展品构成

（1）皮革、超纤真皮、PU、超纤等，含各式花皮、皮毛一体等。

（2）五金辅料。

五金饰品、水晶、鞋跟、鞋底、织带、胶水等辅料辅材，鞋模、鞋衬、配套材料、橡胶制品等。

（3）其他类：各专业团体、机构、资讯媒体等。

十二、目标观众

以×××制鞋企业为主，广泛邀约四川省内及重庆鞋业生产厂商，包括电商平台供货工厂。预计不低于 3 000 家工厂主要负责人或采购人员观展。同时邀请部分成品鞋知名品牌商代表观摩。

十三、支持媒体

大众媒体：新华网、中新社、四川日报、四川电视台、×××日报、×××商报、华西都市报；×××电视台行业媒体：北京皮革、中国皮革、西部皮革、广东皮具、环球鞋网、中国鞋网、美中鞋业网等。

第三章 展位规划与招展政策

一、展位规划

（一）位置设定

“中国（×××）国际皮革、鞋材展览会”设置在工厂联盟订货中心一二楼。如参展家数有限，则以设置在中庭作为备选。

（二）展位形式

在二楼设置标准展位，同时一楼中庭可根据需要设置特装展位（区域组团参展或商家联盟参展），形成标准展位+特装展位的展会形式。标准展位预计尺寸为3×3米。特装展位提供空地，尺寸为5×7米。

（三）展位规划

原则上按参展商来源地区进行组团布局，各展区内按品类集中布展。展位方案布置：其中一楼特装展位7个；二楼标准展位，真皮48个，PU/超纤31个，五金39个，跟底21个，辅料24个，合计163个。总计170个。

注：以上规划可根据实际情况进行调整。

二、招展政策

（一）3×3米标准展位（略）

（二）5×7米特装展位（略）

第四章 展会相关活动

一、第一届中国（×××）国际皮革、鞋材展览会开幕式

二、流行趋势发布会，新材料、新技术、新工艺专场推介会

三、中国（×××）鞋业供应链改革发展论坛

四、欢迎晚宴

五、鞋材促销相关活动

第五章 宣传推广与专业观众组织

对外招展宣传广告策略：

展会前期的宣传主要是展会推广宣传，对展会举办得成功与否意义重大，前期的宣传到位了，展会就成功了一半，因此，展会广告策略的制定显得尤为重要。

1. 媒体选择策略

以行业媒体为主，大众媒体为辅，线下宣传团队强力推进。

大众媒体：主要使用华西都市报打包的6个1/4版面进行宣传，配合新华网、中新社、四川日报、四川电视台、×××日报、×××商报、华西都市报、×××电视台等新闻宣传。

行业媒体：中国皮革、北京皮革、西部皮革、广东皮具、环球鞋网、中国鞋网、美中鞋业网等。

其他：微信公众号。

2. 宣传推广策略

前期宣传：以行业网站、公众号宣传为主，线下招商团队以地推、派发DM单和短信推送等形式邀约鞋企负责人，在相关媒体进行前期铺垫炒作。

后续宣传：以大众媒体和行业媒体为主，宣传展会成果和重大意义。微信公众号

宣传持续跟进。

专业观众的数量和质量是衡量一个展会成功与否的一个最重要的硬性标准，组织专业观众是和展会准备工作同等重要的工作。

专业观众组织方法：

（1）专业媒体：自展会立项之日起，在国内行业媒体或网站上发布展会信息。

（2）人工宣传：将收集到的所有客户资料通过发短信、打电话、上门拜访等多种渠道将信息广泛地发布出去。

（3）商协会邀请：以各鞋业协会（生产型企业）为核心，邀请会员观展。

（4）通联工作：时时与行业团体、GO2 保持密切联系，传播展会信息，以得到各方的大力支持和积极参与。

（5）编制会刊：数量不少于 3 000 份，免费刊登参展商企业及产品信息，于展会现场免费发放给专业观众，同时后期也可进行派发宣传。

第六章 展会筹办工作实施计划（略）

第七章 展会费用预算（略）

案例点评：

本案例是针对专业性展览会编写的招展方案，该方案的显著特点是对整个招展工作安排有较强的针对性，明确具体通过哪些分工安排、形式和手段等进行招展活动，并对不同招展目标群体有不同的招展措施，不是泛泛而论，体现了招展方案的专业性。规范性来说，招展方案中应该再加入发布单位和发布年月日。

二、会展招商方案

（一）概念

会展招商方案是一方面为展会邀请观众特别是专业观众，另一方面为展会吸引到足够的赞助商和广告商进行资金支持，由展会的主办方制订的招商具体执行方案。其核心目标在于构建专业观众与商业合作伙伴的精准邀约体系，既保障开展期间高质量观展群体的有效聚集，又实现赞助合作与广告投放的协同开发，为展会成功举办奠定市场基础与资金保障。

（二）会展招商方案的基本内容

1. 针对观众的招商方案

（1）招商方案制定依据

这一部分重点在于说明招商方案制定的原则和依据，需要对展会的基本情况及产业分布情况进行说明。

（2）展会招商分工

这一部分需要说明展会招商进行的具体工作安排，包含对本部门的招商人员和工作进行安排，同时需要对不同办展机构涉及的招商工作进行具体分工。

（3）招商渠道和措施

这一部分提出招商过程中使用的各种渠道和方法。

（4）招商宣传推广计划

为保证展会的招商效果，需要提前采用多种方式进行宣传和推广，在展会招商方案中，需要对招商宣传推广的方式进行说明。

（5）招商预算

需要合理安排招商计划支出，初步预算招商活动开展过程中会使用的各方面的支出。

（6）招商进度安排

根据会展活动的实际情况，预先制定合理的招商进度安排，以保证展会的观众的数量和质量。

2. 针对合作性质的赞助商、广告商的招商方案

（1）会展项目基本情况介绍

这一部分说明会展项目举办的时间、地点、组织机构等基本内容，同时对会展项目的特色和优势进行重点说明和罗列。

（2）项目的合作方式和回报方式

这一部分需要罗列清楚会展招商项目赞助商、广告商合作的具体方式，写清楚价格及对方具体可以获得的回报。

（3）招商的对象

（4）招商分工

（5）招商宣传推广计划

（6）招商预算

制定详细的招商预算。

（7）招商进度安排

罗列清楚招商整体进度计划。

（三）会展招商方案的结构与写法

1. 标题

会展招商方案的标题通常由会展项目名称+招商方案构成，如《第六届山东省互联网大会招商方案》。

2. 正文

开头部分用一段文字简要介绍展览会的名称、主办者、历史成果和当前背景，引出下文。由于需要介绍的内容较多，主体部分应采用序号加小标题的形式逐项表述。一般不设结尾。在结构形式上也可以通篇（包括开头）都采用序号加小标题的体例。写作时要特别注意时间、地点、招商基本信息表述的准确性。

3. 落款、发布日期

落款写清发布单位及发布的具体日期。

案例 3-2：第六届山东省互联网大会招商方案

一、活动概况

活动主题："数字驱动 智引未来"。

大会时间：10 月 26 日。

大会地点：济南市高新会展中心。

大会规模：3 000 人。

指导单位：工信部信息中心、工信部人工智能研究所、中国互联网协会（拟定）。

主办单位：济南市人民政府、山东省商务厅。

承办单位：百度、开创集团、开创云、分论坛承办单位。

支持单位：（拟定）山东省委网信办、山东省社科联、山东省工信厅、山东省科技厅、山东省大数据局、山东省互联网协会、山东院士专家联合会、山东开创数字经济研究院。

媒体支持：人民网、新华网、凤凰网山东、网易山东、腾讯山东、中国山东网、闪电新闻、齐鲁网、齐鲁晚报、齐鲁壹点、大众网、海报新闻、经济导报、山东商报、鲁网、华夏时报、澎湃新闻、国搜新闻、界面、青岛新闻网、鲁中晨报、鲁中网、齐鲁周刊、济南日报、济南时报、新时报、爱济南、舜网、百度济南频道、百度济南吧、山东电视台、济南电视台、山东教育卫视、山东文艺广播等。

大会时间安排如表 3-1 所示。

表 3-1　大会时间安排表

时间	主题	备注
9:00—12:30	开幕式	主论坛
14:00—17:00	云计算与大数据	分论坛
14:00—17:00	山东数字经济发展研讨会	分论坛
14:00—17:00	互联网+新媒体传播	分论坛
14:00—17:00	互联网+精品旅游	分论坛
14:00—17:00	5G 与人工智能	分论坛
14:00—17:00	工业互联网云平台	分论坛
14:00—17:00	互联网+金融(创投)	分论坛

二、赞助方式及费用

A. 战略合作：赞助费用为 30 万元。

B. 指定合作品牌：赞助费用为 20 万元。

C. 协办单位：赞助费用为 10 万元。

D. 特别支持：赞助费用为 10 万元。

E. 分论坛合作：赞助费用为 5 万元。

F. 单项合作：详见下文。

三、整体合作

A. 大会总冠名/战略合作伙伴（50 万元）

活动回报：

回报 1：大会总冠名或战略合作伙伴，可享受大会联合主办单位授权，例如“××品牌第六届山东省互联网大会”，大会宣发统一规定使用，并可在商业推广中使用第六届山东省互联网大会总冠名、战略合作伙伴、联合承办单位。

回报 2：线上和线下宣发传播中，总冠名品牌 logo 与主办方 logo 同时在主要位置进行体现。

回报3：根据企业特性，总冠名企业领导可作为论坛分享嘉宾，参与主论坛、分论坛对话。

回报4：大会预热与会后宣传阶段为总冠名单位进行不少于100篇的全渠道宣发报道。

回报5：大会现场暖场、会后循环播放总冠名企业宣传片。

回报6：获准冠名单位摆放展位、展台、易拉宝。

回报7：电商博览会大展位1个。

回报8：获得开创传媒价值3万元的传播服务支持（视频与图片直播服务），服务期限为一年。

回报9：结合需求，获得以本届大会执委会名义组织的会后活动支持，助力品牌美誉度持续传播。

回报10：为总冠名、战略合作伙伴提供相关落地推广支持。

回报11：给予现场参会嘉宾名额30名。

B. 指定合作品牌

回报1：指定合作品牌，在大会宣发统一体现使用，并可在商业推广中使用第六届山东省互联网大会指定合作品牌。

回报2：线上和线下宣发传播中，指定合作品牌logo与主办方logo同时在体现。

回报3：根据企业特性，特别赞助单位拥有某单场分论坛联合主办单位资格，特别赞助单位领导可作为分论坛分享嘉宾，参与分论坛对话。

回报4：大会预热与会后宣传阶段为指定合作品牌进行全渠道宣发报道，力度次于总冠名单位，总篇数不少于50篇。

回报5：大会现场暖场、会间轮播总冠名企业宣传片。

回报6：获准冠名单位摆放展台、易拉宝。

回报7：电商博览会中型展位1个。

回报8：获得开创传媒价值2万元的传播服务（影视与图片直播）支持，服务期限为一年。

回报9：开创集团部分后续落地活动为总冠名、战略合作伙伴提供相关落地推广支持。

回报10：给予现场参会嘉宾20名名额。

C. 协办单位

回报1：协办单位在大会宣发统一体现使用，并可在商业推广中使用第六届山东省互联网大会协办单位。

回报2：线上和线下宣发传播中，协办单位品牌logo与主办方logo同时体现。

回报3：根据企业特性，给予协办单位领导分论坛分享嘉宾待遇，参与分论坛对话。

回报4：大会预热与会后宣传阶段为指定合作品牌进行全渠道不少于30篇宣发报道。

回报5：大会现场暖场阶段轮流播放协办单位宣传片。

回报6：获准分论坛摆放展台、易拉宝。

回报7：电商博览会小型展位1个。

回报8：获得开创传媒价值1万元的传播服务（视频与图片直播）支持，服务期限为一年。

回报 9：给予现场参会嘉宾名额 10 名。

D. 特别支持

回报 1：特别支持单位在大会宣发统一体现使用，并可在商业推广中使用第六届山东省互联网大会特别支持单位。

回报 2：线上和线下宣发传播中，体现特别支持单位品牌。

回报 3：大会预热与会后宣传阶段为特别支持单位进行宣发报道，不少于 10 篇。

回报 4：大会现场暖场阶段轮流播放协办单位宣传片。

回报 5：获准分论坛摆放易拉宝。

回报 6：获得开创传媒价值 1 万元的传播服务支持，服务期限为一年。

回报 7：给予现场参会嘉宾名额 5 名。

四、分论坛合作

回报 1：分论坛合作单位在大会宣发统一体现使用，并可在商业推广中使用第六届山东省互联网大会——×××分论坛承办单位。

回报 2：线上和线下宣发传播中，体现分论坛承办单位品牌。

回报 3：在分论坛预热与会后宣传阶段为分论坛承办单位进行宣发报道，不少于 20 篇。

回报 4：获得开创传媒价值 1 万元的传播服务支持，服务期限为一年。

回报 5：承办单位可自主规划分论坛方案。

回报 6：分论坛场地、设备成本由主办方承担。

五、单项合作

主论坛议题：数字经济与人工智能，规模 1 000 人。

七个分论坛：云计算与大数据、山东数字经济发展研讨会、互联网+新媒体传播、互联网+精品旅游、5G 与人工智能、工业互联网云平台、互联网+金融（创投），分论坛规模为 200~300 人/场，每场 2 小时 30 分以上。

合作项目及价格如表 3-2 所示。

表 3-2　合作项目及价格表

合作项目	价格	备注
主论坛视频植入	10 000 元	视频不大于 3 分钟
分论坛视频植入	3 000 元	视频不大于 5 分钟
分论坛演讲	20 000 元	20~30 分钟
资料入袋	10 000 元	主论坛
	2 000 元	分论坛
礼品赞助	20 000 元	大会签到礼品

注：各分论坛植入演讲，在大会开幕前 5 个工作日发送组委会审核，审核后不再修改。

六、展位

（地点：济南国际会展中心；展期 3 天：10 月 25 日—10 月 27 日）

展位信息及价格如表 3-3 所示。

表 3-3　展位信息及价格表

展位信息	价格	备注
三层特装展位	标准价 900 元/平方米 最低价 450 元	自行装修
精装标准展位 3 米×3 米 （三层）	标准价 9 000 元/个 最低价 4 500 元/个	
易拉宝	1 000 元/个	

声明：以上赞助方案最终解释权归主办方所有。

（资料来源：山东省互联网大会官网，http://sic.ctrl.com.cn/ccontent.aspx? cid=372&pid=380&id=5074）

案例点评：

展览会招商方案是展览活动中，为邀请观众而制定的方案，对于专业性展览会而言，邀请专业观众（专业买家）到场进行洽谈和贸易等活动，这也是参展商参加展会的重要需求。专业观众的多少和数量如何，往往决定展会的最终效果和展会评价。招商方案需要包括制定方案的依据、展会招商分工、招商渠道和措施、招商预算、招商进度安排等内容。该案例是针对合作性质的赞助商、广告商的招商方案。赞助商、广告商是会展活动重要构成部分，通过赞助和广告可以为会展活动带来丰厚的收益，因此撰写方案时格式、内容务必做到准确、详细。该招商方案对山东互联网大会招商的活动情况、赞助方式及费用、合作方式做了详细的阐述，条理清楚，撰写在对外发布的招商方案中，可以省去招商分工、招商宣传推广计划、招商预算、招商进度安排部分，另外在此份招商方案中，可以增加联系方式等信息。

第二节　会展招展函与邀请函

一、会展招展函

（一）招展函定义

招展函是办展机构用来说明展会以招揽目标参展商参展的小册子。招展函既是展会进行展位营销时主要的核心资料之一，也是目标参展商最初了解展会情况的主要信息来源。为了使目标参展商对展会有足够的了解，并对展会做出基本的判断，招展函介绍展会的内容必须准确而全面。

（二）招展函的内容

一份完整的招展函应该包含展会的基本内容、市场情况介绍、招商计划和宣传推广计划、参展办法、说明性图表等。

1. 展会的基本内容

展会的基本内容包含展会名称和 logo、展会的举办时间和地点、办展机构名单、办展起因和办展目标、展会特色、展品范围、参展价格等。

（1）展会名称和 logo。展会名称和 logo 在排版时通常会用较大的字体放在展会招展函封面的位置，如果是国际展会，通常需要中英文名称。

（2）展会的举办时间和地点。展会的举办时间和地点一般会放在招展函的封面位置，封面举办时间是指展会开始的正式时间，内页的时间通常会包括布展、撤展和媒体及专业观众的开放时间等。如果是国际展会，则通常需要中英文名称。

（3）办展机构名单。办展机构通常指展会举办的主办单位、承办单位、协办单位、支持单位等，有时还包括发起单位或者批注单位。在排版时，可以选择将办展机构名单放在封面或者内页。

部分招展函封面示例如图 3-1、图 3-2 所示。

图 3-1　第十七届深圳国际电池技术交流会/展览会招展函封面设计

图 3-2　第六届国际复合材料产业创新成果技术展览会招展函封面设计

（4）办展起因和办展目标。办展起因主要描述举办本次展会的理由，办展目标主要描述举办本次展会需要达到的目标有哪些，两者需用精简的语言进行概述。如是多次举办的展会，应对往届展会进行回顾，以增加对于展会参展商的吸引力。

（5）展会特色。展会特色是把本次展会和其他展会区分开的重要的依据，所以主办方通常需要采用高度概括的语言对本次展会的特点进行总结。展会特色可以是展会活动安排、宣传、主题等方面。

（6）展品范围。展品范围是展会中会涉及的展品，对其范围进行说明，如节能与新能源车展的专业展会，展品范围就应该是和节能及新能源相关的展品，如新能源乘用车、新能源商用车、新能源汽车零部件等，而以西博会为代表的综合类型的展会涉及的展品范围就非常广泛，在展品基础上设置了展区。第十八届中国西部国际博览会设综合展示、产业展示两大板块，综合展示板块设“一带一路”合作馆（或贸易投资展），突出共建“一带一路”国家及国内各省（区、市）在产业项目、服务贸易、商品贸易等方面的合作成果和产品；产业展示板块，突出人工智能、数字经济、军民融合、节能环保、文化创意、婴童等产业的前沿科技、最新产品和发展趋势。

（7）参展价格。价格通常是参展商关注的重要信息之一，如果展会有标准展位、特装展位、室外场地等，则需要在参展价格部分列清标准展位价格、空地展位价格及室外场地价格。部分展会为参展商提供交流会等活动，也需要列出价格供参展商选择。如果展会涉及国外参展商，则需要列出国外参展商的租用价格。

（8）参展费用（见图 3-3）。

■参展费用

1、展位费用

展位规格	国内展商	国外展商
标准展位（3米X3米）	人民币8 500元/个	1 500美元/个
室内空地展位（36平方米起租）	人民币900元/平方米	150美元/个
标准展位免费配备：一桌两椅、射灯两盏、220V/5A负荷以内插座一个、白底蓝字楣板。 空地展位：不提供任何配置，展商自行负责展位搭建布置的各种费用。		

2、技术交流会（每场限15分钟，主题自定）：人民币4 800元/场

图 3-3　某展会参展费用说明

2. 市场情况介绍

（1）行业状况。需要对展会涉及的展览题材所在行业状况进行介绍，如行业生产、销售、发展趋势等。

（2）地区的市场情况。需要介绍办展地区的行业市场状况。

3. 招商计划、宣传推广计划、相关活动计划和展会服务项目

（1）展会招商计划。需要介绍展会邀请专业观众的办法、范围和渠道。

（2）展会宣传推广计划。需要介绍展会宣传推广的手段、办法、范围和渠道。

如第 27 届成都医博会通过线上线下多渠道进行展会宣传，展会信息推送采用了短信、邮件、网上展厅、邮寄四种方式；媒体平台推广采用了官网、微信公众号、微博、搜狐号、头条号、企鹅号、LBS（基于位置的服务）精准投放（AD7）七种方式；通过行业网媒宣传与 3618 医疗器械网、一览 · 医械网、环球医疗器械网、生物器材网、医

疗器械招标网、中国仪器网、中国采招网、检验视界网、中国招标网等100多家网站进行推广；大众媒体宣传选用了成都电视台、四川电视台、华西都市报、四川日报、封面新闻、天府文化、成都日报、四川新闻网、凤凰网四川、天府报道、新华网、中国商业网、中新社等30多家媒体进行宣传。通过多样化的宣传，持续强化展会品牌影响力，确保到场观众质量，帮助展商实现贸易合作与品牌推广双赢。

（3）相关活动计划。简要介绍展会进行期间主办方准备的相关活动，介绍相关活动举办的时间、地点及参加的重要嘉宾的情况。

（4）展会服务项目。向参展商说明参加展会主办方可以提供的服务项目，包含免费服务和有偿服务项目。

4. 参展办法

参展办法主要针对参展商参加展会需要办理参展手续、付款方式、参展申请表，及办展机构联系方式几个部分。

（1）办理参展手续方式。需要告知参展商，参加展会需要提前办理的手续及相关流程。

（2）付款方式。需要列清展会开户行、开户名称、账号、收款单位名称、参展商付款方式、应付数量及付款时间等。

（3）参展申请表。参展申请表需要参展商进行填写，填写好后，可采用传真等方式提供给办展机构预订展位。

（4）办展机构的联系办法。需要写清联系人、电话、地址、传真、网址、邮箱等基本信息，方便参展商进行联系。

5. 说明性图表

在招展函的说明性图表中，主要包含展馆图、交通图及往届展会的现场图片。说明性图表既可以方便参展商参展，又可以起到美化展会形象的作用，所以办展机构在选择图片时，应尽量选择可以突出展会特色的图片，每一次办展也需要对展会的情况进行图片收集，方便下一次办展进行宣传。

（三）招展函的结构与写作要求

招展函代表了展会的形象，同时也成了吸引参展商参展的重要宣传资料，所以招展函的设计是一个重要而系统的工作。在设计招展函时，既需要全面介绍，又需要突出重点，同时细致细心，才能体现出招展函的作用，吸引到参展商。

1. 封面

招展函的封面会给参展商留下重要的第一印象，所以务必重视封面的设计。在招展函封面设计中，可以根据发送对象的特征进行设计。一般的招展函封面应该包括展会名称、logo，以及展会的时间、地点、组织机构。

2. 标题

招展函标题通常由会展活动名称+招展函三个字构成。如第十五届中国（莆田）海峡工艺品博览会招展函，就是遵循这样的构成方法。

3. 称呼

称呼是招展函发送的对象，按照对象可以分成以下几种情况：

第一种是通过大众媒体如网络发布的公开的招展函，由于对象没有针对性，因此通常可以省略称呼。

第二种是发放给单位的招展函，需要写清楚单位的名称，名称不能以简写代替。

4. 正文

正文部分包含展会基本内容、市场情况介绍、招商计划、宣传推广计划、相关活动计划、展会服务项目、参展办法、说明性图表。正文应该突出重点，言简意赅。

5. 附件部分

附件部分包含说明性图表、回执单、合同等。

案例3-3：第一届银杏校园小商品展销会招展函

一、展会背景

行业概况：目前中国小商品市场越建越多，但整体水平低下，市场僧多粥少、重复建设成了新建市场屡屡受挫的原因。

国内市场情况：小商品展会是小商品行业的展会，全国共有四个小商品展会，即义乌小商品展会（义博会）、临沂市场博览会（临博会）、正定小商品展会（正博会）、齐齐哈尔小商品展会（齐博会）。这四个展会中，义博会是最大的展会，参展展位多达6 500个，是小商品展会的龙头老大。而临博会是北方小商品展会的代表。随着小商品行业的迅速发展，小商品展会越来越受重视，而小商品展会大多是国际级展会。

二、展会基本内容

名称：第一届银杏校园小商品展销会

时间：2020年5月9日—2020年5月10日

地点：成都××××××××

办展机构：

主办单位：成都××××××××学院

承办单位：2019级旅游管理系

办展目的：培养大学生创新精神，树立大学生的创业丰碑，激发大学生的创业品质，提高大学生的创业竞争力，引导大学生走实践成才之路。

展会特色：

（1）展会规模盛大，本届展会预计3 000平方米。

（2）展品范围较广，包括饰品、学习用品、生活用品、电子产品、盆栽、夏季清凉用品等，将吸引众多观众参与。

（3）本次展会宣传方式丰富，线上线下全覆盖，将展会知名度提升到最大。

（4）本次展会活动内容丰富，不仅有小商品的展销，还有很多与观众互动的小游戏，为观众送福利。

（5）地理位置优越，除本校外，周边还有几所大学，人流量较大，交通便利。

展品范围：饰品、学习用品、生活用品、电子产品、盆栽、夏季清凉用品。

参展价格：

（1）展位价格：1平方米/100元

说明：电子产品区、学习用品区各两个；饰品区一个，生活用品区两个，电子产区、学习用品区、生活用品区、饰品区、盆栽区各两个；夏季清凉用品区三个。

（2）可供选择展位：

正方形：9 平方米。

长方形：10 平方米、7 平方米、20 平方米。

弧形：12 平方米、8 平方米、6 平方米、6 平方米、4 平方米、5 平方米。

三、招商计划

展会邀请专业观众的方法、手段：媒体宣传、微信平台、网络宣传、地区电视台宣传等。

渠道和范围：成都地区小商品批发市场代理商、经销商、零售商、专卖店；成都各种小饰品、学习用品的专卖店；线上小商品品牌；成都地区网络、媒体，以及权威媒体。

四、宣传推广计划

展会宣传推广的手段、办法：郫都网络电视、郫都区抖音、微博、微信、成都广播电视台。

宣传范围：宣传的范围涉及各大高校、教育机构、小商品行业。

宣传渠道：网络宣传、与媒体合作、报纸。

扩大影响的措施：加大广告的宣传力度，创新广告宣传的形式，使更多参展商对展览产生兴趣，制订更多的营销方案，提高竞争力。

五、相关活动安排

展会开幕式：2020 年 5 月 9 日上午 8 点 30 分。

现场抽奖：2020 年 5 月 9 日上午 9 点整到 2020 年 5 月 9 日下午 6 点整。

六、参展办法

办理参展手续：根据邀请函上的链接或者电话进行参展报名。

付款方式：

户名：成都××××××××

开户行：中国银行四川省××××

账号：××××××××

参展申请表

参展商资料（*为必填）

*商户名称：（中文）　　　　　　（英文）

*商户地址：（中文）　　　　　　（英文）

*联系人：　　　　　　*电话：

*商户负责人：　　　　　　*传真：

*邮编：　　　　*电子邮件：　　　　网址：

*展品内容：

办展机构联系方式：028-8797××××　邮箱：××××××××

七、说明性图表（略）

（1）展览会举办场地

（2）交通图

案例点评：

招展函是办展机构根据展会的实际情况编写的、用来进行展会招展的一种宣传文案。招展函是专门针对展会的参展商而发送的。招展函是站在展览会主办者的角度进行编写的，在编写过程中需要体现展览会组织者真诚邀请参展商参加展览会的意愿，同时对于参展商参会的形式等进行明确告知，并设计回执等表格，对参展商邀请函在编写中，一定要重点突出、表达清晰，使目标群体一目了然。

本篇招展函内容较为完善，对于展会的基本情况、展会特色、参加办法描述清楚，从写作角度，这份招展函还有几个方面需要改进：

一、本次展会是在校园举办的，主要针对成都范围内的参展商进行招展，在描述行业背景时，应该重点描述成都市场的行业背景。

二、本次展会的主要观众群体是校园学生，也会吸引到周边的一些居民，还需要选择学生接受度更高的宣传方式，如校园公告栏、校园横幅、走班宣传等。

三、展品范围描述不明确，如电子产品本身与学习用品有交叉的地方，生活用品与夏季清凉用品有交叉的地方，所以还需要明确展品范围的划分。

［范例3-1］　第十五届中国（莆田）海峡工艺品博览会 招展函

一、展会概况

海上和平女神妈祖故乡——莆田，素有“海滨邹鲁”“文献名邦”之美誉。莆田工艺美术历史底蕴深厚，雕刻文化久负盛名，是福建省工艺美术的重点产区，先后荣获“世界中式古典家具之都”“中国木雕之城”“中国古典工艺家具之都”“中国珠宝玉石首饰特色产业基地”“中国礼仪工艺用品之都”“中国银饰之都”“中国黄金珠宝首饰之乡”“中华佛教艺术品之都”“中国油画产业之都”等荣誉称号。

中国（莆田）海峡工艺品博览会自2006年以来，已成功举办了十四届，是由政府主办的工艺美术行业的品牌盛会。第十五届中国（莆田）海峡工艺品博览会（以下简称“艺博会”）拟定于2021年4月29日在莆田工艺美术城盛大开幕，同时将在中国古典工艺博览城、中国陈桥家具园、上塘珠宝城、莆田国际油画城、秀屿区木材加工区（美家美居新零售中心）、仙游海峡艺雕城、北高黄金珠宝特色小镇、莆田市美术馆八大分会场联合展出，并设立2021年“中匠杯”中国工艺美术创意设计大赛、第十二届“艺鼎杯”中国木雕现场创作大赛、第七届中国传统宗教造像技艺大赛、第十一届福建省工艺美术精品“争艳杯”大赛、2021莆田民间藏品鉴宝活动、香文化艺术论坛、金银珠宝饰品嘉年华“五一”特展、美食节等精彩活动。

二、组织机构

主办单位：

中国轻工业联合会、工业和信息化部工业文化发展中心、两岸企业家峰会现代服务业及文化创意产业合作推进小组

学术支持单位：

中央美术学院

承办单位：

中国工艺美术协会、中国工艺美术学会、中国民族民间工艺美术家协会、福建省

工业和信息化厅、福建省台湾同胞联谊会、中国国际贸易促进委员会福建省委员会、莆田市人民政府

执行机构：

莆田市亚博展览服务有限公司

三、展会亮点

1. 线下展览、线上云博，深化工艺文化之美

在往年线下展览的基础上，艺博会全新开设线上艺博会及具有一定知名度的播主直播系列活动区块，通过“线上+线下”联动，展示雕塑工艺品、古典工艺家具、家居饰品、珠宝首饰、香品香具、油画、美术陶瓷、工艺礼品、旅游工艺品等之美。

2.“1+5”全方位展览，多渠道推广带动产业消费

除了主会场工艺美术城，还特设中国古典工艺博览城、中国陈桥家具园、上塘珠宝城、莆田国际油画城、秀屿区木材加工区（美家美居新零售中心）、仙游海峡艺雕城、北高黄金珠宝特色小镇、莆田市美术馆八大分会场联合展出。通过“传统媒体+自媒体+实体广告”多渠道宣传推广，并设立现场直播间，邀请具有一定知名度的播主直播带货，带动产业消费，打造集工艺博览、美食、消费于一体的展会工艺品消费场景。

3. 名家鉴宝、工艺大赛，打造“莆田工艺”城市名片

本届艺博会将延续往届备受期待的国家级协会主办的2021年“中匠杯”中国工艺美术创意设计大赛、第十二届“艺鼎杯”中国木雕现场创作大赛、第七届中国传统宗教造像技艺大赛、第十一届福建省工艺美术精品“争艳杯”大赛活动，同时邀请央视《寻宝》专家王注贰、鲁力来莆，举办2021莆田民间藏品鉴宝活动，并同期开设金银珠宝饰品嘉年华“五一”特展、美食节等精彩活动。

4. 特色展区

本次艺博会将特别设置红色主题展区，并在延展九大地市特色工艺品展区、台湾工艺精品展区等往届特色展区的基础上，特别设置妈祖主题展区，时尚与古典碰撞，传统与时尚结合，潮流时尚的外形设计，结合莆田特色元素，让更多年轻人从中发现传统工艺之美。

四、展区规划（略）

五、招展范围

雕塑工艺品（木、玉、石、根、琉璃、金属等）、古典工艺家具、家居饰品、珠宝首饰、香品香具、油画、美术陶瓷、工艺礼品、旅游工艺品等。

六、展会活动

1. 第十五届中国（莆田）海峡工艺品博览会开馆仪式

主办单位：中国轻工业联合会、工业和信息化部工业文化发展中心、两岸企业家峰会现代服务业及文化创意产业合作推进小组。

时间：2021年4月29日。

地点：莆田工艺美术城。

2. 首届中国（莆田）香文化产业大会开幕式

时间：2021年4月29日。

地点：莆田会展中心。

3. 第十二届“艺鼎杯”中国木雕现场创作大赛
主办单位：中国工艺美术协会、艺博会组委会。
时间：2021年4月24日—5月5日。
地点：莆田工艺美术城。
4. 第七届中国泥塑造像技艺大赛
主办单位：中国民族民间工艺美术家协会、艺博会组委会。
时间：2021年4月26日—5月5日。
地点：莆田工艺美术城。
5. 2021年“中匠杯”工艺美术优秀作品大赛
主办单位：中国工艺美术学会、艺博会组委会。
时间：2021年4月29日—5月5日。
地点：莆田工艺美术城。
6. 第十一届福建省工艺美术精品“争艳杯”大赛
主办单位：福建省工艺美术行业发展促进中心、艺博会组委会。
时间：2021年4月29日—5月5日。
地点：莆田工艺美术城。
7. “莆商工艺之旅”活动
主办单位：市工信局、市工商联、市文旅局。
时间：2021年4月29日—5月5日。
地点：莆田工艺美术城。
8. 2021年莆田民间藏品鉴宝活动（特邀专家：王注贰、鲁力）
主办单位：艺博会组委会。
拟邀名家：王注贰、鲁力、王连勤。
时间：2021年4月30日。
地点：莆田工艺美术城。
9. 金银珠宝饰品嘉年华“五一”特展活动
主办单位：工艺城管委会。
时间：2021年4月29日—5月5日。
地点：莆田工艺美术城。
参展程序（略）
会务联系（略）

（资料来源：中国（莆田）海峡工艺品博览会官网，http://www.hxybh.com/news_show/354.aspx）

范例分析：

这篇范例结构完整，提供了详细的参展商关注的办展背景数据，突出了展会的特色，对于展会的相关活动、展品范围、参展办法都进行了充分的说明。

二、邀请函

邀请函是邀请亲朋好友或知名人士、专家等参加某项活动时所发的请约性书信。它是现实生活中常用的一种日常应用写作文。会展行业使用的邀请函主要是主办方在经营展会、活动或会议前，向相关客户发出的邀约文本。

（一）邀请函的分类

根据会展活动的性质，邀请函可以分为展览邀请函、会议邀请函和活动邀请函。

展览邀请函主要是主办方邀请参展商、观众或其他特定的对象发出的；其中针对参展商和观众的属于普泛邀请函，针对特定邀请对象的需要制定展览专项邀请函。

会议邀请函主要是主办方针对参加会议的参会者和其他特定的对象发出的；其中针对参会者的属于普泛邀请函，针对特定邀请对象如演讲者、嘉宾等需要制定会议专项邀请函。

活动邀请函主要是主办方邀请活动参与者与其他特定的对象发出的；其中针对参加者的属于普泛邀请函，针对特定邀请对象如领导、嘉宾等需要制定活动专项邀请函。

（二）普泛邀请函

1. 观众邀请函

（1）概念

观众邀请函是办展机构根据展会的实际情况编写的、用来进行展会招商的一种宣传单。观众邀请函是专门针对展会的目标观众尤其是那些专业观众而发送的。

观众邀请函一般只在展会开幕前一个月左右才开始向目标观众直接邮寄。不过，对于国外的观众，观众邀请函的邮寄时间要适度提前，一般要在展会开幕前3个月到半年的时候就开始邮寄，这样更便于国外观众做参观计划和申请签证。

案例3-4：20××成都春季广告及标识展观众邀请函

时间：20××年3月15—18日　　地点：成都世纪城新国际会展中心

中国第二大广告行业盛会——全球最大广告展姐妹展（三月东部在上海·四月西部在成都）

预计总展位数超3 600个，展出总面积超90 000平方米

高端配套活动：

20××成都国际创意设计大赛——暨20××成都国际标识设计大赛、20××成都国际包装设计大赛，两大赛事诚邀您的参与。

20××成都新传播影响力盛典（中西部省会城市地面媒体发展报告白皮书）

20××西利标识研究院高端专题讲座——由全国标识领导者西利标识研究院院长张西利强势助阵本次讲座，为本次展会带来一场以“标识系统造型的创新设计”为主题的高端讲座。

20××喷印设备技术高峰论坛——邀约行业专家，共襄行业盛举。

20××中国广告长城黄河奖获奖作品及中国优秀作品展——素有“中国广告界的奥斯卡”的盛名，精品辈出。

20××成都印刷精品展——汇聚省内所有星级印刷企业精品成果，直观展示省内印刷技术的整体实力与发展水平。

展商新品推介——国内外知名广告机器品牌带来20××年度新品发布。

展况直播：

九大主题展：第十七届成都国际广告技术设备及材料展、20××成都国际标识展览

会、20××第十二届成都国际标识及 LED 展览会、20×× 第九届成都国际印刷包装节、20××成都国际广告工艺礼品展览会、20×× 成都国际展览展示器材及商业设施展览会、20××新传播影响力盛典、第七届成都国际创意设计展、20×× 成都传媒运营论坛及展览集中亮相新会展。

展会邀请超过 800 家品牌及企业参加，包括：HP、Canon、MUTOH、MIMAKI、Roland、AGFA、JHF、EPSON、Hapond、啄木鸟、天彩、晶绘、广旭、赛博、东川、极限、锐智、彩神、宏华、工正、飞腾、黑迈、秀工厂、林翰、勤德士、澳飞扬、雅色兰、奥威、中野、蜻蜓、中港、乐彩、灵通、霍克等，为您呈现一场广告行业的饕餮盛宴！详情请登录：www.adcgo.cn。

VIP 参观商特权——回执预登记专享

1. 展会门票两张及《展商名录》一套；

2. 拥有 VIP 参观门票和参观证，现场无须排队直接领取，尊享特殊荣耀；

3. 展会现场无限量茶水供应；

4. 免费获赠高峰论坛、峰会等配套活动价值 200 元门票一套；

5. 享受现场购机票路费补贴（需提供购机票凭证）。

展会 VIP 参观商申请表

*公司名称：

*公司地址：

*姓名：　　　　　　　　*职 位：　　　　　　　　　　　*手 机/ 电话：

*邮箱：　　　　　　　　*微信号/ qq：

*经营类型：　　代理经销　　广告创意设计　　广告制作　　其他

*是否参加论坛：　是　　否

*是否需要会刊：　是　　否

*意向购买产品：

*意向购买产品产地：　国内　　国外

*参观人数：　　人

请完整填写后发送电子邮件至：××××××××××@ qq. com

咨询热线：028-××××××××

（资料来源：成都广告标识产业博览会官网，http://www.adcgo.cn/about-465.html）

案例点评：

观众邀请函是办展机构根据展会的实际情况编写的、用来进行展会招商的一种宣传文案。观众邀请函是专门针对展会的目标观众，尤其是那些专业观众而发送的。观众邀请函是展览会的主办者招商文案的具体表现，在范例编写过程中始终体现展览会组织者真诚邀请专业观众参加展览会的意愿，同时对于专业观众参会的形式等进行明确告知，并设计回执单，对专业观众进行登记、审核、统计等，观众邀请函在编写过程中，一定要简明扼要、表达清晰，使目标群体一目了然。

(2) 观众邀请函的基本内容

①展会的基本内容。展会基本内容包含展会名称和LOGO、举办时间、举办地点、办展组织机构、展会优势及其他情况简要介绍。

②展会招展情况。展会招展情况主要涉及展会展出的展品范围、展出新产品及展会招展情况。可以突出介绍知名参展企业。

③展会期间计划举办的相关活动。为了更好地吸引观众的参与，需介绍展会期间计划举办的相关活动的时间、地点。

④参观回执表。为了让观众可以方便地进行预先登记，参观回执表需要标明参观申请人的信息和联系方式。

⑤联系方式。需要写明组织机构联系人相关联系方式。

(3) 观众邀请函的结构和写法

观众邀请函通常由标题、称谓、正文、落款和发文日期四个部分构成。

①标题。观众邀请函的标题通常由展览会名称加上"观展邀请函或观众邀请函"组成。

②称谓。观众邀请函的称谓写明邀请对象的单位名称或个人姓名，姓名前冠以敬辞。

③正文。观众邀请函的正文。

④落款和发文日期。落款写主办单位或组委会的名称。

2. 参展商邀请函

(1) 概念

参展商邀请函具有邀约的性质，邀请特定的法人、组织或个人的参展商进行参展。参展商邀请函可以通过官方网站、公众号等媒体方式发布，也可直接向目标客户发放邀请函，两种方式同时使用，可以取得较好的效果。

(2) 展商邀请函的基本内容

针对参展商，主办方会提供详细的招展函，所以参展商邀请函的内容会简略很多，一般包含前言（背景介绍），展会基本情况介绍（时间、地点、组织机构等），收费标准，参展方法，联系方式等部分。

(3) 参展商邀请函的结构和写法

参展商邀请函通常由标题、称谓、正文、落款和发文日期五个部分构成。

①标题。参展商邀请函的标题通常由展览会名称加上"参展邀请函"组成。

②称谓。参展商邀请函的称谓写明邀请对象的单位名称或个人姓名，姓名前冠以敬词。

③正文。参展商邀请函的正文。

④落款。落款写主办单位或组委会的名称。

⑤发文日期。

思考分析：2021年中国国际婴童用品展览会｜CKE中国婴童展参展邀请函

展会名称：2021年中国国际婴童用品展览会｜CKE中国婴童展

举办时间：10月19—21日

所属行业：婴童用品

展馆：新国际博览中心

地址：上海市浦东新区龙阳路2345号

展示规模：220 000平方米，展商2 500家，品牌5 000个，专业观众90 000人

所用展厅：W1~W3馆

同期展会：CLE中国授权展、CTE中国玩具展、CPE中国幼教展

主办机构：中国玩具和婴童用品协会

参观费用：免费（仅限16岁以上专业观众）

展会简介：

CKE中国婴童展是全球领先的婴童用品商贸平台，以国际化、高品质、全渠道享誉亚洲，集中展示全球新产品、新技术、新设计及新趋势，助力企业对接代理商、批发商、母婴连锁店、百货商场、超市卖场等，助力企业领先竞争对手，拓展更多优质合作伙伴，挖掘新的业务方向与商机。

区别于同类展会，CKE同期举办CTE中国玩具展、CPE中国幼教展、CLE中国授权展，四展同台，是亚洲区域唯一覆盖-1~14岁所有孕婴童相关全品类的展会。CKE不仅提供B2B贸易洽谈机会，还为优质品牌搭建了B2C的互动体验平台，通过与消费群的互动，感受产品特点，增强品牌认知。

CKE展会优势：

知名国际大牌首选参展

国内优秀企业悉数到场

高品质多渠道买家无一缺席

加入CKE，共享协会更多资源

CSI认证供应商体系，助力抢占全球市场

助力好产品品质体验

趋势发布，推陈出新，树立行业发展风向标

多元化媒体推广，大数据时代引领行业风潮

产区政府首选支持，最强产区阵容集体亮相

专业化邀请，推动企业高质量发展

365天数字化对接，全年随时拓展新客户

四展同台，全产业链一站式采购

消费群体互动体验，增加品牌传播

展示范围：

婴儿推车、汽车安全座椅、儿童自行车及三轮车、学步车、电动车、滑板车、卫浴产品、洗护喂养、家具、服装鞋帽及配饰、低幼玩具、食品等。

参展费用：

标准展位：1 555元/平方米，最小12平方米；

光地展位：1 400元/平方米，最小48平方米。

（资料来源：中华网，https://henan.china.com/sh/2021/0112/012021_140695.html）

思考：

以上参展商邀请函包含哪些部分？根据所学知识点评下这份邀请函。

［范例3-2］ 成都银杏酒店管理学院 2022年“智汇天府”公共招聘校园行暨2023届毕业生秋季空中双选会参展邀请函

尊敬的用人单位：

首先感谢您对我校毕业生就业工作的大力支持和帮助！目前，根据教育主管部门关于在新型冠状病毒防疫期间的相关指示精神，我校今年开启空中双选会服务，以保证各用人单位秋季校招需求，现诚挚邀请您来参加。现将有关事项安排如下：

双选会时间

举办时间：2022年10月24日—10月31日

报名时间：2022年10月11日—10月23日

活动主题：就业服务进校园 精准帮扶在身边

线上平台：成都银杏酒店管理学院就业网

参与对象：成都银杏酒店管理学院2023届毕业生及往届离校未就业毕业生。

组织机构

（一）主办单位：四川省人力资源和社会保障厅、教育厅。

（二）承办单位：省人才交流中心、省高校学生信息咨询与就业指导中心、省人力资源服务行业协会、成都银杏酒店管理学院。

（三）网站平台：四川人才网（www.scrc168.com）、四川省大学生信息咨询与就业创业服务网（jyzdzx.scedu.net）、各市（州）公共人才和就业网。

注册和报名参会方式

用人单位报名，请登录：

http://jy.gingkoc. edu. cn/Chuangye/detail. html? id = 2757a963 - e6ef - 1173 - 400b -629b51e52026

点击右上角“单位登录”按钮进入用户登录及注册页面。（见图3-4）

图3-4 成都银杏酒店管理学院官网

报名时请提交企业介绍和招聘岗位信息；如您在招聘过程中遇到困难和问题，请致电就业创业中心：胡老师、朱老师028-8797××××

参会要求

为保障双选会运行秩序和应聘学生合法权益，本次活动拒绝传销招聘、虚假招聘、委托招聘。参会单位应严格遵守国家相关法律、法规，规范招聘行为，不得以任何形式向毕业生收取任何费用。如有违反者，主办方将取消其招聘资格，并将依法追究其责任。

成都银杏酒店管理学院

2022年10月11日

（资料来源：成都银杏酒店管理学院官网，http://www.gingkoc.edu.cn/）

范例点评：

上述邀请函是针对所有有意愿参加双选会活动的企业发出的邀请函，属于普泛邀请函，内容包含活动组织单位、举办的时间、地点、报名参会流程等内容，信息齐全；标题、称呼、正文、署名、日期等格式规范、得体，是一篇好的范文。

（三）专项邀请函

1. 专项邀请函概念

专项邀请函是针对特定邀请对象，如领导、嘉宾等制定的活动邀请函。

2. 专项邀请函内容和结构

（1）信头。信头标注发函单位的全称。

（2）标题。标题可用“活动名称+邀请函”，或者“邀请函”三个字。

（3）称呼。称呼的写法分为两种，如果是发给公司的，称呼一般写“公司全称”即可；如果是发给个人的，通常为“敬语+姓名+后缀”，敬语如：尊敬的，后缀如：先生、女士等。

（4）正文。正文需要对邀请事项进行说明。首先，一般要交代活动的背景、目的。其次，注明具体活动，如：活动时间、地点、名称等。再次，写邀请语，如：特此邀请您参加。最后，可以写上敬语，也可以省略。

（5）落款。落款注明举办单位，并盖章，写明具体的邀请时间。

案例3-5：邀请函

尊敬的____先生/女士：

××××××展览会由国家级行业协会和××××协会主办，是商务部批准的“中国”字头××展会。展会定位是“国际化、品牌化、专业化”，“论坛研讨+精准对接+趋势引领+跨界融合”四位一体，是引领行业产品趋势、传播先进幼教理念、推动行业全产业链健康发展的领先交流平台。

本次展会计划于10月19日—21日在××××博览中心举办，您是该行业的专家，长期以来我们都非常仰慕您在行业中的成就和影响力，我们诚邀您作为展会的特邀嘉宾参加展会。如蒙惠允，不胜感激，静待您的回音。

此致

敬礼

××××××展览会组委会

20××年×月×日

案例点评：

这篇邀请函主要针对展会嘉宾，字数虽然不多，但是重点突出，表述清楚。

第三节　参展申请表与确认书

一、参展申请表

（一）参展申请表的概念

参展申请表（亦称展位预定函或参会确认书），是由主办单位进行设计和发出，需要参展单位填写、签字、盖章，在规定时间寄回，是参展单位向主办单位或组委会提交的申请参展和租赁展位的正式文件，是具有合同效力的参展协议文件。

（二）参展申请表的内容

（1）参展单位基本情况。参展单位基本情况通常包括参展单位公司全称、地址、邮编、联系人信息、公司官网、企业介绍等。

（2）展区类别及展品，需要由参展单位进行填写或选择。

（3）租赁展位的数量、规格、展位费等。

（4）提交申请表的方式和截止时间。

（5）备注条目。需要备注说明的事项。

（6）其他，如汇款方式、展位搭建要求、广告项目等。

思考分析：2024 年第七届中国国际进口博览会参展申请表

1. 咨询电话：+86-21-96××××

2. 请申请人完整、准确填写本申请表并于签字、盖章后发送至邮箱 exhibition@ciie.org。收到贵司有效申请表后，我们会与申请人进一步沟通，如申请人通过审核，我们将及时告知。

3. 带 * 的项目为必填项。

展会申请表如表 3-4 所示。

表 3-4　参展申请表

展会时间：2024 年 11 月 5—10 日 丨 展会地点：国家会展中心（上海）				
* 单位名称（全称）	中文		* 国家/地区	
	英文		城市	
* 企业地址				
* 邮政编码			* 联系人	□女士　□先生
* 电话			职务	
* 手机			传真	
* 电子邮箱			公司官网	

表3-4(续)

＊企业介绍： (注册时间、行业优势、人员规模、生产经营状况、自有品牌或授权代理品牌介绍等)	
参展展品/服务信息	
＊展品/服务类别 (至少选一项)	□技术装备 □消费品 □汽车 □食品及农产品 □医疗器械及医药保健 □服务贸易
展品/服务名称 (选填)	
＊申请人申请： □ A. 标准展位____个（3 000 美元/个或人民币 21 000 元/9 平方米） □ B. 创新孵化专区标准展位____个（仅限种子期、初创期、成长期企业报名，450 美元或人民币 3 150 元/4.5 平方米） □ C. 光地____平方米（最少租用 36 平方米） □ 室内（330 美元/平方米或人民币 2 310 元/平方米） □ 室外（220 美元/平方米或人民币 1 540 元/平方米） ＊2024 年 1 月 31 日（含）之前签订《参展合同》，可享受 10%优惠，创新孵化专区除外。 ＊申请人提交完整、有效填写并经盖章、签字的申请表，视为申请人确认参展，如主/承办方审核通过，申请人应于收到通知之日起 10 日内与承办方签订《参展合同》，实际参展面积、展区、参展费用等均以《参展合同》为准。如因申请人原因未能如期与承办方签署《参展合同》，视为申请人放弃参展，承办方不予保留相关的展位、参展面积等。 ＊如申请人未通过审核，恕不另行通知。	

申请人（盖章）：

法定代表人 / 授权代表（签字）：

申请日期：

（英文申请表略）

（资料来源：进博会官网，https://www.ciie.org/zbh/index.html）

思考：

参展申请表应该包含哪些内容？2024 年进博会参展申请表有什么特点？

（三）参展申请表的结构

（1）标题。参展申请表的标题可以由“展会名称+参展申请表”“展会名称+参展回执”或“展会名称+参展注册申请表”几种形式构成。

（2）正文。正文宜采用表格形式方便参展商进行填写，表格设计应注意排版清楚，条目应完整、整体设计应大方、美观。

（3）落款。包括申请人签名或单位全称、盖章及填表日期。

二、参展确认书

（一）参展确认书的概念

参展确认书（亦称参展确认函或展位确认书），是指展会主办机构在审核通过企业或机构提交的参展申请后，以书面形式正式授予其参展资格并核准展位使用权的文件。

（二）参展确认书的内容

参展确认书通常以信函的形式写作，包含：

（1）参展企业的名称。

（2）参展企业详细信息和预订展位信息。

（3）展会时间、地点及布展要求。

（4）其他事项。

（三）参展确认书的格式

（1）标题。标题通常由“展会名称+参展确认书”“展会名称+参展确认函”或“展会名称+展位确认书”构成。

（2）称谓。称谓需要写清楚对方公司名称。

（3）正文。正文写作时需要描述参展确认书发出的目的，既可以采用一段话的形式把对方需要确认的信息描述清楚，也可以采用存根的方式确认对方展位和公司的信息。正文最后需要对对方表示感谢和祝愿。

（4）落款。落款包括主办方或组织者盖章及日期。

［范例3-3］　20××第十四届电视购物博览会参展确认书

TO：（先生）Fax：

20××第十四届电视购物博览会参展确认书

尊敬的××××客户：

您好！欢迎参加“20××第十四届电视购物博览会”，贵公司申请的展位已经组委会确认，届时请按时报到。具体参加事项请遵照大会的展场管理规定及20××第十四届电视购物博览会招商书及参展商须知的有关细则执行。在此预祝贵公司展出成功！

展位确认书存根

参展公司楣板名称：　　展位号：　　日期：

公司地址：　　联系人：　　手机：

邮件：　　联系电话：　　传真：

展览地点：××市××展览中心2号馆首层

报到地点：××市××展览中心白云厅

布展时间：3 月 9 日（11:00—17:00）（特装另加 3 月 8 日下午 1 点至 5 点）

展会期间：3 月 10 日—11 日（09:00—17:00）

电视购物高峰论坛：3 月 9 日（14:00—17:30）

参展须知（略）

20××第十四届电视购物博览会委会

联系人：××

手机：135××××××××

20××年×月×日

范例解析：

参展确认书需要包含标题、称谓、正文和落款，该份参展确认书内容完整，格式正确。

第四节　参展商服务手册

一、参展商服务手册含义和内容

（一）参展商服务手册的含义

参展商服务手册（参展说明书、展览手册、参展指南）是由办展机构进行编写的，汇集展览会中展览基本信息、服务项目及参展注意事项等内容的文件。编写目的一方面是使参展商和展会的相关人员清楚地了解展会的情况，提前熟悉如参展规则、搭建要求、运输指南等，能够有效地帮助参展商完成展览前的必要准备工作，另一方面参展商服务手册也是办展机构实施现场服务和管理的纲领性文件。

（二）参展商服务手册的主要内容

1. 展会基本情况介绍

展会基本情况介绍对展会名称、主题、背景、办展背景做总体性概括介绍。

2. 展会时间安排

参展商需要明确展会具体时间段的安排，所以需要详细说明展会各个时间阶段，包括展台搭建时间、展览时间、撤展期、重要活动时间等，在进行时间安排时，需要具体精确到“小时”“分”。

案例3-6：第十九届中国西部国际博览会时间安排表

第十九届中国西部国际博览会时间安排表如表3-5所示。

表3-5　第十九届中国西部国际博览会时间安排表

日期	6月25日	6月26日—28日	6月29日—7月2日	7月3日
时间安排	特装展位搭建材料卸货时间：08:00—18:00（该时间段仅允许材料卸货，施工搭建需办理加班手续）	参展商报到领证及正式布展时间：09:00—18:00（28日主要为展品布展时间）	展览展示时间：09:30—17:00 参展商入场时间：09:00—16:30 观众入场时间：09:30—16:00	展览展示时间：09:30—14:00 参展商入场时间：09:00—13:30 观众入场时间：09:30—13:00 撤展时间：展会结束后至4日12:00
备注	1.所有展位在正式布展时段外，如需进行施工布展，须至现场服务处办理加班手续方可继续施工；6月23—24日8:00—18:00，可以办理加班搭建。2.开展期间，参展商每日9:00入场，负责各自展位展品安全；3.具体时间以组委会现场通知为准。			

（资料来源：西博会官网，http://www.wcif.cn/）

案例点评：

以上材料来自第十九届中国西部国际博览会参展商手册时间安排，可以看出，与展会开放时间不同，参展商需要明确了解展会布、撤展相关时间安排和注意事项，所以，在时间安排排版时，采用表格的形式更加明确和清晰。

3. 展区分布及平面示意图

参展商需要明确展会举办地址、场馆名称以及展区具体分布，以便进行物流和前期搭建，所以在参展商服务手册中，需要详细地说明展区分布情况，尽量使用平面图表示。绘制展场平面图时，需要清楚地标明展馆的具体位置和周边的公路、地铁、铁路等交通情况；在绘制展会平面示意图时，需要标明展区的分布情况、周边服务设施的情况；在绘制布、撤展车辆示意图时，需要标明车辆的行进路线、主办方服务区域所在位置等。

4. 参展规则

参展规则具体包括展位配置（标准展位自行搭建、自行升级、自行搭建并升级要求）、参展单位布撤展流程、证件管理（参展商证分配管理原则、证件办理流程）、管理办法（入场须知、标准展位管理办法、特装展位管理办法、展区管理办法、大件展品管理办法、知识产权管理办法等）。

5. 展位搭装指南

展位搭装指南包括搭建单位布撤展流程、布撤展证件管理（布撤展证办证原则及办证流程）、报馆须知（申报时间、申报内容、申报样本、申办图纸要求）、展位设计与施工规定（结构安全、消防电检安全、施工安全等）及保险细则。

6. 相关费用标准

组织方需要向参展商说明除展位费外会涉及的展会相关费用，包含展会收费标准（报馆费用、加班服务、用电服务、用水服务、网络服务、展具家具租赁服务等）和违反管理规定处理标准。

7. 展会其他服务指南

展会其他服务指南包括主场服务、物流服务、周边酒店和餐饮服务、旅游服务指南等。

8. 相关表格

相关表格包括展区管理规定知情申明、知识产权保护承诺书、标准展位楣板字和搭建信息确认表、展位设计与施工安全承诺书等需要确认的表格。

需要说明的是，不同类型和规模的展会参展商服务手册的内容会有所不同，但是基本内容包含以上8点。

二、参展商服务手册的结构和制作要求

（一）封面

参展商服务手册的封面通常需要包含展会的名称+“参展手册（参展说明书）”、展会的举办时间、地点、logo、主题，如果是国际性展会，还需要中英文结合。

（二）前言

前言言简意赅地说明展会的基本情况、参展手册制作的目的及组委会联系方式。

（三）正文

参展商服务手册代表了展会的形象，通常会以纸质和电子形式发送给参展商，所以在正文制作时通常需要注意设计应该精美、制作应该精良、表达内容需要层次清楚，方便参展商阅读。

（四）附上表格及图片

在参展商服务手册中会涉及表格和图片，说明性的表格和图片可以直接放在文本中进行辅助性说明，让文本图文并茂；实用性表格如各类申报表、承诺书等，需要附在所有内容之后，方便参展商进行填写。

［范例3-4］ 2024××××××博览会参展商服务手册

2024××××××博览会

2024. ×. ×—×　　　×××××会展中心

第一章：展览基本信息

一、展览地点

×××××会展中心 7~9 号馆（地址：××××××××××）

二、时间安排

搭建商报道领取布展证：2024 年 4 月 9 日 14:00—18:00

搭建布展时间：2024 年 4 月 10 日 8:30—18:00

　　　　　　　2024 年 4 月 11 日 8:30—21:00

展出时间：2024 年 4 月 12 日—14 日 9:00—17:30

　　　　　2024 年 4 月 15 日 9:00—16:00

撤展时间：2024 年 4 月 15 日 16:00—21:00

三、展会服务机构

1. 组委会：××××××××××

2. 主场服务商：××××××××××

3. 推荐展品承运商：××××××××××

4. 交通指南（略）

四、相关配套服务

1. 推荐搭建商：××××××××××

2. 展馆周边酒店信息

第二章 参展须知

注意事项

特装进场申报

（一）布展流程

（二）撤展流程

（三）标准展位管理规定

三、空地展位申报材料（略）

四、申报图例（略）

1. 效果图（正面、侧面、俯视）

2. 平面图（平面布局、详细尺寸、防火说明等标注完整）

3. 电路图（灯具布局图、配电系统图）

4. 施工图（各立面材质、尺寸等标注完整）

5. 钢架图（钢材规格、壁厚、连接方式等参数标注完整）

五、通过审核后缴纳相关费用（略）

第三章 布撤展规章制度

本空地展位布撤展施工管理要求依照××××××××××会展中心《布展须知》文件制定。请仔细阅读本规章制度内容，并有义务告知贵单位参与此次展览的相关布展、参展工作人员。本规章制度适用于所有进入展览区域的参展单位、布展搭建商及个人。

（一）总则

（二）入场

（三）消防

（四）展台搭建及拆除

（五）电力配置与安装

（六）高空作业

（七）展位保险

（八）音量控制

（九）注意事项

（十）施工违规处理办法

（十一）车辆安全

第四章 表格及附件

附件一：2024××××××博览会特装展台搭建委托书

附件二：2024××××××博览会特装施工申报表

附件三：2024××××××博览会音量控制承诺书

附件四：2024××××××博览会特装展台施工安全责任书

附件五：2024××××××博览会展台电器申报表

范例点评：

上述参展商服务手册原文共计 35 页，21 000 余字，内容详细，涉及展览基本信息、参展须知、布撤展规章制度及相关表格部分，对于参展商来说，参展商服务手册具有非常强的指导作用，在服务手册的引导下，参展商可以提前做好各项参展相关的工作。

第五节 会展相关活动文案

一、会议

（一）会议议程

1. 会议议程的含义

会议议程是会议最为重要的文件之一，是对会议所要解决问题的总体安排。它涵盖会议的目标、内容、时间及流程，旨在引导讨论、提升效率，避免偏离主题。它既是会议指南，也是参会者的准备依据。

编写会议议程需要注意：

在制定会议议程时要按照议题的轻重缓急编排会议议程：如果次要的议题数量较多且需要花较多的时间讨论研究或会议时间有限，可采取先安排主要议题，再安排次要议题这种方法，以保证开会时与会者头脑清醒，精力充沛，同时也确保有足够的时间研究主要议题。如果次要的议题数量较少，而研究主要议题可能要花较多的时间，可采取先次后主。

制定的会议议程中每一个议题应预估所需的时间并明确地标示出来，让发言者明确发言时间；会议议程需要事先通知与会者，以使其做好准备。

2. 会议议程的主要内容

（1）会议基本信息。该部分需要标明会议举办的时间、地点、组织单位、主题、主持人等基本信息。预备会议通过的议程，需要在标题下面注明通过的时间和会议的名称。

（2）会议内容：正式的会议议程，按照顺序标明各个议题、各议题所需时间、发言人等信息。会议通过后的议程罗列议题即可，不需要罗列会议时间。

3. 会议议程写作结构

（1）标题。标题通常由“会议全称+会议议程”组成。

（2）题注。展示会议基本信息。

（3）正文。会议内容写作可以选择序号方式，即以序号排列会议讨论问题的前后顺序，内容写作应该详细；也可选择时间序号方式，列明每一个会议议题及所需要的时间。

（4）署名和日期。正式的会议议程可以写上会议议程制定的机构及制定的日期。已有题注的会议可以不写署名和日期。

［范例3-5］ 第十四届全国人民代表大会第三次会议议程

（2025年3月4日第十四届全国人民代表大会第三次会议预备会议通过）

一、审议政府工作报告

二、审查2024年国民经济和社会发展计划执行情况与2025年国民经济和社会发展计划草案的报告、2025年国民经济和社会发展计划草案

三、审查2024年中央和地方预算执行情况与2025年中央和地方预算草案的报告、2025年中央和地方预算草案

四、审议全国人民代表大会常务委员会关于提请审议《中华人民共和国全国人民代表大会和地方各级人民代表大会代表法（修正草案）》的议案

五、审议全国人民代表大会常务委员会工作报告

六、审议最高人民法院工作报告

七、审议最高人民检察院工作报告

（资料来源：中华人民共和国中央人民政府，https://www.gov.cn/）

范例分析：

本篇会议议程是一篇非常规范的会议议程，首先结构完整，包含标题、题注、会议内容三个部分；其次采用序号的形式对会议讨论通过内容进行前后顺序的安排，整体非常清晰、明确；最后作为人民代表大会的议程，在议题制定时充分体现出了用词的庄重，如其中提到的“审议”“审查”这两个词语，都符合本次会议的性质。

（二）会议日程

1. 会议日程的含义

会议日程是把会议议程规定的各项活动按单位时间具体落实安排，它不仅细化围绕会议议题的全部活动，还包括会议过程中其他的辅助活动，如聚餐、参观、考察等的安排。

会期满一天的会议都应当安排会议日程。会议日程是表明会议发展的进程，同时也是对完成各项议程、辅助性活动需要时间的预测和必要的限制，以提高会议的效率；会议日程也是会议组织者对会议实施组织、与会者参加会议和人们了解会议情况的重要依据。

2. 会议日程的主要内容

（1）会议基本信息。该部分需要标明会议举办的时间、地点、组织单位、主题、主持人等基本信息。

（2）会议内容与辅助性活动安排。会议日程需要按照时间顺序标明各个时间主办方的活动安排，包含会议中的议题时间，还需要包含辅助活动的时间安排，通常罗列各个环节所需时间、地点等信息。一般采用表格的方式更清晰。

3. 会议日程写作结构

（1）标题。标题通常由“会议全称+会议日程”组成。

（2）题注。展示会议基本信息。

（3）正文。正文写作可以选择表格的形式，写作时需要在表格中标明具体的日期，上午、下午、晚上和每一个会议日程项目具体的时间段和活动安排，做到一目了然；以序号排列会议流程的前后顺序，内容写作应该详细；正文写作也可选择时间序号方式，列明每一个活动所安排的日期、起止时间，以便很好地控制流程的时间。

（4）署名和日期。正式的会议日程可以写上会议日程制定的机构及制定的日期。

案例3-7：20××国际高等农业教育论坛日程

20××国际高等农业教育论坛日程表如表3-6所示。

表3-6　20××国际高等农业教育论坛日程表

时间		内容	负责单位	备注
10月1日下午	14:00—21:00	校内外代表报到	接待组、会务组	“一对一”志愿者接站、会议注册、安排住宿、发放会议资料及餐券
10月2日上午	受邀嘉宾参加校庆典礼，时间、地址见校庆活动方案			
10月2日下午	13:00—13:30	校内代表报到	会务组	会议注册、发放会议资料
	14:00—17:30	论坛开幕式及主题报告（领导致辞5分钟/人，主题报告20分钟/人）	会务组、主持人	1.校领导致辞 2.教育部、农业农村部、科学技术部、中国工程院、国家自然科学基金委领导讲话 3.国内高校校长讲话或报告（3个） 4.国外高校校长讲话或报告（3个） 5.企业家代表报告（3个）
	17:30—18:00	大会全体代表合影	会务组	门口合影
10月2日晚上	18:00—19:30	晚餐	会务组	餐厅
10月3日上午	8:30—11:30	分会场论坛（具体待定）	会务组	分论坛专家组成（人员待定）
10月3日下午	14:00—	大会闭幕式或参会人员校内参观（具体待定）	会务组	
10月3日晚		离会	会务组	

案例点评：

这是一份完整的表格式的会议日程。日程的特色有以下几个方面：①这份会议日程内容详细，包含会议议程及各项辅助活动安排。②采用表格的形式，列明了时间、内容、负责单位及备注，可以使组织者和参加者都明确会议各个时间点的内容，整体非常清楚，表述完整。

（三）会议程序

1. 会议程序的含义

会议程序就是指在一次具体的会议中按照时间先后排列的详细的活动步骤。会议程序可以让与会者了解每次具体的会议活动的内容及时间顺序，同时也是会议主持人掌握会议的操作依据。

2. 会议程序的主要内容

（1）会议基本信息。该部分需要标明会议举办的时间、地点、组织单位、主题、主持人等基本信息。

（2）会议内容：从会议开始到结束的每一个环节需要详细介绍。标明会议各个项目的前后进程。更多的是为主持人掌握会议进程进行提醒。

3. 会议程序写作结构

（1）标题。标题通常由“会议全称+程序”组成。

（2）题注。展示会议基本信息。

（3）正文。正文写作可以选择序号方式，即以序号排列会议流程的前后顺序，内容写作应该详细；也可选择时间序号方式，列明每一个活动所安排的时间，以便很好地控制流程的时间。

案例3-8：20××国际高等农业教育论坛程序

时间：20××年7月5日上午9:00

地点：××××

主办单位：××××　承办单位：××××

签到及自由交流

1. 主持人开场并介绍到会嘉宾

2. 到会嘉宾交换名片

3. 主题分享

（1）主题分享1。

（2）主题分享2。

4. 互动交流

5. 主持人宣布活动结束

案例点评：

这是一份较为规范的会议程序。一方面内容完整，包含标题、题注和内容；另一方面层次清楚，按照序号的形式标明了每一个环节的内容；整个文档排版简洁，易于阅读。

知识拓展3-2：会议议程、日程和程序的联系与区别

会议日程、会议议程和会议程序都是关于会议活动顺序的安排，它们之间的区别在于：会议日程是将包括仪式性、辅助性活动在内的会议各项活动落实到每日单位时间，凡会期满一天的会议都应当制定会议日程；会议议程则是整个会议议题性活动顺序的总体安排，不包括会议期间的仪式性、辅助性活动；会议程序则是会议各项单元性活动的详细顺序和步骤。规模较大、活动较多、会期较长的会议，往往同时制定会议的日程、议程和程序，通常情况下只编制会议日程就可以了。

（资料来源：卢小金. 会展策划（第二版）[M]. 大连：东北财经大学出版社，2012.）

二、开幕式、闭幕式

（一）相关概念

开幕，指表演开始时拉开舞台前的幕，开幕式通常是会展项目开始时具有代表性的仪式。开幕式根据会展项目的规格、性质会有不同的要求，但是开幕式本身代表了一次会展活动的开始，意义重大，需要对开幕式进行单独策划。部分开幕式有固定的内容和流程，如奥运会开幕式，都有运动员入场式、点燃圣火仪式等环节。

闭幕，通常是会展活动结束的正式仪式。闭幕式的氛围通常更加自由、活泼。展会项目的闭幕式会对展会情况进行总结，并安排互动性活动，如第四届中国（宁波）国际航运物流交易会（云展会）闭幕式，安排了表演、晚宴环节，加强嘉宾、参展商和观众之间的交流。

知识拓展 3-3：北京奥运会开幕式精彩瞬间

2008 年的 8 月 8 日 20 时 08 分第 29 届奥林匹克运动会开幕式在北京国家体育场正式开幕。开幕式共有 91 000 多名观众以及多国元首政要参加。典礼由张艺谋担任总导演。开场表演由 2 008 名工作人员打着会发光的缶，缶每被打一次就会发一次光，构成中国及阿拉伯的数字，倒数开幕秒数。倒计时结束，击缶手一边进行表演，一边齐喊孔子《论语》名句“有朋自远方来，不亦乐乎”，作为欢迎仪式。随后由永定门至主会场，沿北京城中轴线连续燃放 29 个脚印造型的烟火，象征“第 29 届奥运会一步一步走进北京”，开幕式正式开始。

开幕式的文艺表演名为《美丽的奥林匹克》，时长约 60 分钟，分为上篇“灿烂文明”和下篇“辉煌时代”两大部分，并以不同的篇目向全球各地展示中国的文化。文房四宝笔、墨、纸、砚，集天地之精华，将中华民族五千年的文明，展现于笔端画卷，凝结成人间瑰宝。之后，中国歌手刘欢和英国著名歌手莎拉·布莱曼演唱奥运会主题曲《我和你》。然后，各国选手按简体中文名称的笔画顺序进场。按惯例，首先进场是希腊，第二个进场的是几内亚，接着其他国家选手陆续进场，最后进场的是东道主中国，由篮球运动员姚明担任旗手。

第二十九届奥林匹克运动会的点火仪式在 23:56 分开始，由第一棒火炬手、著名射击运动员许海峰高举火炬跑步进入运动场，许海峰随后将火炬分别交予高敏（跳水）、李小双（体操）、占旭刚（举重）、张军（羽毛球）、陈中（跆拳道）、孙晋芳（排球）。9 日 0 时，孙晋芳将最后一棒交给火炬手“体操王子”李宁，李宁以钢丝吊至空中，漫步环绕会场一周后点燃主火炬，将全场气氛推向最高潮。国家体育场的圣火燃点后，青岛及香港的场馆也燃点了圣火。造型的主火炬，象征为期 16 日的北京奥运会正式开始。

北京奥运会开幕式是历届奥运会开幕式收视率最高的一届之一，在中国有8.4亿名观众通过电视媒体观看了开幕式，是中国收视率最高的一次电视转播，在美国电视收视率达18.6%，创下纪录，取得了非美国举办奥运会的最高收视人数，在其他国家地区转播的收视率也创造了历届新高。

（资料来源：凤凰网，https://baijiahao.baidu.com/s? id=1641288845484813290&wfr=spider&for=pc）

（二）开幕式、闭幕式策划内容

1. 开幕式、闭幕式活动目的、意义

需要分别说明举办开、闭幕式的目的和意义，在论述中应该和会展活动息息相关，重点说明开幕式、闭幕式举办的意义，可以分别从经济效益、社会效益、媒体效应等方面进行描述。

2. 开幕式、闭幕式活动的时间、地点

要明确罗列出开幕式活动的举办时间和举办地点。

在时间安排上需要遵循“三不宜”原则，即不宜过早、不宜过晚、持续时间不宜过长，因此，大部分展览会都将开幕式的时间定在早上9点左右。

如果是展会，可选择在场馆前广场或临时搭建舞台。室外开幕式需要注意考虑天气状况，做好应急预案。

3. 人员邀请

VIP主要包括政府领导、协会和商会高层官员、公司高层领导、知名学者、重要的赞助商、著名艺人等，有时还会有重要的贵宾，例如国家领导人、各国政要、王室贵族等重要人员。对于重要嘉宾需要事先制订接待计划（例如：同等规格的领导出面接待、餐饮、住宿、家属接待等）。同时做好安全管理。

通常开幕式、闭幕式需要邀请观众和媒体参与，也需要做好观众和媒体的邀请计划。

4. 开幕式、闭幕式流程策划

开幕式程序一般包含：主持人介绍到会的各位嘉宾；致开幕词；有关领导或嘉宾讲话；剪彩；文艺表演；主持人宣布开幕式结束；展会的开幕式可以由工作人员带领，主办方负责人陪同嘉宾入场参观等。部分正式或大型的会展活动开幕式后可以在致开幕词前安排升国旗（会旗）和奏国歌（会歌）的环节。

闭幕式的程序一般包含：主持人介绍到会的各位嘉宾；致闭幕词；有关领导或嘉宾讲话；表演；退场环节。部分闭幕式会安排降会旗、奏会歌、会旗交接环节。

5. 人员安排

人员安排需列出开幕式、闭幕式所需人力数量及具体分工情况。

6. 经费预算

经费预算罗列开幕式、闭幕式活动的各项费用，在根据实际情况进行具体、周密的计算后，用清晰明了的形式列出。

7. 活动中应注意的问题

活动中应注意的问题：内外环境的变化，不可避免地会给方案的执行带来一些不确定性因素，因此，当环境变化时是否有应变措施，损失的概率是多少，造成的损失有多大，应急措施等也应在策划中加以说明。

8. 活动负责人及主要参与者

该部分注明组织者、参与者姓名，嘉宾、单位（如果是小组策划应注明小组名称、负责人）。

（三）开幕式、闭幕式策划书写作要求

1. 封面

封面应该写清楚策划方案的名称、策划组及公司名称，如有会展活动 logo 也应附在封面。

2. 方案名称

尽可能具体地写出开幕式策划名称，如“××开幕式策划书”“××闭幕式策划书”，方案名称位于页面中央，也可以写出会展项目正标题后将此作为副标题写在下面。

3. 抄送机关

直接上报上级审批的开幕式、闭幕式方案需要写清楚主送机关。如果是提交给委托者的则不需要写抄送机关。

4. 正文

按照开幕式的内容依次写清各个部分。注意写作的内容应该完整，突出重点，层次清楚。

案例 3-9：开幕式策划

1. 开幕式的目的

更好地宣传与开展首届商品展销会，为商品展销会的开展营造良好的气氛，增强同学们的交流合作，活跃校园的文化氛围，丰富同学们的课外生活。

2. 开幕式的时间

20××年 5 月 20 日上午 09:00

3. 开幕式地点

××职业学院操场

4. 主办单位：××职业学院团委

协办单位：××职业学院旅游管理系

5. 开幕式简要流程

08:30—09:00 做好嘉宾接待

09:00—09:30 礼仪小姐带领领导、嘉宾入席

09:30—09:35 主持人宣布开始，介绍嘉宾与商家

09:35—09:40 开场舞蹈

09:40—09:50 院领导致辞

09:50—09:55 由主持人宣布北海职业学院首届商品展销会正式开幕，同时礼炮打响

09:55—10:05 请院领导嘉宾上台剪彩，剪彩完之后放鞭炮声的音乐

10:05—10:10 请领导嘉宾合照留念

10:10 开幕式结束，领导观众进入会场

案例点评：

该开幕式策划书有如下问题：①名称不完整。开幕式策划书的名称应该包含本次展会的名称，所以标题应该改为“首届校园商品展销会开幕式策划书”。②内容不完整。开幕式策划书应该是指导后期各个参与部门开展工作的，所以应该罗列清楚分工安排、财务预算、现场布置和突发事件应急预案。而本开幕式的策划缺乏基本构成部分。

案例3-10：展览会开幕式方案

一、时间

20××年5月1日

二、地点

亚龙湾海滩

三、主持人

××（××电台新闻主播）

四、组织单位

主办：××市人民政府（代表人员）

承办：××市旅游局（代表人员）

五、主要程序

8:00 大会工作人员、礼仪人员就位，进行各项准备、查验工作，各展台参展人员入场；

8:10—8:30 领导、贵宾及媒体记者等入场、签到；

8:50—9:00 引导参加开幕式的领导、贵宾步入主席台；

9:00—9:20 主持人宣布开幕式开始，介绍与会领导、贵宾、媒体；

9:20—9:40 领导致开幕辞；

9:40—10:00 ××市政府代表；旅游局代表致辞；

10:00—10:20 领导宣布“××国际摄影节”正式开始；

10:20—10:25 在音乐声中，主持人念倒计时，致辞嘉宾做开幕剪彩；

10: 30—10:35 展会正式开始，引导出席开幕式的领导、贵宾、媒体等步入展会；

10:40 开幕式结束，观众入场，展览正式开始。

六、会场布置及其他

背板与地台搭建：（按设计方案实现）展板设计数量、面积及摆放位置；

接待安排：（具体摆放安排由会展工作人员负责）贵宾签到台、签到簿准备，贵宾签到迎接；礼仪人员沟通与安排；

主席台前设安全警戒线；

绿植安排、音响系统布置与调试（控制台、音箱、麦克摆放及布线安全等）；

由专人负责整体协调现场工作；

合作媒体摄影、摄像机位安排；

铺设红色地毯（主席台）、摆放音响设备；

相关物料准备：

签到台：桌花、桌布、签到簿、签到笔、剪刀，迎宾礼仪小姐（数量视贵宾人数定）；

主席台：音箱、话筒、绿植若干（用于主席台前）、礼花炮等。

七、主要分工

总指挥（1人）：全面负责活动过程中的执行、实施、管理、公关协调、重要来宾接待等事宜。

现场协调（1人）：配合现场活动的实施、公关、来宾接待等事宜。

总务管理（1人）：负责礼品、物品的管理，车辆的调度，午餐的安排等事宜。

来宾接待（2人）：负责来宾接待、礼品发放等事宜。

现场礼仪（4人）：负责剪彩托盘、派送宣传彩页及小礼品，拟邀请石油馆礼仪人员。

现场秩序管理（6~8人）：负责现场公众秩序，防止意外事故发生。

八、预算（略）

九、突发事件预案（略）

案例点评：

本篇开幕式策划方案的优点在于内容较为完整，层次较为清楚；缺点在于标题不完整，缺乏开幕式的目的和意义。

案例3-11：闭幕式策划书

一、活动名称

××2020年学生社团联合会活动月闭幕式

二、活动背景

随着社团发展论坛的到来，为展示××本色，把丰富多彩的校园生活向公众展示出来，特开展此次联合会活动月。活动月素来有着深厚的文化底蕴，而活动却是缺少不了的元素。××大学学生社团联合会将在本学期开展活动月活动。本次活动月的主旨在于活跃各学生社团的气氛，使更多的学生能够参加到社团的活动中，让每个大学生找到属于自己的亮丽舞台，发挥个性特长，得以超越自我。

三、活动目的

活动顺利开展，既展现××大学学生社团联合会的风采，让全校师生充分了解××大学学生社团联合会及各学生社团，也展现××学生的青春风采，赢得各种好评。

四、活动时间、地点

1. 时间：2020年5月15日晚上19点整（暂定）

2. 地点：××大学二校区篮球场（暂定，取决于天气因素）

五、主办单位

共青团××大学委员会

六、承办单位

××大学学生社团联合会

七、参与对象

××大学全校师生

八、活动内容

1. 5 月 15 日 19 点整，各社团到达指定位置。

2. 嘉宾讲话。

3. 开场舞表演，表演完毕主持人出场。

4. 主持人宣布酒会开始，全体干杯，街舞社领舞，带动现场气氛。

5. 互动小游戏。

6. 抽出 10 对幸运观众上场带动，比谁跳得好。(评委可现场组织，随意抽出 5 人。) 选出舞王舞后，赠予奖品，其余 9 对赠予小礼品。

7. 大家一起跳兔子舞。

8. 主持人总结，宣告闭幕式结束、活动月结束。

九、经费预算(略)

十、活动注意事项

1. 是否有抽样调查参与人员的满意度及建议、意见，为下次活动月的开展做铺垫。

2. 是否有媒体报道，以此扩大学生社团联合会的影响力。

3. 务必召开发布总结会，宣告活动圆满结束。

十一、应急预案（列举)

(一) 制定预案目的

1. 确保本次活动期间不发生影响活动有序进行的事端。

2. 确保本次活动期间现场不发生意外的事故。

3. 确保参加本次活动人员的安全。

(二) 突发情况（部分列举)

1. 音响不到位，话筒不够或者丢失。

2. 宣传片、音乐等不到位。

3. 其他影响节目有序进行的突发情况，如表演者的迟到，主持人的大型口误，节目间的衔接过长等。

4. 活动现场人员出现不满情绪。

5. 嘉宾未能按时出席或者出席时间不是所预料的情况。

6. 现场秩序混乱，观众过少。

(三) 事故处理

1. 现场维护秩序的有关人员立即到达相关岗位，采取相应的应对措施。

2. 参与活动的各部门和个人都应当服从现场维护秩序人员所做出的决定和命令。

3. 活动事故发生后，在进行事件调查和现场处理的同时，如出现受伤人员，及时送医院。

4. 活动组织者要维持现场秩序，采取疏散、隔离等措施，加强纪律管理。

(四) 注意事项

1. 事件第一发现人应及时向活动负责人汇报，并随时与上级保持密切联系。

2. 对于各类突发事件，应迅速判断事件性质，根据事件性质，及时向部长汇报。

3. 活动负责人要及时做好整个活动的调度和控制，稳定好现场的秩序。维护秩序人员不得擅自脱离岗位。发生事故，及时各就各位，负责安全出口的疏散工作，避免发生拥挤踩踏事故。

4. 对于出现的突发情况予以解决，并提高警惕性，防止同类事件的重复发生。

案例点评：

该篇闭幕式的策划内容层次清楚，策划的内容围绕活动主题进行，在文案写作中，标题应写完整，活动内容是其中最为核心的部分，在具体活动的罗列上可以把每个环节的时间加上。

三、比赛策划

（一）比赛策划的注意事项

比赛是指主办方经过前期策划、有序组织，参赛者在统一规则下进行的竞技比赛活动。在会展活动进行的过程中，举办比赛活动，能够达到吸引观众、扩大会展活动影响的目的。在进行比赛策划时，需要围绕会展活动的主题进行关联性策划。

在对比赛进行策划时，应该做到：

第一，有一定的创新力。比赛是会展活动重要的补充，需要根据会展活动的特征来进行比赛的策划，所以在进行比赛策划时，在比赛的形式、组织等方面应该有一定的创意性。

第二，有较强的吸引力。评价比赛是否是成功举办要看比赛是否吸引客商参加、是否吸引合作伙伴参与举办、是否吸引媒体关注赛事。只有一举三得，方可体现赛事活动对于营销展会的价值。

第三，有专业的公信力。比赛应该做到公平、公正、公开，提前制定规范规则，进行客观公正的评选。

（二）比赛策划内容

1. 比赛的意义和目标

在进行会展活动的过程中，举办比赛活动，需要在策划比赛与会展活动中，说明举办比赛需要达到的目的和意义。如 2021 年春季糖酒会期间最重磅的清酒 100 清酒大赏比赛活动面向高速发展的清酒市场，目标是在推广日本清酒文化的同时，迅速建立影响力，覆盖全国核心经销商和关键渠道，助力获奖清酒有效巩固既有市场，通过巡展渗透挖掘新机会。第 34 届成都国际珠宝首饰展览会中设置的 2020—CDZBZ 蓉城第三届创意大师珠宝首饰设计大赛为设计师和珠宝企业沟通搭建桥梁；宣扬珠宝文化，传承珠宝理念。比赛不断创新，为珠宝行业角逐出优秀的设计专才；为有梦想的，有才华的设计师们提供展翅的舞台。创造新趋势，进而推动珠宝首饰产业的创新发展。通过成都国际珠宝展的平台，积极构架设计人才与社会企业、独立工作室等之间的行业桥梁，促进珠宝设计交流，让珠宝设计人才与企业更好地融合。

2. 比赛的时间、地点、主办单位

策划比赛活动举办时间和举办地点。会展活动中所策划的比赛通常将举办的时间安排在会展活动进行周期中，地点也安排在会展活动举办的地点。如第 34 届成都国际珠宝首饰展览会举办的时间是 2020 年 5 月 28 日—31 日，而设置的 2020—CDZBZ 蓉城第三届创意大师珠宝首饰设计大赛决赛举办时间是 2020 年 5 月 28 日，举办地点就在珠宝展现场。

部分比赛需要进行前期的征稿，所以时间往往需要分成几个阶段，如初选阶段、评比阶段、决赛阶段，在进行策划的时候需要注意明确时间周期。如2023成都创意设计周中金熊猫天府创意设计奖的比赛进程分成作品征集截止时间：发布之日—2023年10月9日；初评阶段：2023年10月11日—14日；公布初评：2023年10月16日；入围作品寄送：2023年10月17日—30日；终评：2023年11月4日—5日；颁奖典礼：2023年11月9日；优秀作品展：2023年11月9日—12日。

3. 评委构成

比赛为保证公平性和权威性，评委构成非常重要。评委一般由行业中的知名学者、权威专家构成。如金熊猫天府创意设计奖的比赛的评委包含中国艺术研究院院长、中国工业设计学科学术带头人、艺术博物馆馆长、国家游泳中心（水立方）中方主设计师等国际知名设计大师。

4. 比赛规则

比赛规则是由赛事组委会制定的，受到行业认可、作为参赛者需要去严格遵守。不同类型的比赛规则会有很大的区别，但是比赛规则一经制定、公布后一般不能进行变动。

5. 奖项设置

奖项是吸引参与者参加的重要因素，主办方在进行比赛策划时需要明确奖项的数量和奖励的具体标准。

6. 人员安排

比赛文案中需要列出比赛所需工资人员的数量和人员具体分工情况。

7. 经费预算

比赛文案中应该以清晰明了的形式罗列比赛活动所需要的各项费用支出。

8. 比赛中应注意的问题

内外环境的变化，不可避免地会给方案的执行带来一些不确定性因素，因此，当环境变化时是否有应变措施，损失的概率是多少，造成的损失有多少，应急措施等也应在策划中加以说明。

9. 比赛负责人及主要参与者

比赛文案应该注明组织者、参与者姓名、单位（如果是小组策划应注明小组名称、负责人）。

（三）比赛策划写作要求

1. 封面

封面应该写清楚比赛策划方案的名称，策划组及公司名称，如有会展活动logo也应附在封面。

2. 方案名称

尽可能具体地写出比赛策划名称，如“××比赛策划书”，置于页面中央，也可以写出会展项目正标题后将此作为副标题写在下面。

3. 抄送机关

直接上报上级审批的比赛方案需要写清楚主送机关；如是提交给委托者的则不需要写抄送机关。

4. 正文

按照比赛的内容依次写清各个部分，注意写作中内容应该完整，突出重点，层次清楚。

案例3-12：20××年银杏文化旅游节系列活动
——“四川十大历史文化名人”汉赋唐诗诵读比赛策划案

一、比赛主题

“读唐诗宋词，诵十大名人”。

二、比赛背景及目的

1. 背景

以贯彻中共中央办公厅、国务院办公厅印发的《关于实施中华优秀传统文化传承发展工程的意见》精神为核心，充分挖掘“历史名人”的育人功能，通过与“四川首批十大历史文化名人”相关的古诗词，教育引导大学生了解名人精神的丰富内涵，感受名人精神的伟大魅力，学习名人精神的时代内涵，最终达到树立远大志向，规范行为习惯，提高自身素质和修养的目的。

2. 目的

借助学院旅游系举办的文化旅游节活动，让学生通过古诗词走近名人、认识名人、学习名人、感悟名人、追赶名人、争做名人。了解名人生平事迹，学习名人高尚的道德情操、无畏的浩然正气、勇敢的探索精神、顽强的奋斗意志和锐意进取的崇高品质，使学生在学习中不断完善自我，纯洁心灵，健全人格。在名人精神的感召下，树立远大理想，培养热爱科学、探求真理、报效祖国的感情，培养创新精神和实践能力，以名人言行作为人生道路的指引灯。

3. 比赛时间

比赛时间如表3-7所示。

表3-7 比赛时间表

提交作品时间	4月18日—5月6日
初赛评比时间	5月7日—5月10日
初赛结果公布时间	5月10日
决赛时间	5月15日 14:00—17:00

4. 比赛地点和组织单位

决赛地点：成都银杏酒店管理学院A1119。

组织单位：主办单位——成都银杏酒店管理学院旅游管理系。

承办单位：旅游管理系团委、学生会、青协，银杏文旅会展工作室。

5. 参赛要求

（1）比赛参与学生：全院学生。

（2）参赛作品自选，选取一首四川首批十大历史文化名人所作或与其相关的古诗词等作品均可参赛。朗诵时长不超过4分钟。

对参赛选手的要求：普通话标准，语音规范；声音洪亮，口齿清楚；语言流畅，感情真挚；把握作品基调准确，流畅完整；富有舞台感染力和表现力；参加决赛的选手，参赛作品一经报送组委会不可更换。

(3) 作品要求。

初赛：参赛选手通过录制视频的方式上传作品，作品统一于5月6日22:00前上传到会展工作室的邮箱。视频内容为：参赛选手选择“四川十大历史文化名人”其中一位的古诗词，通过自己的方式用视频将这首古诗词表达出来（例如朗诵、表演、歌唱、动态文字图片等）。

决赛第一轮：参赛选手以图片、视频或者文字的形式，做与“四川十大历史文化名人”古诗词相关的PPT，进行背景现场讲述和朗诵，要求脱稿，每位选手讲解不超过5分钟。

规则：10位晋级选手依据提交作品的时间长短的顺序，依次从抽签箱里抽取一张纸条。箱里放有10张纸条，上分别写有“四川十大历史文化名人”其中五人的名字。抽中相同名人名字的选手进行比赛。现场票数高者晋级。一轮比拼完毕，晋级五人。

决赛第二轮：晋级的五位选手进行四川名人知识问答抢答竞赛。

规则：二十道题每题五分，答对得五分，答错或者不抢答不得分。最后依据分数高低选定一等奖1名、二等奖2名、三等奖3名，同时根据现场投票评选出最具人气奖1名。

(4) 奖品设置。

本次大赛共设置一等奖1名、二等奖2名、三等奖3名，以及最具人气奖1名。为得奖选手发放相应证书及礼品。

6. 比赛日程及组织安排

(1) 前期准备（4月10日—4月15日）。

落实宣传所需的海报、横幅、公众号相关宣传软文、报名表的准备情况，合理安排人员，并实施宣传计划，各部门与其他部门对比赛应给予相应的支持与帮助。

(2) 组织大赛报名（4月16日—5月2日）。

将参赛名表提交至相关负责人员。通过宣传海报上或者宣传人员进入班级宣传时留的活动官方QQ群号，加群并填写报名表，填写后发送到官方指定邮箱。

7. 宣传方式

(1) 通过海报、横幅、手机社交软件宣传。

(2) 通过视频的方式宣传。(视频要求：要求录制不同的学生、老师朗诵古诗词的场景，以及网上一些大型朗诵的视频，统一制作成视频，在各个寝室门口电视屏幕上进行宣传。)

8. 初赛

初赛时间：5月7日—5月10日。

评选方式：微信公众号投票。所有参赛作品全部提交结束后，邀请专业评委投票。从高到低选出前10个作品入围决赛。

初赛结果将于5月10日22:00在银杏文旅官方公众号和活动官方QQ群里公布。

9. 决赛

决赛时间：5 月 15 日 14:00—17:00（暂定）。

决赛地点：A1119。

评选方式：邀请专家进行现场评分，评选出一、二、三等奖。同时根据现场投票评选出最具人气奖。

决赛结果公布：凡是进入决赛的选手，比赛结束后，现场评出名次并获得奖品。通过银杏文旅会展工作室公众号和银杏文旅公众号进行展示。

10. 人员分工安排

外联部人员分工安排如表 3-8 所示。

表 3-8 外联部人员分工安排表

时间	事项
3 月 30 日之前完成	制订拉赞助计划
3 月 30 日—4 月 28 日	拉赞助时间
4 月 10 日—5 月 15 日	记录赞助使用情况

宣传部人员分工安排如表 3-9 所示。

表 3-9 宣传部人员分工安排表

时间	事项
4 月 10 日之前完成	制订宣传计划，设计宣传海报和横幅，预先写好推文
4 月 10 日—4 月 15 日	落实海报和横幅的制作情况
4 月 16 日—5 月 2 日	扫班宣传，每周发 2 次推文，介绍“成都十大名人”及活动
5 月 4 日—5 月 7 日	写好大赛视频投票微信软文和投票预热推文
5 月 10 日前	预先写好初赛结果的推文，并提醒选手决赛的时间和地点
5 月 10 日 22:00	发布初赛结果
5 月 13 日	发布决赛预热推文
5 月 15 日	决赛拍照，记录决赛结果
5 月 18 日	发布决赛结果推文

现场部人员分工安排如表 3-10 所示。

表 3-10 现场部人员分工安排表

时间	事项
4 月 10 日—4 月 15 日	帮助宣传部落实海报和横幅
4 月 16 日—5 月 2 日	协助宣传部扫班，配合宣传活动，设计决赛横幅
5 月 6 日—5 月 13 日	与行政部落实好嘉宾人数和教室的借用，采买和准备决赛所需的物品，落实决赛横幅
5 月 15 日	布置会场，检查设备，充当礼仪

行政部人员分工安排如表 3-11 所示。

表 3-11　行政部人员分工安排表

时间	事项
4 月 10 日—4 月 15 日	撰写 QQ 空间活动介绍推文
4 月 16 日—5 月 2 日	保管好宣传海报和横幅，拟定嘉宾名单，制作并发送好嘉宾邀请函，并落实嘉宾名单
5 月 6 日—5 月 12 日	通知现场部嘉宾人数，并制作嘉宾签到表和选手签到表

策划部人员分工安排如表 3-12 所示。

表 3-12　策划部人员分工安排表

时间	事项
4 月 10 日—4 月 15 日	撰写报名表，撰写比赛规则文案
4 月 16 日—4 月 18 日	确定收视频的邮箱
4 月 19 日—5 月 6 日	制订决赛策划方案
5 月 7 日—5 月 10 日	采买奖品

11. 奖品以及经费预算

奖品以及经费预算如表 3-13 所示。

表 3-13　奖品以及经费预算表

项目	物品	数量/个	价格/元
宣传费用	海报	2	100
	宣传横幅	1	30
现场布置费用	矿泉水	8（暂定）	16
	决赛横幅	1	30
	嘉宾座位牌	8（暂定）	40
奖品费用	观众小礼物	—	200
	嘉宾礼物	8（暂定）	240
	选手奖品	—	1 000
其他	—	—	300
总计			1 956

案例点评：

此次比赛方案是围绕文化旅游节系列活动所策划的，内容基本完整，分工和时间安排都比较详细，需要注意：在描写时间的时候，应该加上年份；在描述比赛规则的时候，语句还不够精练，部分内容表达有重复的地方。

第六节　会展宣传推广文案

展会宣传推广是会展策划和营销工作的一个重要环节，对会展项目的发展有重要的影响。一般而言，展会宣传推广是指展会整体的宣传推广，是围绕展会基本目标制定的、有目的、有计划举行的一系列促进招展、招商和建立会展形象的宣传推广活动。展会的招展宣传推广和招商宣传推广既可以独立进行，也可以包含在展会整体宣传推广计划中。在会展业的实际操作中，展会招展宣传推广和展会招商宣传推广，常常是按实际需要分别做计划，然后再与展会整体宣传推广进行综合协调，最后融入展会整体宣传推广方案里统一实施。在进行展会宣传推广方案计划时可以将多种宣传推广方式组合安排，从而达到展会宣传目的并获得良好效果。

一、会展宣传推广文案的概念与特点

会展宣传与推广是展会的整体宣传推广计划，在整个会展策划和营销工作当中起重要作用，对展会的发展也有重要影响。会展的宣传推广根据目的不同可以分为招展宣传推广和招商宣传推广，这两者既可以独立进行，也可以包含在会展整体宣传推广计划中一起进行。但是在实际的会展业操作中，会展招展宣传推广和会展招商宣传推广常常是按实际需要分别做计划，然后再与会展整体宣传推广进行综合协调，最后融入展会整体宣传推广计划里统一实施。

会展宣传推广工作可以被称为展会的“GPS（全球定位系统）”，对展会各方面都有非常重要的影响，对于很多客户来说，会展宣传推广工作是他们认识和了解展会的重要途径之一。正是因为会展宣传推广工作的重要性，在大多数的展会上都会有专门的人员来负责相应的宣传推广工作。会展宣传推广肩负的任务多、工作量大，是一项非常复杂的工作。为了避免出现差错，需要负责此项工作的人员了解会展宣传推广计划的特点。一般来说，会展宣传推广工作具有以下五个特点。

（一）全面性

会展宣传推广的任务涉及多个方面，贯穿于整个会展活动，不同于会展招展宣传推广和会展招商推广，会展宣传推广是一种全面的宣传推广工作，服务于整个会展活动。会展宣传推广的任务主要有以下六个方面：

（1）促进会展招展。

（2）促进会展招商。

（3）建立会展的良好形象和创造会展竞争优势。

（4）会展筹备。

（5）协助业务代表和代理机构顺利展开工作。

（6）指导内部员工如何对待客户。

会展宣传推广工作要求工作人员从会展的全局和整体利益的角度出发，制定合理有效的宣传推广方案，避免出现顾此失彼的情况。

（二）阶段性

会展宣传推广的六项任务不是同时进行的，而是伴随着会展筹备工作的进展和实际需要分步骤、分阶段逐步实现的。比如一般在会展筹备工作的前期，会展工作的重心会更偏向于会展招展和会展招商工作；在会展筹备工作的中期，客户接待工作和会展形象的树立显得格外重要。由此可见，会展宣传的阶段性很强，会展工作进展到什么阶段就进行什么样的会展宣传工作，任务目标是清晰明确的。

（三）计划性

因为会展宣传推广工作具有阶段性强、任务多的特点，所以在会展筹备初期就需要对会展的宣传工作进行认真细致的规划。在规划的过程中需要综合考虑各项会展筹备工作对宣传推广方面的需要，在必要的时候为会展筹备工作提供强有力的支持。

（四）协作性

会展宣传需要借助多种媒体、多种渠道的力量对某一目标进行多方面、多角度的宣传，每一种不同的媒体和渠道都有不同的受众，需要投入不同的资金，产生不同的效果，这就要求会展宣传工作在时间上保持统一，根据不同的宣传内容选择不同的媒体宣传渠道，只有各媒体、各渠道协调一致，会展宣传推广对于会展发展的促进作用才能得到最大的发挥。

（五）服务性

会展业本身隶属于第三产业——服务业，展览本质上就是一种服务。会展只是各种会展服务的有形体现，如果抛开了服务，会展本身对于参展商和观众而言并没有多大的意义。会展提供的服务包括但不仅限于贸易成交、信息交流、商品展示等，这是参展商和观众参加会展想要享受的服务项目，如果他们不能通过会展满足他们获取服务的需求，会展对于参展商和观众而言就形同虚设。也正是这些服务项目共同构成了会展，使得会展具有了对于观众和参展商的吸引力。所以，会展宣传推广的最终目标是宣传和推广会展的各种服务。

二、会展宣传推广的方式

会展宣传推广往往是将会展的招展宣传推广和招商宣传推广纳入会展宣传推广计划中，由负责宣传推广的部门来统一制定和实施。针对不同类型的展会，展会宣传与推广的重点不同，比如商业性展会宣传的重点在于展会的主旨和效果，文化性展会宣传的重点在于展会的定位和档次。小型展会特别是短期展会宣传的重点是时间、地点等与展会直接相关的信息，大型展会尤其是长期展会宣传的重点则在于展会的主题及相关活动。

在目前常见的会展宣传推广当中，以下六种方式是比较常见的：

（一）新闻发布会

新闻发布会是政府或某个社会组织定期、不定期或临时举办的信息和新闻发布活动，直接向新闻界发布政府政策或组织信息，解释政府或组织的重大政策和事件。

新闻发布会通常有正规的形式，符合一定的规格，根据发布会所发布的内容精心选择召开的时间和地点；邀请记者、新闻界（媒体）负责人、行业部门主管、各协作单位代表及政府官员参加，实现了时间集中、人员集中、媒体集中，通过报刊、电视、广播、网站等大众传播手段的集中发布，迅速将信息扩散给公众。

新闻发布会通常由新闻发言人自己主持，即承担发布会活动中的新闻发布、点请记者提问、回答问题等所有环节的工作。对于会展业来说，新闻发布会是目前使用最为广泛的宣传推广方式，所发布的信息内容都是本展会最新发生或公众所关心、应当知晓而尚未知晓的事件、情况、政策、立场和观点。新闻发布会最突出的特点就是新闻性，如果新闻发布会不具有新闻性，发布会就变得毫无意义。同样新闻发布会还必须注意时机与主题，一般来说，会在会展举办前一个月或两个月左右举办新闻发布会，而新闻发布会的主题应集中、单一，不能同时发布几个不相关的信息。

（二）会展报道

会展报道是指通常发布于专业报刊、网站、广播电视等媒体上，有关会展活动的消息、报道、特写以及相关图片和评论等。一般来说，在媒体上发布的会展报道由会展的主办人员负责撰写，也会由记者或者专业人士撰写发表，发表这类报道，成本较低，甚至有的是免费的，但是却具有良好的宣传推广效果。发布会展报道可以视作会展的隐形广告，其传达的信息易被大众接受。

案例3-13：怎样让会展报道创新出彩

“如果一个城市开国际会展，就好比有一架飞机在这个城市上空撒钱。”这是一位德国经济学家对会展经济所做的生动比喻。伴随着中国经济的崛起，中国会展业正以前所未有的速度迅猛发展。与此同时，会展新闻也成为各类媒体报道的重要内容之一。

会展新闻的常规写法是报道领导活动和展商情况，采写动态消息和现场新闻。如何跳出常规，把会展新闻写好、写活、写出彩？这需要媒体人创新报道手法，在可读性上下功夫，让读者既看得懂又愿意看；从展馆现场找亮点，从人物身上找新闻，让新闻读起来鲜活又生动；从数字中找规律；透过现象看趋势，反映行业发展现状与趋势。

在可读性上下功夫 让语言“美”起来

可读性，指新闻便于阅读、吸引读者的特性。要把会展新闻写“软”写“活”，写得具有可读性，就要求记者能够用鲜活的文字对会展现场进行“还原”。因此，记者在使用新闻写作手法的同时，也要恰当使用文学的表现手法，如运用比喻、拟人、排比等修辞手法，使用描写、抒情等写作手法，增加会展报道的文采，增强会展报道的可读性。

记者朱玲在参加第61届法兰克福书展时，写过一篇报道《2 500平方米展出“中国印刷史”》。报道开头是这么写的：

“世上竟有如此山水：一张长约39米的宣纸，蜿蜒成‘山’；1 100个大型木活字，堆砌成‘池’；池水约20平方米见方，不断有墨‘滴’入水，由浓转淡；水墨交融时，一个个汉字浮现……这，便是第61届法兰克福书展主宾国主题馆；它，以‘中国’命名。2 500平方米的中国主题馆，成就了本届书展上的最大亮点，也成就了中国出版印刷史最大规模的一次海外展示。”

在记者笔下，中国主题馆宛如一幅壮观的山水画，宣纸为山，木活字为池，池中水墨交融。比喻和数字的运用，散文化的笔法，让场景在读者眼前活起来。报道不仅表现出浓厚的文学色彩，也蕴含着深厚的文化气息。这篇报道，既让那些没能亲临现场的读者有身临其境的感觉，也让那些到过现场的读者能读出更多更深的内容。

从展馆里找热点 让现场“动”起来

“好新闻是用脚底板写出来的”“记者要有一双善于发现新闻的眼睛”，老记者们常常用这些话来教导后辈，这两句话同样适用于会展报道。会展通常会有若干展馆，展览面积达几万平方米。如何在偌大的展馆、类似的展品中发掘亮点？这就需要记者有双好脚板，即多跑；有双好眼睛，即多看。在发现新闻后，记者还要能以受众的身份，带着好奇的眼光，认真细致地描述现场的亮点和故事，这样才能写出鲜明生动、现场感强的会展报道。

记者孙雪梅、胡笑红的报道《服务贸易就在每个人身边》，盘点了第二届京交会上展示的五种离老百姓生活“很近”的服务贸易，包括可以随时监控校车行驶状况的校车电子监控系统，能在几秒钟之内帮司机找到爱车的智能停车系统，站上去握住两个手柄就能测定人体脂肪重量和肌肉量的仪器，能够打印象棋的3D打印机，以及能够和兵马俑互动的数字动画等。记者通过现场体验的细节描写、观众和展商的对话，为读者再现了京交会现场的亮点，让新闻变得可触、可感。

从数字里找规律 让新闻“活”起来

在会展及相关论坛上，特别是在成就展上，通常会披露出各种各样的数字。记者在做会展报道时，要把理性的数字变成感性的认识，让抽象的数字变成具化的生活画面，让枯燥的数字变得鲜活生动。记者不光要让数字具体化，还要通过数字来反映全局、揭示规律。这就要求记者加强分析判断能力，要能够从宏观和全局的高度来谋篇布局。

记者王斯敏写的《看，共和国成长的刻度——通过数据看“辉煌六十年”成就展》，是对中华人民共和国成立60周年成就展的报道。记者巧妙地通过4组数据，反映了重大新闻主题——新中国成立60年来的巨大变化与成就。文章用4组数据作为小标题：从35岁到73岁——让人民享有更长久的寿命，从100元到15 781元——让百姓过上更富足的生活，从0.07万元到4 200万元——让科教为新中国插上腾飞之翼，从315种到1 943种——让精神世界永远“艳阳天”。每个小标题都用两个具体可感的数字，反映了60年的发展变化。每个小标题下，又有一组更详细的数据，同时辅以对现场展品的描写、对观众的采访，以此揭示60年来人民生活的变化、收入的增长、科教的兴盛和文化的辉煌。

透过会展看趋势 让思维“转”起来

因为会展业与经济发展息息相关，所以会展通常被称为经济发展的晴雨表、行业发展的风向标。从这个意义上来讲，会展报道不应只是现场亮点的描写和动态消息的发布，从会展管窥经济发展冷与热，透视行业发展问题与趋势，是会展报道的应有之义。

记者杨旭在对2012年伦敦书展的报道《国际书展，展书更要卖书》中，在描写中国出版社参展热、输出热的同时，也从热闹的表象下提出若干需要出版界冷静思考的问题：参加国际书展能否等同于走出去？国内出版社应该如何更理性地看待、更科学地利用国际书展？同时通过被采访人之口，做出了对这些问题的部分解答。比如，提出书展应该从“展书”转变到“卖书”，将大部分展位留给洽谈席；考核出版走出去时，无须追求连年增长，而应给深度输出以充分的空间；走出去最好不要抱着强“塞”优秀文化的心态，而应该通过更有效的沟通和交流把握外国读者的心理。

（资料来源：百度文库，https://wenku.baidu.com/view/5cfc2b95a68da0116c175f0e7cd184254a351b73.html?_wkts_=1743935236636&bdQuery=怎样让会展报道创新）

案例点评：

这个例子告诉我们，一个记者要报道好会展，不仅要多跑、多看，还应多思、多想。记者要善于从会展上发现问题、总结规律、探讨趋势，让读者不仅看了“热闹”，还能有所启发和思考。

（三）发布广告

广告既是会展宣传的重要方式，也是吸引目标观众的主要手段之一。会展广告的范围可能覆盖已知的和未知的所有目标，观众既可以将展出情况传达给直接联络所遗漏的目标，也可以加强直接联络的效果。一般来说，会展广告可以在专业报纸杂志、大众媒体、网站户外媒介、包装媒介上发布，相比于会展报道来说，广告是覆盖面最广，也是最昂贵的会展宣传手段，因此对广告安排要严格控制，广告的内容需要遵循广告的基本要素，确保所发布的广告具有明确的主题，突出广告产品的优点，标题富有创意，广告口号响亮有力。此外，平面广告需要图文并茂生动具体，媒体广告需要具有创意，引发观众思考。同时，发布广告选择合适的媒体也是非常重要的，不同的媒体针对不同的消费对象，如果媒体的对象是展出者的目标观众，那么这种媒体的选择便是合适的。比如针对消费性质的展出来说，选择大众媒体诸如大众报刊、电视、电台等，有助于扩大会展的影响力，吸引更多的潜在观众；如果是专业性质的贸易展出，那么专业领域内的期刊、报纸等是更好的选择。

（四）直接邮寄

直接邮寄是指会展主办机构将会展宣传单、会展说明、观众邀请函等会展宣传材料直接邮寄给客户。这种方式具有比较强的针对性，而且具有较高的效率，在宣传推广方面的效果比较明显，是会展宣传推广常用的方式之一。

（五）公共关系

会展活动是参展商塑造自身形象，寻求更多商机的活动。公共关系是组织机构与公众环境之间的沟通与传播关系。参展商通过会展活动这一平台与公众进行信息交流，从而获知其需求，进而了解市场。参展商与公众双方可以借助会展活动这一立体化的平台，实现全方位、多方面的互动与沟通，最终完成产品的推荐与销售，服务的推行与接受。比如，中国国际进口博览会组委会召开了十几场新闻发布会，介绍博览会组织与招商工作进展，促进了公众对主办方和项目的认识理解与支持，促进了展会销售，同时也树立了良好的组织形象，建立了公众信任度。

（六）全面推广

全面推广分为三种形式，第一种是面向国内外的办展机构、各行业协会或商会的推广。除此之外，国际组织外国驻华机构、政府主管部门和合作机构也是大型国际展览会的主要推广目标。第二种是会展有关工作人员对相关机构和重要客户的直接拜访，可以通过电话、传真和邮件等手段进行联络。这种方式可以和客户一对一进行直接沟通，有助于更好地了解客户的需求。第三种是根据媒体和渠道的不同，分别制订不同的执行计划，比如利用平面媒体进行广告推广，利用电视、电台、报纸等传统媒体进行推广，以及运用网络直播、微信推送等新媒体手段进行推广。

三、会展宣传推广方案内容

会展宣传文案包含以下三方面主要内容。

（一）背景介绍

背景介绍对会展所举办的时代背景、该行业的发展情况以及会展的主办、承办单位做一些简单的介绍，使公众对会展有一个大概的认识。

（二）正文

在正文中不仅要点明会展宣传推广计划的举办时间、地点和主题，而且需要明确此次策划方案所针对的活动对象，即哪些人是宣传推广的首要目标，哪些人是次要目标，做到主次分明。接着，对此次宣传推广活动的重点部分进行详细明确的介绍，包括活动的步骤与阶段、费用预算等。对于宣传推广方案的正文写作，主要分为三步：

（1）明确宣传推广的目标。在写作会展宣传推广方案时，一定要明确该方案的主要目标是什么。通常来说，企业策划宣传推广活动，其期望达成的目标，有提高交易额、扩大知名度或树立企业品牌形象等。对于会展宣传推广活动而言，以上这些目标并非一蹴而就，而是具有一定的阶段性，在不同的阶段，他们的主要任务是不同的。比如在会展筹备期的宣传推广，主要侧重于通知并邀请老顾客和潜在客户的参与上。在会展中需要运用各种营销策略，提高展会成交额或者扩大企业知名度。如案例中自然堂在美博会上的宣传推广目标就是“扩大营销网络和渠道，寻找更多的代理商和加盟商，提高市场占有率”。

（2）选择宣传推广工具。综合考虑企业的宣传推广目标和目标消费者的偏好，选择合适的宣传推广工具。比如在案例当中，使用的宣传推广工具包括：微信公众号、巨幅广告、宣传册、真人T台秀等。

（3）明确了宣传推广目标和主要采用的宣传推广方式后，可以根据会展宣传推广方案的结构，对宣传推广方案的细节进行补充说明。

宣传推广方案的结构包括：

①活动目的，即宣传推广的目标。宣传推广的目标不宜制定过多，企业所能调动的资源是有限的，会展举办的时间也是有限的，与其制定过多的目标，导致每个目标的完成度不高，不如专注在2~3个目标上，以获得更好的效果。在写作宣传推广目标时，应以简短的语言指出此次活动的大致方向，而不需要给出过于具体的数据和细节。

②活动对象。明确活动的对象是全部的参观者还是特定的潜在客户，哪些人是宣传推广的主要目标？哪些人是次要目标？如案例自然堂的宣传推广目标是吸引更多的代理商和加盟商，因此，在活动对象的选择上以“有一定规模的营销商和微商”“有正规资质的美容机构”“致力于创业的代理商和加盟商”为主。但是美博会是一场综合性展会，也会有普通观众前往参观。因此，对于自然堂展位的工作人员来说，需要分清哪些是专业观众？哪些是普通观众？针对专业观众开展营销推广工作是重中之重。

③活动主题。根据宣传推广的目标和市场竞争的情况确定活动的主题。活动主题的策划，避免带上过多的商业色彩，应从宣传推广目标的角度出发，重点宣传展会或者参展商能为其客户带来什么。如自然堂宣传推广活动主题“中国梦 · 你的梦 你值得

拥有美丽人生”主题词与社会热词“中国梦”相结合，能够得到一定的关注度，同时又点明自然堂致力于帮助消费者创造美丽的人生，实现自己的梦想。这个梦想既可以是代理商或者加盟商创业的梦想，也可以是消费者想要变美的梦想。

④活动内容。活动内容是整个方案的重点部分，包括具体的活动流程和宣传推广工具的选择。观众参加展会所接收到的信息非常复杂，大量的信息难以在短时间内进行处理，所以活动内容需要尽可能保持少而精，简单易懂，不要太过复杂。自然堂以“关注微信公众号领取礼品”可以吸引大量观众，与其建立联系，后续这些观众可以通过微信公众号获知企业的相关信息；再发放印有地图的宣传册，延长了宣传册保留在观众手中的时间；针对现场签约客户提供优惠折扣，可以有效地提高成交量等。

⑤活动的前期准备。活动前期准备包括人员安排和物资准备。在做人员安排的时候要做到分工明细，落实到人。物资准备要做到事无巨细，确保万无一失。

⑥活动中期操作。活动中期操作主要是活动秩序和现场的控制。由展会现场的工作人员做好观众的人流疏导，确保展位顺畅有序，做好客户接待工作。

⑦活动后期操作。活动后期操作主要是对客户进行跟踪回访。对于在会展现场建立了联系的客户，可以在展后进行深入拜访来挖掘新客户，维护与老客户的关系。

⑧费用预算。费用预算指对整个宣传推广方案做出费用预算，确保活动顺利进行，同时留出一定数量的备用金，以防意外情况的发生。费用预算一般以表格的形式体现。

（三）方案效果预测

这是对所策划的宣传推广方案实行之后产生的影响进行一个预测，可以对观众的反应、参展商的反应进行一个大概的猜想，也是为后续对会展宣传推广方案的评估与反思设立一个标准。

四、会展宣传推广文案写作要求

（一）标题

会展宣传推广方案的标题通常由“会展项目名称+宣传推广方案”构成，如《自然堂展销会宣传推广方案》。

（二）正文

开头部分用一段文字简要介绍展览会的名称、主办者、历史成果和当前背景，引出下文。由于需要介绍的内容较多，主体部分应采用序号加小标题的形式逐项表述。在结构形式上也可以采用通篇（包括开头）都采用序号加小标题的体例。在费用预算部分可以采用表格的形式进行列举，清晰明了。

（三）方案效果预测

可以采用小标题的形式对预测目标进行列举。需要注意的是，如果在撰写该文案时没有进行科学的数据分析，应尽量避免在预测中给出具体的数据。

［范例3-6］ 自然堂展销会宣传推广方案

1. 会展分析

中国国际美博会创办于1989年，已成功举办了43届。从2016年起，每年三届，3月、9月在广州·中国进出口商品交易会展馆举办，5月在上海·国家会展中心（虹桥）举办；年展览面积达71万平方米，已跃升为国际专业展览会，日化线、专业线、供应线，全产业链涵盖。会展共吸引了来自中国大部分省份以及亚洲、欧洲、美洲、大洋洲等国家和地区的企业参展。此外，美容美发专业培训学校、专业媒体、各地的商会和协会等也到会宣传，中国国际美博会已成为中国美容行业权威的信息资讯交流平台。正因为中国国际美博会的影响力大，辐射范围广，伽蓝股份有限公司旗下的自然堂品牌才决定参加20××年中国国际美博会，以此来寻找更多的代理商和加盟商。

2. 会展宣传推广目标

扩大营销网络和渠道，寻找更多的代理商和加盟商，提高市场占有率。

3. 活动主题

中国梦·你的梦，你值得拥有美丽人生！

4. 活动对象

（1）有一定规模的零售商及微商。

（2）有正规资质的美容机构。

（3）致力于创业的代理商及加盟商。

5. 活动内容

（1）关注微信公众号领取礼品一份。观众现场用手机扫描自然堂的微信公众号，并添加关注，将关注结果给工作人员查看后，就可以免费获得精美的自然堂护肤品一份。在会展期间，每天送出100份，先到先得，送完为止。

（2）向观众派发精美宣传册一份。主动向路过展位并将眼光停留在展位3秒以上的观众派发自然堂精美宣传册一份，询问其需求并耐心解答疑问。为了避免很多观众将手册随手丢弃，造成浪费，可在宣传册上印上展馆示意图及休息区路线图。

（3）向留下资料的意向客户赠送高档礼品一份。推销员将有意向了解自然堂合作项目的观众引入商务洽谈区，对其详细简练地讲解相关合作信息，并邀请意向客户留下企业及个人信息及联系方式，然后赠送一份自然堂高档礼品一份。

（4）折扣及付款优惠。对于现场能签约的客户，将享受合同金额九折的折扣优惠。现场全额付款的客户，将享受八五折的折扣优惠。

（5）免费试用及体验。根据客户的个人肤质，为其推荐适合的护肤系列，同时可邀请其免费试用和体验产品效果，在客户体验期间，有针对性地向其介绍合适的项目。

（6）真人T台秀。在展位正中间的位置布置一个小型的T台，请3~4位模特进行自然堂产品T台秀展示。上午两场，下午两场，每场秀30分钟。设置真人T台秀的目的是吸引人流。

（7）创业分享晚宴。在会展结束的当晚，举行一个创业分享晚宴，邀请所有的意向客户参加，同时邀请跟自然堂合作得较好的客户，如通过自然堂项目创业成功的客户来分享他们的成功经历。新老客户可以进行一个深入的交流，感受自然堂项目的潜力和魅力。这对于新客户而言更具说服力，从而有利于提高签约率。

（8）巨幅广告。在展馆外及展馆内醒目的地方，横挂巨幅广告，吸引观众的注意力。

6. 活动前期准备

（1）宣传册的设计及制作及印制份数的确定。

（2）精美礼品 300 份，高档礼品 150 份，做好礼品包装。

（3）自然堂试用装产品若干。

（4）巨幅广告四幅。

（5）确定 T 台模特人员。

（6）创业晚宴邀请函 100 份。

（7）确定推销员人数及名单。

7. 活动中期控制

（1）会计人员做好礼品物资的发放及清点工作。

（2）市场经理做好观众的人流疏导工作，确保展位顺畅有序。

（3）市场经理做好推销员安排和协调工作，确保对客户接待不怠慢。

8. 活动后期跟踪

（1）项目经理做好会展物资的清点及回收工作。

（2）市场经理做好意向客户的资料收集工作。

（3）对于合作意向比较强的客户，进行会展后跟踪拜访工作，争取签单。

（4）对于关注了微信公众号的观众，定时向他们发放一些自然堂合作资讯。

9. 费用预算

费用预算如表 3-14 所示。

表 3-14　费用预算表

序号	项目内容	单价/元	数量/份	金额/元
1	自然堂宣传册	5.00	400	2 000.00
2	巨幅广告	150.00	4	600.00
3	精美礼品	10.00	300	3 000.00
4	高档礼品	30.00	150	4 500.00
5	自然堂试用装	100.00	5	500.00
6	模特人员薪酬	150.00	9	1 350.00
7	创业分享晚宴邀请函	5.00	100	500.00
8	其他			2 000.00
9	合计			14 450.00

10. 效果评估

（1）通过真人 T 台秀、巨幅广告及宣传册的发放，三管齐下吸引观众，聚集人流，扩大意向客户的搜索范围。

（2）通过折扣优惠，可以提高现场签约率，目标签约率可达 35%。

（3）通过创业分享晚宴，巩固老客户，发展新客户，保证参展目标的实现。

（资料来源：钟燕萍，黄慧群. 会展营销实训［M］. 北京：机械工业出版社，2017.）

范例点评：

这篇宣传推广文案在开篇介绍了展会的相关背景信息，使读者对展会信息有了基本的了解。在正文部分，介绍了本次宣传推广的目标“扩大营销网络和渠道，寻找更多的代理商和加盟商，提高市场占有率”，并据此明确了此次宣传推广的对象为“有一定规模的零售商及微商”“有正规资质的美容机构”“致力于创业的代理商及加盟商”，文案的写作目的一目了然，后续的活动安排基于宣传推广对象的特征进行设计。按照时间顺序对活动进行安排，使得文案具有较强的逻辑性和专业性。在撰写会展宣传文案时，费用预算大多以表格的形式展现，给人清晰明了的感觉。在文案的结尾，对方案的效果进行了合理的预测，需要注意的是，如果在撰写该文案时没有进行科学的数据分析，那么应尽量避免在预测中给出具体的数据。

第七节　会展广告文案

广告是为了某种特定的需要，通过一定形式的媒体，并消耗一定的费用，公开而广泛地向公众传递信息的宣传手段，其英文 advertising 原义为“注意”“诱导”，即“广泛告知”的意思。在各行各业的商品售卖当中，广告是比较有效的促销手段之一。近代以来，随着会展业的兴起和发展，会展广告在会展招商、招租等方面起到了非常重要的作用。会展广告的主要载体是各种媒介，可以对人员推销造成的空缺和不足进行补充和强化，会展广告是非常有效的会展相关营销推广工具。

一、会展广告的种类

会展广告的种类，可以从两个方面来进行划分，如果按照会展广告的投放方式来划分，可以分为电话、邮寄邀请函、电子邮件、电台电视台、门票、建立相关会展网站、公共场所、会展现场八个种类；按照会展广告的制作目的来划分，可以分为招展招租广告、招商广告、参会参观广告、征集广告、形象广告、综合性广告六种。以下将对会展广告的种类进行比较详细的介绍。

按照会展广告的投放方式来划分：

（一）电话

打电话给重要的目标客户是非常直接的会展广告手段，但是要注意打电话需要简短，一般通话时间应该控制在 3 分钟以内，打电话的主要目标是邀请重要目标客户来参加会展活动。但是电话广告比较费时，一般来说，企业会对潜在的目标客户进行一个筛选，给最有可能成为现实客户的人打电话，从而扩大会展的参与度和影响范围。电话广告只是一个敲门砖，更准确地说，是会展主办方诚意的一种体现。在现在这样一个快节奏的社会，以打电话的方式进行广告投放是一种很费时的方式，如果是由会展主办单位管理层级比较高的员工电话拜访，能让目标客户感到自己被重视、被尊重，从而留下非常深刻的印象，让目标客户知道有这样一个会展活动正在期待他的参与。

（二）邮寄邀请函

邮寄邀请函也是针对重要目标客户的一种广告促销手段，作为会展企业来说，平时需要注意收集整理和归档客户的基本信息，并做好存档工作，当有合适的会展项目举办的时候，可以根据客户信息管理系统当中的地址，邮寄邀请函，请他们参展或观展。

（三）电子邮件

电子邮件一般用于联系一般目标客户，电子邮件比较简单快捷，对于会展项目相关的客户可以采用群发电子邮件的方式，简洁快速地传达会展活动的相关信息，有兴趣的参展商可以通过直接回复电子邮件进行参展报名。

（四）电台、电视台

利用电台和电视台这样的大众媒体吸引潜在的目标观众也是常用的广告促销手段之一。进入 21 世纪以后，电台已经逐渐被边缘化，电台听众一般为出租车司机及乘客，其影响力较为有限。而电视的受众面比较广，投放广告的影响力也会比较大，一般常见的电视广告投放于家用电视和移动电视，移动电视分布于配备了移动电视终端的公交系统，如地铁、公交车、出租车、轻轨、火车等。就广告的投放成本而言，电台成本比较低，而电视台因其受众广，成本较高。

（五）门票

与邮寄邀请函类似将门票赠送给重要的目标客户，也是一种行之有效的邀请方式。有时候门票也可以与邀请函一同寄出，并附上会展的相关介绍以及一些知名度较高的确定参展的参展商名录，对于一些摇摆不定未确定参展的参展商而言，是比较有效的刺激手段。

（六）建立相关会展网站

在互联网时代，人们已经习惯通过搜索引擎去搜索自己想要获知的信息。因此，建立相关的会展网站发布确实可靠的官方信息，能够让潜在的目标客户更好地了解会展的相关情况。在网站上，可以针对参展商、观展者、媒体以及相关赞助者设置不同的入口链接，方便访问者快速搜寻到自己需要的信息。在网站上还可以发布会展简介、相关活动介绍、招展招商联系方式，可以通过文字、图片、视频等多样化的手段，帮助网站访问者了解会展的相关信息。

案例 3-14：第二届中国食品工业品牌博览会网站上发布的展会介绍

中国食品工业品牌博览会是首个国家级食品工业全产业链的综合性博览会。第二届中国食品工业品牌博览会于 2024 年 9 月 26 日至 9 月 28 日在山西省太原市潇河国际会展中心隆重举办。本届博览会以“食品安全与健康生活”为主题，旨在集中展示中国食品工业的最新成果，推动品牌建设和产业发展，促进国内外食品工业的交流与合作。

本届博览会在良好的行业背景下应运而生，展会理念“新视界、新起点、新融合、新业态”，主题“智变新食代”意在打造一个从原辅料到产成品、从技术到装备、从线上到线下的全食品工业展示平台。凝聚覆盖农、林、牧、副、渔，种植、养殖、原材料，糖、酒、饮料、食品添加剂、罐藏食品、乳制品、焙烤食品、生物发酵等深加工产品及仓储、冷链、物流等食品全业态产业的产品、技术、装备。展馆目前规划了食品技术装备馆、食品综合品牌馆、液态食品品牌馆、天府庙会展区，汇聚国内外优秀食品工业产业链企业，展示食品工业从原材料优选、食品加工、技术装备升级换代、产学研成果转化、国内国际市场开拓等方面实现产业联动。同时按照食品行业产业链的延伸布展，展示食品工业体系全貌，旨在加快推动食品工业转型升级，加快企业科技创新，促进行业持续健康发展，打造品牌化、产业化、国际化、市场化的食品工业盛会。具体参展办法如下：

一、展览会日期

1. 2024 年 9 月 23—25 日厂商入馆布展。

2. 2024 年 9 月 26—28 日客商入场参观洽谈、采购订货。

3. 2024 年 9 月 28 日 15:30 以后撤展。

二、品牌展示

（一）N1 名酒馆

全国名优白酒、啤酒、黄酒、果酒、露酒、烈酒及米酒品牌及供应链等相关企业。

（二）N2 清香型酒类专馆

国内清香型白酒酒类企业及供应链等相关企业。

（三）N3 锦绣太原馆

山西太原名优特色食品相关企业。

（四）N4+N5 食品饮料馆

乳制品：液体乳类、乳粉类、炼乳类、奶油类、干酪类、乳脂肪类等；烘焙食品、生物发酵、休闲、儿童、方便、航空食品等；水和饮料：矿泉水、苏打水、碳酸饮料、奶制饮料、果汁饮料、茶饮料、功能性饮料等；茶叶：各类红茶、绿茶、黑茶、白茶、黄茶、清茶以及各类咖啡等相关企业。

（五）健康饮水馆

国内知名矿泉水、苏打水、纯净水等相关健康饮水品牌企业。

（六）N6 调味品专馆

调味品：酿造类调味品、腌菜类调味品、鲜菜类调味品、干货类调味品、水产类调味品、其他类调味品。

餐饮食材预制菜：即配、即烹、即热、即食的食品。包含安全食品、功能食品、生态食品、未来食品。

肉制品：中西火腿、家禽类食品、火腿肠、常温肉制品、休闲肉制品等。

蛋制品：干蛋品、湿蛋品、冰蛋品、腌制蛋品、蛋品饮料、新风味蛋品、新工艺蛋品等。

综合：各种面粉、各类食用油、五谷杂粮、土特产品等。

（七）C1 醋产业及醋文化展区

全国名优醋品牌企业及醋文化相关企业等。

（八）C2 特色产业集群+乡村振兴及生态农业展区

特色食品产业集群、乡村振兴生态农业特色农产品及农副产品加工及其相关企业，城市展厅、食品专业镇、食品名县、地标性食品、名优特新食品、乡村振兴扶持食品等。

（九）S1+S2 食品包装机械专馆

酒瓶、盖、盒、酒具、包装材料、整厂解决方案供应商；食品机械类：食品加工机械知名企业；商贸物流类：食品物流园、冷链车辆、物流及服务商；行业服务类：金融、法务、农业咨询及产学研等。

三、收费标准

1. 标准展位：8 800 元/个/9 平方米；

2. 光地展位：1 200 元/每平方米（不少于 36 平方米）。

四、宣传活动

展会期间将举办大量同期活动：如中国食品工业新质生产力发展大会；中国清香型白酒高质量发展论坛；中国醋产业文化发展论坛；中国预制食品品牌创新发展论坛；中国商业联合会采购商大会等，更多精彩活动请关注展会官方网站：中国食品工业品牌博览会：https://cfib.cn/cn/index.php。

五、大会现场广告（见图 3-5）

展位价格标准

① 标准展位：9㎡/8800元/个

② 光地展位：不少于36㎡ 1200元/㎡

优惠方式

•2024年8月1日前付全款企业，展位费享受9折优惠，预定36㎡及以上企业赠送会刊1页彩色广告，展位不得拼接，赠送不累加不折现。

•连续2届参展企业，在上述基础上展位费再享受95折优惠。

•所有优惠措施在2024年8月1日之前生效，逾期作废。

电子版会刊广告

电子版会刊设计精美（尺寸 210 mm×142 mm），将免费发放给每位观众。广告收费标准：

版面	价格（元）	版面	价格（元）
封二	7000	扉页（彩广 1）	7000
内彩页（P1-11）	6000	内彩页（P11 页以后）	5000

证件及挂绳广告

展会现场参展商及观众入馆必须佩带的证件，正面为展会信息，背面刊登企业广告；挂绳一面为展会信息，一面为企业广告。

名称	规格 /mm	数量 / 个	价格（元）
证件背面	100（宽）×80（高）	10000	15000
证件挂绳		10000	20000

展会门票广告

展前组委会将印制精美的彩色折页门票，邮寄或发电子版邮件给造纸上下游企业及参展商需要邀请的重要客户等。

规格 /mm	印数	价格（元 / 版）
210×142	50000	4000（内页）
		6000（封底）

图 3-5　大会现场广告

联系地址：略

电话：×××××　　　　传真：×××××

QQ：×××××　　　　微信：×××××　　　　组委会代表：×××××××

（资料来源：中国食品工业品牌博览会官网，https://cfib.cn/cn/index.php/展商服务/收费标准）

案例点评：

这是中国食品工业品牌博览会在网络上发布的官方信息。在信息中，首先对中国食品工业品牌博览会的历史和成就做出了简要介绍，接下来介绍了展会举办的时间和展会的大致展品分类，这有助于感兴趣的观众获取相关信息并安排参观时间，同时有兴趣的参展商也可以依据展会品牌分类标准报名参展。在后面的收费标准、配套宣传活动以及大会现场广告部分更多的是针对参展商，希望能吸引更多的展商加入。在展会介绍的最后还需要提供展会主办方的联系方式，以便后续招展招商工作的推进。

（七）公共场所

公共场所主要是指室外的公共场合，以户外广告进行广泛宣传，一般采用广告牌和条幅横幅的方式。广告牌和条幅横幅，一般会竖立在繁华地段和主要路口。在城市地铁主干线上也会发布地铁平面广告，吸引更多潜在客户。

（八）会展现场

在会展现场既可以通过举办开幕活动，播放开幕广告来吸引观众，也可以通过对会展现场进行装饰布置，比如采用气球标语、充气拱门、开幕背板等对会展进行宣传。

按照会展广告的制作目的来划分：

1. 招展招租广告

招展招租广告是指以吸引参展者为主要目的的广告。如：

思考分析：展会招展广告

【展会招展】2025 青岛黄河流域跨境电商博览会（6 月 12 日—14 日）

2025 第四届青岛黄河流域跨境电商展览会（青岛跨境电商展）将于 2025 年 6 月 12—14 日在山东青岛举办，青岛跨境电商展持续优选黄河流域九省、新疆、沿海各省优质出口产业带，邀约国际一线品牌、知名品牌企业参展，整合已有数万跨境卖家采购商，升级高端论坛与活动，以“展+会+节庆”的形式，持续打造全国跨境电商行业夏季交流聚会。

现场专馆展示家居、鞋服、箱包、美妆美发、宠物用品等跨境电商热门品类，现场跨境电商热门平台及新兴市场平台齐聚，国内外电商双向联动，现场精准对接，为黄河流域各省打造数字贸易新业态合作建设平台，构建中国北方跨境电商行业交流中心，北方跨境电商供应链选品平台。请有意参展的企业填写参展回执，并在接到付款通知后支付费用。

1. 基本信息

名称：2025 青岛黄河流域跨境电商博览会

时间：2025 年 6 月 12 日—14 日

地点：青岛西海岸新区金沙滩啤酒城 1 号馆至 9 号馆

2. 组办单位

主办：青岛市人民政府、山东省商务厅、商务部外贸发展事务局。

承办：山西省商务厅、内蒙古自治区商务厅、河南省商务厅等沿黄九省（区）商务厅。

3. 展会背景

该博览会旨在促进黄河流域跨境电商产业的发展，为供应商、服务商和采购商提供一个交流与合作的平台。通过优选黄河流域九省、新疆、沿海各省优质出口产业带，邀约国际一线品牌、知名品牌企业参展，整合已有数万跨境卖家采购商，升级高端论坛与活动，持续打造全国跨境电商行业夏季交流聚会、构建中国北方跨境电商行业交流中心。

4. 展品范围

跨境电商进出口品牌和生产厂家展区：

●日用百货：厨房用品、卫浴用品、家纺、家具、工艺品、高档礼品、家居装修等。

●户外用品：户外装备及器材、户外野营用品及附件、户外运动及休闲用品、水上运动、冬季滑雪用品及器材、户外健身运动类、户外各类配件。

●礼品文创：工艺礼品、促销广告类/低价定制促销品、电子（消费电子、可穿戴产品）及数码产品、杯壶、厨具、文具及文化用品等。

●美妆个护：彩妆护肤、美发护发、发制品、美容工具、日用清洁、保健用品、医疗器械、成人用品等。

●家用电器：厨房电器、卫浴家电、生活电器、智能家电、家电供应链等。

●珠宝饰品：珠宝首饰、宝石及原料、黄金制品、玉石、水晶雕件、流行饰品、矿物标本、机械、设备、工具等相关产品。

●宠物用品：宠物医疗、宠物食品、宠物粮食、宠物零食、宠物食品添加剂、生产设备及包装技术等。

●跨境食品：休闲食品、综合进口食品、功能性健康食品、肉类及冰冻食品、绿色农业、高端饮品及乳制品、ODM/OEM 代加工。

●母婴玩具：母婴用品、喂养洗护、婴幼服装、童幼用品、童幼玩具等。

●汽摩配件：部件及组件、电子及系统、用品及改装、修理及维护、管理及数字化运行方案、润滑油及润滑剂。

●3C 电子：3C 数码（相机、手机、电脑等配件）、智能产品、家用电器、音频与视频产品、电脑终端及周边产品、移动终端设备、可穿戴设备、3C 数码配件、健康电子及个人护理、智能出行及汽车电子等。

●灯饰照明：LED 光源、太阳能工具、节日灯、办公照明、家居照明、日光灯、支架灯、智能 LED 灯具、智能家居照明、节能灯饰、户外照明、商业照明、城市亮化、LED 照明等。

跨境平台展区：

●跨境电商 B2B、B2C、C2C 平台，海内外零售电商、进出口贸易公司、国内主流电商平台、国内进口跨境电商平台等。

跨境服务商展区：

●跨境电商物流：仓储物流、货运代理、速递、转运、海外仓、关务代理、供应链管理、智能终端、智能仓储、物流包装、条码标签、搬运等。

●金融/支付类：跨境支付公司、银行、供应链金融、小额贷款、融资结算、信用卡服务、互联网支付、电子货币、电子支付、移动支付运营商、互联网增值服务。

● 其他：供应链服务商、代运营、知识产权、商标注册等。

综试区/园区/政府展区：

● 全国165个综试区、产业基地、园区等。

5. 展会亮点

● 高质量展会，品质卓越彰显：作为国家级跨境电商展会，国内外电商双向联动、打造北方跨境电商交流中心、夏季跨境电商行业交流盛会。

● 高质量选品，爆品产业带供应链：联合黄河流域十省优质资源，超过600家特色供应链企业及优选进口品牌齐聚现场。

● 高质量卖家，跨境大贸两不误：展会辐射黄河流域及山东本土的跨境电商卖家，同时吸引青岛进出口贸易商、日韩等国际商贸采购商。

● 高质量平台，助力全球营销：亚马逊全球开店、新兴平台专区及跨境四小龙齐聚一堂。

● 丰富行业生态活动，降本增效：行业高端论坛、亚马逊、TIKTOK等行业生态主题活动，紧抓行业热点、引领行业潮流。

6. 观众来源

● 黄河流域九省：包括山西、内蒙古、河南等沿黄九省（区）的跨境电商企业。

● 国内其他地区及国际：来自国内其他地区以及国际的采购商、供应商、服务商等。

7. 参展费用

参展费用如表3-15所示。

表3-15　参展费用表

展位类型	价格	备注
标准展位	出口展区展商6 800元	标摊：9平方米标准摊位，含基本展具配置（展具配置：1张洽谈桌、3张椅子、1张接待台、500瓦电源插座1个、垃圾桶1个）
光地	出口展区展商680元/平方米	36平方米起订，无任何配置（需配置应提前向组委会申请）

（资料来源：2025黄河流域跨境电商博览会官网，http://hoocr.com）

思考：

1. 这个招展广告主要针对的对象是谁？

2. 该招展广告可以通过哪些渠道进行发布？

2. 招商广告

招商广告是以吸引观众参观为主要目的的广告。主办方在充分了解展会产品的市场需求的基础上，安排招商人员在适当的时间通过合适的渠道进行展会的招商活动。根据展会的性质不同，招商广告所面对的对象也不同。对于专业性展会而言，招商广告的主要目标为专业观众；而对于消费性展会而言，其招商的主要目标为普通观众；

综合性展会的主要招商目标为普通观众和专业观众。所以招商广告要根据其目标观众的心理特征，设计富有创意的广告，迅速地吸引目标观众的注意。

思考分析：展会招商广告

第七届进口博览会食品及农产品展区、消费品展区企业商业展观展邀请宣传

第七届中国国际进口博览会食品及农产品展区规划面积为8.5万平方米，包含超过1 600家参展企业，来自100多个参展国家和地区及50多个境外商协会展团。科技进步驱动着食品行业的变革和创新，消费者对食品健康、营养、安全、个性化等需求也不断提升。在这样的时代背景下，食品与农产品展区以“共商美味创新，共话食代商机”为主题，致力于打造全球特色产品以及企业品牌形象、综合实力、社会责任的展示平台，促进国际食品行业的对话、交流与合作。展品范围涉及乳制品、蔬果和农产品、农作物种业、酒类、咖啡、茶和饮料等。参展企业包括正大集团、嘉吉、麦德龙、雀巢、乐斯福、金龙鱼等优秀企业。

消费品展区规划面积为8.3万平方米，吸引来自70多个国家和地区的超过600家参展企业，围绕“共享品质生活，共创美好生活方式”主题，设立智能家电及家居、美妆及日化用品、时尚潮流及珠宝、体育及户外用品四大板块。以“新”生活、“酷”科技、“最”潮流，打造国际潮流引领地，世界品牌集聚地、全球新品首发地，传递健康、美丽、品质、舒适的生活方式，满足人民对智慧绿色生活新风尚的向往。展品范围包含美妆及日化用品、智能家电及家居、时尚潮流及珠宝和体育及户外用品。吸引来自国内外众多优秀企业参展，如欧莱雅、宝洁、资生堂、施华洛世奇、宜家、松下、乐高、尤尼克斯等。

2024年5月21日，第七届中国国际进口博览会招商工作全面启动。专业观众可以通过以下三条路径完成注册：

路径一：“中国国际进口博览会”官方APP注册；

路径二：“中国国际进口博览会”微信小程序注册；

路径三：“中国国际进口博览会”官网注册。

（资料来源：中国国际进口博览会官网，https://www.ciie.org.）

思考题：

请阅读以上两个思考分析的材料，比较在招展广告和招商广告中，哪些信息是共有的？哪些信息是根据不同的广告目的而添加的？

3. 征集广告

征集广告和以扩大会展知名度增加盈利的招展招商广告不同，征集广告是以征集会展活动的会徽、会旗、会歌、吉祥物、口号、活动方案等为目的的广告。大型的会展活动会设置奖金，鼓励大众参与，从而获取更多具有创意和特色的设计产品，作品被选中的设计者可以获得一定的酬劳。在征集广告中需要重点写明征集要求、评选标准、投稿方式、截稿日期、联系方式等。在通常的征集广告当中需要提前注明以下五点注意事项：①若征集作品入围，作者需提供高精度文件，如tiff文件和延展设计图例；②所提交作品一律不予退还，投稿者须自留底稿；③在主办单位尚未公布评选结果前，作者本人不得自行发布或者发表参评作品；④如果发现参赛作品有抄袭行为，其相关责任由作者本人自负，与主办单位无关；⑤为避免产生相关知识产权纠纷，作者需明确作品设计中采用稿所涵盖的知识产权，包括图形、图案、文字字母等。相关的解释权归主办者所有，未经所有单位授权任何单位和个人不得以任何形式使用上述知识产权。

知识拓展 3-4：tiff 是什么意思？

tiff 意为标签图像文件格式（tag image file format，TIFF），是一种灵活的位图格式，主要用来存储包括照片和艺术图在内的图像，最初由 Aldus 公司与微软公司一起为 PostScript 打印开发。TIFF 与 JPEG 和 PNG 一起成为流行的高位彩色图像格式。

（资料来源：百度百科）

案例 3-15：征集广告

杭州亚组委面向海内外征集 2022 年第 19 届亚运会会徽设计方案

亚运会会徽既是杭州亚运会重要视觉形象元素，也是展示杭州亚运会理念和中国文化的重要载体。会徽设计的关键词是：绿色、智能、节俭、文明；中国风范、江南特色、杭州韵味；创新、发展、繁荣、进步；参与、凝聚、体育、力量、亚洲、欢聚、节日。设计不仅要求体现奥林匹克精神，还应体现主办国、主办城市文化与价值观。应征方案应能够激励人心、增强凝聚力，适应电视转播需求，有良好视觉效果，并考虑在新技术领域的延展应用。具体可通过官网查询并下载有关文件，按照统一要求提交作品。

本次征集活动从 2018 年 1 月 29 日持续至 2018 年 3 月 31 日，其中 3 月 21 日至 3 月 31 日为应征方案提交期。杭州亚组委将成立评审委员会对所有应征作品进行评审，入围十强将获得奖金 1 万元人民币，最终获选方案奖金为 12 万元人民币。

（资料来源：杭州第 19 届亚运会官网，https://www.hangzhou2022.cn/xwzx/jdxw/ttxw/201801/t20180130_1372.shtml）

案例点评：

一般来说征集广告篇幅不宜太长，通常征集作品的具体要求会以文件的形式放在官网上以便大众下载。在征集广告中，需要明确介绍征集目的、作品类型、主题、征集活动的起止时间、投稿方式，如果涉及奖金，其额度和评审方式也需进行简短说明。在此篇征集广告中，虽然提及了具体信息可以通过官网查询，但是没有给出具体网站名称或者地址，这可能造成信息搜索的不便，应注明："具体可通过杭州亚运会官网（https://www.hangzhou2022.cn/）查询并下载有关文件。"

4. 形象广告

从狭义层面来讲，形象广告是以宣传会展品牌、树立社会形象为主要目的的广告。但是从广义层面来看，会展业属于第三产业服务业，在树立会展形象的过程中，会展的服务是会展形象的主要体现。会展的参与者，包括参展者和参观者，他们通过感受会展服务树立对于会展品牌的形象感知。世界知名展览公司汉诺威多年以来一直坚持为展商和观众提供全方位的服务，在其服务体系当中，包含了银行、邮局、海关、翻译、日用品、商店、餐馆等，这些服务项目为参展商和顾客提供了极大的方便。

5. 综合性广告

综合性广告是以全面介绍会展信息、展示会展实力为目的的广告，综合了展示形象、招展、招商、吸引观众的作用。

二、会展广告的基本要素

会展广告包含七要素：

（1）广告主。广告主是指自行或者委托他人设计、制作发布会展广告的法人、其他经济组织或者个人，其目的在于推销会展产品和服务。一般来说，经常由会展主办单位和参展商作为广告主，他们既是会展活动的发布者，也是会展产品和服务的提供者。

（2）广告目的。发布广告的目的多种多样，包含了招展、招商、寻求合作伙伴、寻求承办或代理机构、宣传会展品牌、扩大会展知名度等。

（3）广告信息。根据不同的广告，目的广告中所包含的信息也不同，一般来说，广告中会列举会展的基本信息、产品范围、主办单位信息和联系信息等。

（4）广告媒介。广告媒介是指传播广告信息的物质载体，日常生活中所见的，如广播、电视、报纸刊物、网站等都属于广告媒介。随着信息技术的发展，除了上述的媒介载体之外，互动电视、银行 ATM 自动取款机屏幕、出租车顶滚动屏幕、电话提示音等都可以列入广告媒介的范围之内。

（5）广告受众。广告受众既是会展广告信息的接收者，也是会展广告信息传播和影响的目标群体。广告受众有两种分类：第一种是通过广告媒体接触的人群，也就是广告主所选择使用的广告媒介的受众。广告是一种非人际的信息传播，需要通过一定的媒体，因此可以由媒体的种类来定义受众的种类，比如报纸广告受众、电视广告受众，以及由于短视频的崛起而产生的短视频广告受众。第二种是广告主的目标受众及广告诉求对象，也就是广告内容的目标受众。广告的选择特性决定了其要根据广告目标的要求来确定某项广告活动特定的诉求对象，比如招展广告，其诉求对象为参展商，而招商广告的诉求对象为一般消费者或者商品经销的采购决策人。

（6）广告费用。广告费用是指企业通过各种媒体宣传或发放赠品等方式，激发消费者对其产品或劳务的购买欲望，以达到促销的目的所支付的费用。广告费用包括广告设计、制作、发布的各项费用，广告费用的多少和所选择的广告媒介、发布的时机、发布的次数、内容的多少直接相关。广告费用由两部分构成：直接费用如广告制作费、媒介发布费等；间接费用如广告人员工资、办公费、管理费、代理费等。

（7）广告代理。广告代理指广告经营者受广告主或广告发布者委托，从事的广告市场调查、广告信息咨询、企业形象策划、广告战略策划、广告媒介安排等经营活动，为广告客户和广告媒介提供双向服务。广告代理制是国际上较为通行的广告经营机制。

三、会展广告文案的构成

对于广告来说，广告文案既是其灵魂也是其核心所在。广告文案的本质是以语言文字为物质媒介符号，传达出创作主体某种特定的广告构想和诉求篇章。广告效果的50%~70%来自广告文案，所以一篇好的广告文案是扩大广告影响力的“隐形的翅膀”。

广告文案的写作范围，包括广告作品中所有的（除了产品包装本身存在的文字）语言文字部分。在生活中给观者留下深刻印象的是广告口号（广告语），比如农夫山泉有点甜——农夫山泉矿泉水；好空调，格力造——格力电器；今年过节不收礼，收礼只收脑白金——脑白金保健品等。除了广告口号（广告语）外，广告文案还包括广告标题、广告正文、广告附文和广告准口号。在本书中，主要探讨广告标题、广告正文、广告语和广告附文四部分。

知识拓展 3-5：什么是广告准口号？

广告准口号是广告主题口号的补充。一般采用简短的单句、并列句或并列形容词，广告准口号集中介绍商品的特点或体现企业的理念，作为对广告主题口号的补充。由于广告准口号的表现形式及其表现内容的丰富性，因此也有的准口号采用简短的句子表现一种格言形式的、警句型的内容。如：

台湾统一企业广告主题口号：飞向健康快乐的21世纪。

广告准口号：“干净的心灵是健康的第一步”“永远保持乐观，随时要有笑容”“时时刻刻保持光明正大的心灵”等。

（一）标题

标题最主要的作用是直接揭示广告的内容，吸引读者的注意力。一般来说，标题位于广告方案中最显著的位置，采用比其他文字内容更醒目的字体设计，常用的标题有三种形式：直接标题、间接标题和综合标题。

（1）直接标题。直接标题简单、直白、开门见山，直接以会展的名称作为标题，如“第二十五届上海国际广告技术设备展盛放国家会展中心（上海）”。

（2）间接标题。间接标题采用多种修辞手法，比如夸张、双关、比喻、比拟、对偶、谐音等。如“与天空相映成趣，在阳光下展露多彩多姿的色彩？——伞的特展”。此外，还可以采用故事/叙事式手法，悬念式手法拟写标题，如：烟雨青花的传说——某瓷器艺术精品展销会（故事/叙事）；这里有我们的秘密——某化妆品展销会（悬念式手法）。

（3）综合标题。综合标题结合了直接标题和间接标题的特点，点出会展名称，同时配以形象抒情的语句对会展进行虚实结合的描述。如：“国际五金展刮起橙色旋风”“给您一个赚钱的位置——第三届国际厨卫电器展招展”。

总而言之，标题在大多数的平面广告当中占据了决定性的位置，只有当标题充分调动起了读者的好奇心后，读者才有继续阅读的兴趣。一个好的标题必定集合了信息、趣味和创意三要素。

（二）正文

正文是对标题的具体阐述，这部分能充分表现广告的主题，出色的正文能够建立受众的信任，对受众参会、参展的欲望起到关键性的引导作用。

正文的主要表现形式有以下六种：

（1）客观陈述式。客观陈述式是直接以客观的口吻展开诉求，不借助任何修辞手法。这在会展广告当中是最常用的方法，虽然从形式上来看，客观陈述似乎缺乏创意，但会展广告的最终目标是让诉求对象看得懂广告的诉求，不借助华丽的辞藻对语句进行过分的修饰，以最简单的方式将诉求传递给目标受众。客观陈述一般有理性陈述和情感性陈述两类。

思考分析：理性陈述和情感性陈述

理性陈述强调事实、功能、数据或逻辑，旨在通过客观信息说服受众，常见于技术型产品、服务或强调实用价值的场景。

如诺基亚的广告语“科技以人为本”直接传递品牌的技术核心与人性化理念，强调产品研发以用户需求为导向，突出功能性与实用性。

申花电器的广告语“领先一步”通过简洁的语言表明产品在技术或市场上的优势，强化消费者对品牌创新能力的信任

情感性陈述通过情感共鸣、场景渲染或价值观传递打动受众，适用于需要建立情感连接的品牌或产品（如奢侈品、生活用品）。

如戴比尔斯的广告语“钻石恒久远，一颗永流传”将钻石与永恒的爱情关联，通过“恒久远”“永流传”等词汇激发对情感承诺的向往，成为珠宝行业的经典案例。

如沃尔沃的广告语“别赶路，去感受路”通过对比“赶”与“感受”，倡导慢生活的价值观，将驾驶体验升华为情感享受，契合高端汽车品牌的精神定位。

（资料来源：原创力文档，https://max.book118.com/html/2017/0603/111327642.shtm）

思考：

哪些会展产品适合理性陈述？哪些会展展品适合情感性陈述？

（2）主观表白式。主观表白式以广告主的口吻展开诉求，以剖白自身作为主要体现方式去表述会展的观点、态度以及在展品或服务上所做的努力或正在做的努力。“我们一直在努力”“让我们做得更好”都是经常出现在会展广告文案当中主观表白的典范。

（3）代言人式。代言人式以会展广告代言人的口吻向目标受众介绍自己了解的情况，其语言表达必须符合代言人的身份与个性。代言人式的会展广告，通常出现在电视广告当中。

（4）独白式。独白式通常会按照需求虚构人物或者广告中的角色，以内心独白的方式展开诉求，这种形式不是直接表达，而是通过独白者对自己的经历、观点、情感的回忆与抒发，引起目标受众的情感共鸣。这种形式的会展广告以感性诉求为主，希望通过人性化的内涵去接近目标受众的内心，邀请他们参与或者分享会展所带来的愉快的精神享受，从而使之与会展之间建立一定的情感链接。比如婚博会的广告文案可以以内心独白的方式，回顾一对恋人的相识、相知和相爱，以及最后结为夫妻的情感经历，引起情侣或夫妻之间的情感共鸣，吸引他们参与会展活动。

（5）对白式。对白式通过广告中人物的对话和互动展开诉求，此种方式常见于电视广告中。

（6）故事式。故事式将广告正文编写成一个完整的故事，设计有吸引力的故事情节，让办展机构产品或者服务在故事当中担当主要角色，将广告诉求自然而然地融入故事的逻辑结构当中，这种方式可用于平面广告或者电视广告中。

思考分析：故事式叙述的广告

1. 方太“油烟情书”

以李建国、丁琳夫妇50年的书信往来为蓝本，讲述他们在柴米油盐中积累的爱情故事。广告通过油烟机累积的废油转化为油墨印制情书，将厨房的烟火气与浪漫情感结合。突出方太油烟机“记录生活温度”的品牌理念，强调产品在家庭情感中的纽带作用。

2. 金士顿《记忆月台》

改编自英国真实事件，讲述Margaret因丈夫录制的“Mind the Gap”地铁提示音被替换，通过努力让丈夫的声音重回站台的故事。金士顿通过“记忆”主题，将存储产品与情感记忆绑定，传递“记忆永恒”的品牌价值。

（资料来源：网易，https://www.163.com/dy/article/HDUNAA090538B5BJ.html）

思考：

哪些会展广告可以以故事式的叙述应用于平面广告或电视广告中？

以上六种形式可以增加正文表现的趣味性，给目标受众带来新鲜感。在会展广告文案中，广告的正文内容才是广告主想要传达的重点。不同类型的会展广告传达的信息各有侧重，以综合性会展广告为例，正文的信息一般包括：

1. 组织者以及组织机构的信息

在会展正文中需要写明会展主办单位、承办单位、支持单位、协办单位及赞助单位的名称，以示组织者对于会展的重视。如：2024年成都美博会的组织机构介绍中列明了美博会主办单位包括四川美容美发行业商会、四川省化妆品商会和四川省美容整形协会。承办单位为英富曼会展集团和英富曼维纳展览（成都）有限公司。

对于大型的会展活动比如奥运会、世博会等，有专门的组委会、筹委会和执行委员会，在必要时，也需要对这些组织管理机构的部门设置情况、人员任命情况进行介绍，以显示组织机构的完整性。如2016年3月28日发布的《国务院办公厅关于同意成立2022年第19届亚运会组委会的函》同意成立2022年第19届亚运会组委会（以下简称组委会）及其组成。组委会主席由体育总局局长刘鹏、浙江省人民政府省长李强担任。在组委会下设置诸多部门协助管理亚运会的建设和运营，如场馆建设部、竞赛部、外联部、广播电视部和信息技术部、市场开发部、宣传部、大型活动部、安全保卫部、财务部、兴奋剂检测部等13个部门①。

2. 会展活动的历史信息

会展活动的历史信息包括会展活动的批准年份、创办年份、已办届数、主要成果等，在会展项目的宣传推广中适时加入这些历史信息、展会亮点、创造的纪录等，有

① 杭州市人民政府办公厅2022年第19届亚运会组委会办公室关于印发2022年第19届亚运会杭州市场馆及设施建设管理办法的通知［EB/OL］. http://www.hangzhou.gov.cn/art/2017/11/13/art_1256295_12962632.html.

助于激发参展商和观众参展参观的兴趣。图 3-6 所示为中国进出口商品交易会（简称广交会）的 2014—2024 年采购商到会统计数据。

历届采购商到会统计

年	采购商人数		来自国家和地区	
	春季	秋季	春季	秋季
2024	24.6万（线下） 40.8万（线上）	25.3万（线下） 45万（线上）	215（线下） 229（线上）	214（线下） 224（线上）
2023	129,006（线下） 390,574（线上）	197,869（线下） 453,857（线上）	229	229
2022	53.6万（线上）	-	228	229
2021	-	-	227	228
2020	-	-	217	226
2019	195,454	186,015	213	214
2018	203,346	189,812	214	215
2017	196,490	191,950	213	213
2016	185,596	185,704	210	213
2015	184,801	177,544	216	213
2014	188,119	186,104	214	211

图 3-6　中国进出口商品交易会（简称广交会）2014—2024 年采购商到会统计数据

（资料来源：中国进出口商品交易会官网，https://www.cantonfair.org.cn/zh-CN/customPages/about#5-2CN/customPages/about#5-2.）

3. 会展活动的内容和形式

会展活动的内容和形式包括会展活动的目的、宗旨、主题、议题、议程、展品范围、各项配套活动的安排等。

4. 参加的对象

参加的对象包括会议的规格、报告人的身份、参会参展的范围和条件。

5. 会展活动的规模信息

会展活动的规模信息包括会展的展览面积、设置的展位数量、预计参会参展人数等。

6. 会展的时间信息

会展的时间信息包括报到时间、举办时间、撤展时间、会期和展期。

7. 会展的地点

会展的地点具体写明会展活动举办地的地名、路名、场馆名称，有必要时需要列出附近的交通简图，标明地理方位，以及方便抵达的公交线路，供参展者和观众阅读。

8. 费用和价格

会议活动要向参会者说明经费的承担部分以及支付方式，展览活动也要列明展位价格收费标准、门票价格以及其他可能产生费用的服务项目。

9. 报名的方式和截止的日期

对于会展配套的会展活动，如果需要履行报名手续，需要注明提交文件材料清单、报名的方式、报名的时间和地点等。

10. 其他专门事项

其他专门事项包括参加会展过程中举办的学术会议的论文撰写和提交的要求、展览活动的进馆布展撤展要求、会展活动期间观光旅游活动的安排以及组织者认为其他需要说明的事项。

11. 联络方式

联络方式包括主办单位或会议筹备机构的地址、邮编、银行账号、电话、传真、电子邮箱、网址、联系人姓名等。

思考分析：20××第××届国际珠宝首饰展览会

展会日期：20××年 10 月 31 日至 20××年 11 月 4 日

主办单位：杭州企阳会展有限公司

展出城市：天津

展馆名称：天津梅江会展中心

展出地址：天津梅江会展中心

意向客户：1 003 人

主办单位：

天津市地矿局

天津宝玉石协会

承办单位：

杭州某会展有限公司

天津某展览服务有限公司

展会概况：

20××第××届天津国际珠宝首饰展览会将于 20××年 10 月 31 至 11 月 4 日在天津梅江会展中心举办。展会由天津市地质矿产勘查开发局、天津市珠宝玉石首饰行业协会等单位主办，杭州某会展有限公司和天津某展览服务有限公司承办。

天津是中国准一线城市、中国北方经济中心、环渤海地区经济中心，抓住京津冀协同发展、长江经济带的战略机会，充分利用京津冀协同发展、“一带一路”、天津自贸区和国家自主创新示范区多重发展战略机遇叠加的有利时机。

某国际珠宝首饰展览会是国内领先的珠宝首饰行业盛会，已经连续成功举办多届，上届展会吸引了来自世界各地 780 多家参展商，展出面积超过 26 000 平方米，已发展为北方专业的珠宝盛宴。

欢迎您前来参展参观 20××第××届天津国际珠宝首饰展览会！

一、展品范围

珠宝玉石：钻石、红宝石、蓝宝石、祖母绿、海蓝宝石、翡翠、和田玉、欧泊、水晶、坦桑石、绿松石、寿山石、鸡血石、碧玺、玛瑙、亚历山大石、猫眼、珊瑚、琥珀、锆石、人造宝石等。

珠宝首饰：黄金首饰、白银首饰、铂金首饰、钻石首饰、宝石首饰、镶嵌首饰、仿真首饰、镀金首饰、珍珠首饰、翡翠玉石首饰、水晶首饰、珍品首饰、设计师作品、贵重金属及半成品等。

珍珠：中国淡水珍珠、中国海水珍珠、日本珍珠、南洋珍珠、大溪地珍珠、马白珠、养殖珍珠、人造珍珠等。

钟表：品牌钟表、钟表成品、珠宝钟表、其他。

流行饰品：人造宝石、五金饰品、配件、不锈钢饰品等。

黄金制品：金条、金币、金箔、金表及其他黄金制品。

配套器材：珠宝首饰生产设备及工具、珠宝首饰检测及度量仪器、包装、道具、装饰材料、专用照明仪器。

招商及形象区：珠宝产业园、珠宝首饰城、珠宝交易中心、特色珠宝商场。

其他科技成果、有关刊物及服务、有关社团及工会、其他。

二、参展费用

1. 普通标准展位

双开口展位为 9 000 元人民币/个，标准展位为 9 平方米，包括展架、公司楣板、一张洽谈桌、两把椅子、一个 5A/220V 电源插座等。

2. 光地

光地的费用为 1 250 元人民币/平方米。室内光地 36 平方米起租，无设施。

三、参展须知

1. 确定参展后，向组织单位索取参展申请表并填写邮寄或传真至组织单位。

2. 申请展位两个工作日内将参展费用全款电汇或交至组织单位，余款于 20××年 8 月 20 日前付清。

3. 展位顺序分配原则：先申请，先付款，先安排。

4. 参展商在汇出各项费用后，请将银行汇款单传真至组织单位，以便核查。

5. 展位不得私自转让，不得拼摊，否则展位收回，所交款项不予退还。

6. 为确保会场整体效果，组织单位保留调整展位的权利。

7. 参展公司中途退展，所交参展费用不予退还。本届展览会的组织单位保留对本次活动的解释权。

展会主办方联系方式

公司名：某某展览服务（天津）有限公司

联系人：张三

电话：×××××××××××

思考：

根据所学内容，20××第××届国际珠宝首饰展览会的广告信息中可以补充哪些信息使得内容更加完善？

（三）广告语

广告语又被称为广告口号，广告语能够直接传达广告物的形象信息，强化受众对会展品牌的印象，好的广告语具有感染力。在会展广告文案中，广告语用来表现会展活动的主题。2024 年第 3 届成都露营旅游户外产业博览会的广告语是“运动成都，营在户外”，2023 年第十二届四川国际茶叶博览会以“长江首城，茶和天下”为户外广告语。

广告语的位置比较灵活，放在正文的前、中、后都可以。但是广告语一定要与广告文案主题保持一致并且要与广告文案的风格保持协调，但是对于会展广告来说较少采用广告语，采用会展活动的名称较多。

（四）附文

附文又被称为随文，“附”为“附加”的意思，广告附文一般被放在广告正文之后，为需要参展或者参观的读者提供进一步的信息。在广告附文中需要包含的内容有：

（1）广告主的标识，如会展企业的名称和 logo、会展项目的名称和 logo 等。广告主的标识可以在一定程度上达到宣传会展企业和会展项目的目的，帮助会展企业或会展项目树立形象。

（2）联系方式，包括广告主或会展主办者的称谓、通信地址、电话、传真，随着微信和微博的普及，也有很多广告公司会在附文中添加公司的微信公众号二维码或者微博账号。

（3）权威机构的证明标志或者获奖情况。这一些会展活动的宣传海报会在第一部分附上国际会展业权威认证机构如 UFI、FKM、BPA 或者国家商务部的认证、评估等级证书。这些信息能够增加会展企业和会展项目的可信度。

虽然广告附文不是广告的主要内容，但也是目标读者十分需要的信息。参展者通过广告附文中的信息报名参展，为主办者带来收入，广告的价值才得以体现。

知识拓展 3-6：国际会展机构

UFI：UFI 是国际展览联盟（Union of International Fairs，UFI）的简称，是迄今为止世界展览业最重要的国际性组织。

FKM：德国权威的展会评估机构，为博览会和展览会统计自愿审核学会（Society for Voluntary Control of Fair and Exhibition Statistics），隶属于德国展览与博览会协会 AUMA，德语简称 FKM，总部位于德国柏林。创建的目的就是制定统一的展览会相关指标统计审核标准，提高会展数据的透明度和真实性。

BPA：BPA Worldwide 国际媒体认证机构于 1931 年成立，是非营利性的第三方认证组织。媒体所有者，广告客户和广告代理商共同管理这一代表三方利益的组织。BPA Worldwide 公司总部坐落于美国西康涅狄格州谢尔顿市，在媒体审计领域内拥有世界上最多的会员。同时 BPA 也是 UFI 认证的一个服务供应商，为展览主办单位和会员提供审计。

（资料来源：李知矫，林云. 把脉会展认证新趋势：专访 BPA 亚太区总经理陈宝婷［J］. 中国会展，2018（1）：102-103.）

四、会展广告文案的写作要求

（一）标题

发布在网站上或者官方微信公众号上的会展广告文案的标题与户外广告、报纸杂志上的不同，通常由会展项目名称+招展/招商广告构成，如《第七届进口博览会企业商业展汽车展区、装备展区招商广告》。发布在户外广告、期刊上的标题应以简洁、重点明确为主，如 2023 年第十二届四川国际茶叶博览会以“长江首城，茶和天下”为户外广告标题。

（二）正文

会展广告文案的开头部分介绍展览会的基本信息、组办单位、背景和展品范围，同时还应该突出展会亮点，以及展会的观众来源。由于需要介绍的内容较多，主体部分应采用序号加小标题的形式逐项表述。对于参展商来说，还会关注展会的收费标准，因此在文案广告中可以使用表格的形式，对展会的收费标准进行介绍。

会展广告文案针对的是对展会内容感兴趣的观众，因此在广告中对展品范围不需要做过多介绍，应突出展会中最新奇、最具特色的部分，并在文案中告知观众如何完成报名注册。

（三）联系方式

联系方式包括但不限于联系人、电话、传真、邮箱、公司地址、公司官网、微信公众号二维码等。

第八节　会展合同

一、会展合同的定义与特征

在会展业当中，会议和展览两个方面所占的业务比重比较大，以会议来说划分了不同规模、不同种类、不同层次的会议。而展览更加多种多样，根据其性质，可以分为消费类型和贸易类型两种；根据展览内容的不同，可以划分为综合类展览和专业类展览；根据举办的时间频率不同，可以分为定期展览和不定期展；根据参展商的规模层次划分，可以分为国际、国内、地区、地方、公司或部门的展览等。仅在会议和展览领域，会展的承办单位就有大量的工作需要完成，需要向参会者、参展商以及参展观众提供大量的配套服务。在会展的筹备过程当中会涉及会展主办单位、会展合作者、会展支持者或赞助商、会展承办单位、与会者、参展商、消费者等多方利益相关者。为了协调各方之间的关系，明确各方在会展业务当中的权利和义务，按照我国《民法典》的有关规定，签订合同可以保障会展顺利进行，尽可能避免权责纠纷。

在实际的会展操作当中，使用的合同种类多、数量大。会展主办方使用的合同种类和数量远远超过会展服务的提供方。尤其是在中国的会展业当中，使用格式合同的概率远远大于非格式合同，因此了解会展合同的定义和它的应用范围是撰写会展合同文本的基础知识。

知识拓展 3-7：格式合同和非格式合同

格式合同：又称标准合同、定型化合同，是指当事人一方预先拟定合同条款，对方只能表示全部同意或者不同意的合同。因此，对于格式合同的非拟定条款的一方当事人而言，要订立格式合同，就必须全部接受合同条件；否则就不订立合同。现实生活中的车票、船票、飞机票、保险单、提单、仓单、出版合同等都是制式合同、格式合同。

非格式合同：格式合同以外的其他合同。

（资料来源：百度百科，https://baike.baidu.com/item/格式合同/5852838）

（一）会展合同的定义

根据我国《民法典》对合同的定义，合同是民事主体之间设立、变更、终止民事法律关系的协议。依法成立的合同，受法律保护。

会展合同有广义狭义之分。广义的会展合同是指所有围绕会议展览，而依法订立的各种合同的总称。狭义的会展合同主要是指会展的承办单位与供货商、经销商洽谈业务时，依法订立的设立变更、终止民事权利义务关系的一种书面契约或合约。

（二）会展合同的特征

会展合同是法律文书的一种，因此，会展合同的特征主要体现在法律方面。

1. 会展合同是双务有偿合同

双务有偿合同是指双方当事人互相承担义务和享有权利的合同。双务合同中，双方当事人承担的义务与他们享有的权利相互关联，互为因果，除法律或合同有特殊规定外，双方应同时对等给付，一方不能要求他方先行给付。在等价交换的商品经济关系中，绝大多数的合同，都是双务合同①。在参展合同当中，会约定会展组织者需要为参展商提供服务的项目，比如寻找场地、划分展台区域、通过营销吸引观众等。参展商因此会向展会组织者支付相应的参展费、展台租赁费等作为报酬。

2. 参展合同属于无名合同

在我国，《民法典》或其他法律确定名称与规则的合同称之为有名合同。如《民法典》规定了19类基本合同为有名合同，这19类合同有：买卖合同，供用电、水、气、热力合同，赠与合同，借款合同，保证合同，租赁合同，融资租赁合同，保理合同，承揽合同，建设工程合同，运输合同，技术合同，保管合同，仓储合同，委托合同，物业服务合同，行纪合同，中介合同及合伙合同。

无名合同，又被称为非典型合同，是指在法律上，尚未确定一定名称和规则的合同。会展业在我国的发展，大约有二十年，在《民法典》中还没有将参展合同单独列出，因此，参展合同在我国还属于无名合同。对于参展合同而言，不仅要适用于《民法典》的有关规定，还需要适用民法的诚实信用、公平原则，参照合同目的及当事人的意愿进行处理。此外，《消费者权益保护法》等都对参展合同的撰写起到了一定的借鉴作用。

3. 参展合同是要式合同

要式合同是指必须依据法律规定的方式才能成立的合同。我国对于会展活动的举办采取审批制。需要主办者先提交相关的申请文件，经会展管理部门审批，批准后对该会展予以登记。同时，会展的主办单位也需要对报名的参展商进行资格审核，审核情况需要报登记机关备案。由此可见，仅仅按照双方当事人意愿签订的参展合同，并不意味着参展合同具有法律效力，只有当会展主办者与参展商均通过相关部门的审核，双方签订的参展合同才具有法律效力。

二、会展合同的分类

任何主办方举办展览会议或活动都需要整合众多的资源，因此按照会展合同的用

① 邹瑜. 法学大辞典［M］. 北京：中国政法大学出版社，1991.

途分类来看，会展合同可以分为整合主办资源的合同（前期）、整合客户资源的合同（中期）、整合服务资源的合同（后期）。

（一）整合主办资源的合同

会展活动的主办方与项目资源的拥有方设立的合同被称为整合主办资源的合同。这些资源包括参展参观参会的客户资源、演讲人资源、赞助商资源、会展场馆资源、媒体资源以及政府关系资源等。根据会展的主题，社会资源配置的方式以及国家国情的不同，资源拥有者的性质也是各种各样的。对于一些需要调动多方资源的大型会展活动来说，政府及其部门往往是这些活动主办资源的权威拥有者，比如广交会、进博会、世博会、奥运会等大型会展活动往往是由政府主导的。在一些专业性和学术性比较强的会议、会展方面，相关行业的学会、协会往往是主办资源的权威拥有者，如引导案例中提到的中国电子技术研发学会在国内电子设备行业具有比较大的影响力，可以吸引更多的参展商和专业观众。一些著名的展览公司也可以因为长期主办某一主题的展览，成为该主题展览主办资源的权威拥有者。如德国慕尼黑展览公司是全球规模最大的体育用品展览主办方，在主办体育用品展览方面，拥有无可置疑的权威性。

为了规范相关利益方的权利和责任，保证展览、会议或活动的可持续发展，在整合主办资源时必须设立合同。

整合主办资源的活动具有以下特点：

（1）合同的目的是整合与创办、主办或经营展览会议或活动有关的资源，这些资源可以来自具有社会行业公信力的机构，如政府行业协会、学会甚至知名的媒体等。这些机构所拥有的资源具有行业性区域性、代表性，甚至是垄断性，在主办方拓展市场时，是可以借以利用的重要资源。

（2）双方设立合同是为了建立合作关系，可以彼此借助各自拥有的资源。

（3）当事人设立合同主动的一方往往是整合资源获益较大的一方，因为动议设立合同者往往是对于整合资源态度积极、意愿迫切并希望明确并规范合作关系的一方。动议者提议设立合同既有利益的驱动，也考虑到保护自身权益的必要性。

（4）动议设立合同者通常是承担写作合同草案的一方。

（5）整合主办资源合同的写作难度通常较高，因为此类合同一般关乎当事人的商业机密，合同谈判的机密性，令合同写作十分敏感。此类合同所确定的不仅有当事人的商业利益，还有需要承担的法律责任，在合同写作期间涉及的商业权益的博弈以及平衡、法律文字表述的准确性和规范性，这无疑增加了合同写作的难度。一般来说，往往委托律师或法律顾问承担撰写的工作，但是相关当事人需要自始至终参与合同内容的设计、写作和修改。因为律师能够给出法律层面的意见，而相关当事人可以凭借自己对于会展业的了解完善合同内容的设计。

案例3-16：广告制作及展厅布置合同

甲方：W 省文旅厅

乙方：B 市××展览有限责任公司

根据《中华人民共和国民法典》《中国人民共和国广告法》以及《W 省人民政府购买服务的管理办法》，甲方拟委托乙方为 2019 信阳马拉松筹备制作广告（以下简称

"广告物料")、会展展厅制作等，经双方协商达成一致，签订本合同，并共同遵守。

第一条　项目内容及地点

1. 项目内容：广告物料制作、会展展厅制作等。

2. 项目地点：甲方指定地点。

第二条　举办、布展、撤展日期

1. 活动举办日期：××××年××月××日，共计××天。

2. 活动布展日期：××××年××月××日至××××年××月××日，共计××天。

3. 活动撤展日期：××××年××月××日 18:00。

第三条　项目费用及支付方式

1. 经双方商定，合同总造价以活动最终方案为准，双方签订合同两日内，甲方向乙方支付总预算的60%，即××××元（大写：　　　　　　　元整）为定金，剩余款项（以活动结束后，实际所用物料清单为准）在活动结束当天，向乙方全部付清。

2. 甲方应确保款项资金及时到位，使活动如期进行。

3. 项目清单及费用作为合同的附表，明细列出。

4. 实际费用不包含场馆规定交纳的费用，如加班费、清洁费等。

第四条 双方责任及义务

甲方：

1. 提供活动场地，提供电源，负责相关项目的审批。

2. 负责协调公安、交通、安保、消防、城管等部门。

3. 提供与活动相关的主题、素材等资料。

4. 临时增加的广告物料及展会布置项目应及时通知乙方，以免乙方无法完成。

5. 如遇恶劣天气或不可抗力等原因导致活动延期，甲方应提前告知日期，乙方已执行的项目按报价收取。如遇大雨及强风天气（风力超过5级），造成设备物料损坏，甲方不予赔偿，但也不能因此扣减乙方费用。

6. 甲方指定专职对接人，负责确认活动方案、设计样稿、核对数量等工作。

7. 应尽快确定方案，提前交付场地，给乙方预留施工时间，如因此造成活动无法按期举行，乙方不予承担责任。

8. 因甲方临时更改方案所产生的费用，甲方应承担。

9. 活动所用广告物料为买断，乙方不予以收回。

10. 活动氛围布展设备及物料为租赁使用，甲方如有异议或留作自用，请提前同乙方协商。

11. 甲方向乙方提供精确广告物料制作要求及布展平面图，以保证准确的位置及展厅尺寸，如因其他原因变动，应会同乙方研究新的方案进行施工。

乙方：

1. 具备合法的广告资质，并提供相关的证明。

2. 负责施工期间运输车辆、施工人员的安全事宜。

3. 按照事先约定的项目及物料进行施工、拆卸。

4. 因恶劣天气或不可抗力等，造成无法施工或无法如期举行，应向甲方提前告知，使甲方采取必要的措施。

5. 遇突发恶劣天气或不可抗力等，应采取必要的防护措施，尽量减少双方损失。

6. 乙方应严格按照甲方提供的广告物料制作要求及布展平面图图纸进行施工，如因其他原因无法按图纸进行时，应告知甲方，待双方研究新的方案后进行施工。

第五条　不可抗力

本合同所指“不可抗力”因素，仅指影响到本合同相关义务不能正常履行的不可预见、无法避免的自然灾害，以及双方约定的其他不可抗力的因素，并以政府相关部门权威发布为准。

第六条　争议及解决

1. 在合同约定期限内，由于不可抗力致使双方无法履行或不能完全履行本合同的，应提前告知对方，可部分或全部免于承担违约责任，此外，应尽快协商合同继续履行与否的有关事宜。

2. 本合同发生争议，双方友好协商解决，协商无法解决，可诉讼当地法院解决。

第七条　其他约定条款

1. 本合同未尽事宜双方协商签订补充合同，与本合同具有同等效力。

2. 本合同经法人或委托代理人签字，加盖公章生效。

3. 本合同一式两份，甲乙双方各一份，经网络传送件具有同等效力。

甲方（代理人）：　　　　　　　　签名（盖章）：

乙方（代理人）：　　　　　　　　签名（盖章）：

年　月　日

（资料来源：百度文库）

案例点评：

这是一份政府活动委托商业机构承办的合同。合同的当事人分别是政府部门和展览企业，其中 W 省文旅厅是发包方，B 市××展览有限责任公司是承包方。

该合同的标的是“信阳马拉松广告和会展展厅制作”。围绕这一标的规定了项目内容、时间、地点、费用和支付方式、双方的责任和义务等。

需要注意的是，由于信阳马拉松属于室外活动，受天气状况影响比较大，为了更好地划分双方的责任和义务，合同中第四条针对可能出现的恶劣天气造成的影响进行了责任分配。

由于在双方履行合同期间可能出现其他情况，在合同中无法具体地列明，所以在合同中增添了“争议及解决条款”，目的也是为了确保甲方在乙方施工期间对于突发状况的知情权。

从这份合同中，可以读到政府部门即 W 省文旅厅对于信阳马拉松活动的操作模式，比如合同约定 B 市××展览有限责任公司只负责 2019 信阳马拉松的广告物料制作和会展展厅布置，换而言之，下一届信阳马拉松的广告制作和展厅布置仍需经过招投标流程。

（二）整合客户资源的合同

整合客户资源的合同签订的双方是主办方与带来营业收入的客户，代表了主办方与客户之间建立关系。主办方通过签订合同出售展览、会议或活动等服务产品，相关客户通过合同购买主办方的服务产品，合同签订的双方是服务产品的出售方和购买方。

整合客户资源的合同的特点：

(1) 合同设立的目的是确立展览、会议或活动的服务产品提供与购买的关系。在该合同中服务产品的提供方是会展活动的主办方，产品的购买方是参加会议、展览或活动的客户，包括观众和参展商。

(2) 设立整合客户资源的合同的主办方主要是民间社团或者企业。即使是政府及其有关部门作为展览、会议或活动的主办方也极少作为出售服务合同的当事人。如中国（北京）国际服务贸易交易会（简称“京交会”）是由中华人民共和国商务部、北京市人民政府联合主办的，但参展商报名参展是与京交会的承办方——中国国际经济技术交流中心和北京国际服务贸易事务中心签订合同。

(3) 在签订整合客户资源合同时，一般采用的是格式合同，由主办方主动提供，极少由客户提供。但是格式合同的内容较为简单，一旦产生纠纷，反而不易处理。

在这类格式合同当中，规定的主办方提供的服务相对固定。就展览而言，一般分为布展、开展和撤展三个阶段，而每个阶段的服务在会展业当中已经形成了惯例，参展商经过几次参展对于流程已熟记于心。对于采用此种合同的主办方而言，其展会的客户来源相对比较稳定，长期参加主办方举办的展览、会议或活动的忠实客户所占比例较大。

但是在此类格式合同当中对于当事人的违约处理条款规定得不够详细，尤其是在保护客户权益方面比较薄弱。为了避免可能产生的合同纠纷，有经验的主办方会在合同当中注明，主办方提供的服务指南或者服务手册均可作为该格式合同的附件，与合同具有同等法律效力。

(4) 由展览主办方与参展客户共同设立的合同，主办方会将其视为销售合同，而客户会将其视为参展合同。

对于会展主办方而言，这种规定了客户向主办方支付参展费、广告费和其他费用的合同，在会展活动当中的用量是非常大的。如果一场会场活动的展览面积达5万平方米，可能会有上千个客户参展，那么主办方就需要与客户签订上千份参展合同。如果这个展会每年举办，那么主办方每年都需要与客户签订相当数量的合同，而格式合同在很大程度上为主办方减轻了订立合同的负担。

(5) 由会议主办方和参会客户订立的合同，其服务关系包含以下四个方面：一是主办方以会议的内容传播与参会者订立合同，参会者向主办方支付参会费用来购买参会资格；二是主办方与邀请的演讲者订立合同，购买演讲者演讲的内容，演讲者一般是社会影响力比较大或者行业内的领军人物；三是参会者与主办方订立合同购买会议时间，用于自我推广，尤其是在一些行业内比较受关注的交流会上，通常会有一些公司向主办方购买一定的时间段，用于发布本公司的新产品，扩大影响力；四是主办方与赞助商订立合同，接受赞助方的商业赞助，包括但不限于资金、会场、布置酒店、住宿、文艺表演、宴会、饮品、休闲娱乐等方面。

(6) 活动的主办方与客户设立的合同，涉及的服务关系包括以下三方面：一是客户与主办方订立合同，购买活动场地的使用时间，用于自我推广。二是主办方与特邀者订立合同，向特邀者购买活动所需内容。比如音乐节，主办方会邀请一些音乐表演者参与表演，与其签订保险合同。三是主办方与赞助商订立的合同，接受赞助方的商业赞助，包括但不限于资金、会场、布置酒店、住宿、文艺表演、宴会、饮品休闲娱乐等方面。

案例3-17：20××中国城市土地市场建设博览会参展合同书

合同编号NO.：

20××中国城市土地市场建设博览会参展合同书

甲方（组织机构）：深圳市正大邦地实业发展有限公司

联系地址：深圳市华侨城汉唐大厦804室

联系人：　　　　　　电话：　　　　　　传真：

乙方（参展机构）：

联系地址：

联系人：　　　　　　电话：　　　　　　传真：

甲、乙双方在充分协商的基础上，就乙方参加由自然资源部批准、由甲方具体组织的“20××中国城市土地市场建设博览会”（简称“中国地博会”）各项事宜达成如下协议：

第一条：展会概况

1. 展会名称：20××中国城市土地市场建设博览会（简称“中国地博会”）

2. 展会时间：20××年7月7日至7月10日（7月4日至6日报到、布展）

3. 展会地点：深圳高交会展览中心

4. 会议论坛：甲方在此期间举办的系列会议和论坛

5. 主办机构：自然资源部土地利用管理司

中国国土资源报社

综合开发研究院（中国·深圳）

中国土地矿产法律事务中心

6. 承办机构：20××中国城市土地市场建设博览会组委会

深圳市正大邦地实业发展有限公司

第二条：展位及广告订购

1. 参展费用。乙方确定参加“20××中国城市土地市场建设博览会”，展示城市土地市场建设成就、城市规划与城市形象，进行城市土地招商宣传推介工作等。乙方租用：

展位面积：　　　　平方米（米×米）；

展位号码：　馆　号至　号（组委会发放展位确认书）；

展位类型：特装　　　　标准展位　　　　；单价：　　　　元/9平方米；

展位费用：RMB　　　　元，大写　百　拾　万　仟　百　拾　元整。

2. 广告费用。乙方预定展会以下广告项目：

（1）会刊广告：版位　　　　；页数：　　　　；费用：　　　　元；

（2）会场广告：具体包括：　　　　　　　　；费用　　　　元；

（3）报纸广告：选择　　　　报，广告版面为　　　　，费用　　　　元；

（4）其他广告：（如网络、电视、门票、室内广告牌等）：　　　　　　；

费用小计：　　　　　　元；

(5) 以上广告费用：RMB　　　　　　　元；大写　　百　　拾　　万　　仟　　百　　拾　　元整。

3. 公关活动。如论坛赞助，参加土地拍卖会、新闻发布会、土地招商推介与挂牌、客户联谊会等。

公关活动项目：(1)____；

(2)____；

(3)____。

活动费用：RMB　　　　　元，大写　　百　　拾　　万　　仟　　百　　拾　　元整。

4. 总体费用。以上1、2、3项费用总计：RMB　　　　　元，大写　　百　　拾　　万　　仟　　百　　拾　　元整。

5. 签订合同七日内，乙方应将上述费用汇入中国地博会指定账号：

开户银行：深圳民生银行中心支行

账号：××××××××

收款单位：深圳市正大邦地实业发展有限公司

第三条：甲方的权利与义务

1. 甲方全面组织展会的招商招展工作，对展会进行广泛宣传及推广，展会的主办机构和承办机构确保展会安全、圆满举行。

2. 甲方为乙方提供专业的会展服务，包括参展整体营销建议，提供展台整体设计案；为乙方推荐专业的展览特装、运输公司；为乙方代办有关证件票务、代订酒店等。

3. 甲方安排组织宣传、广告、公关工作和活动，吸引参观者，包括国内外投资机构、城市运营机构、城市规划专家等。

4. 甲方积极协助乙方举办其他各项招商推介会、洽谈会、新闻发布会等公关活动。

甲方有权根据展会场馆实际情况分配展位，有权选择展品。

第四条：参展规则

1. 参展城市及单位必须在合同规定的时间内将参展费用付清，否则不能确保安排展位，并追究相应法律责任。

2. 若参展者撤回参展申请，必须将书面请求寄到组委会，组委会将酌情退还参展费用；展会开始前一个月内将不受理撤展申请。

3. 参展单位在布展最后一天仍未报到入馆，又未做任何解释的，组委会有权将展位做他用，已交展位费用概不退回。

4. 展会场地及会场布置由组委会统一安排，参展单位务必服从组委会安排。参展单位按照预订展位布置，组委会有权根据统一部署进行最终调整。

5. 展位的装饰、产品的运输和陈列等均由参展单位自行负责，也可委托组委会寻找专业展览服务公司代理执行。

6. 参展单位未经组委会同意，不得私自转让展位或容留个体人员出售物品，如私自展出无关物品，组委会有权清理出场。

7. 易燃、易爆、有毒等危险品，或对其他参展单位、人员构成危险或妨碍其他人员正常洽谈业务的展品，以及任何不符合大会要求的展品，组委会有权将其撤出展馆。

8. 对于贵重物品、易损物品，参展单位自行购买保险。参展单位如损坏或遗失展会场馆内的物品，组委会有权要求赔偿。

9. 遇不可测及不可抗拒之因素、天灾人祸等事件，组委会有权缩短或延长展会时间，或者延期甚至取消此次展会，在此情况下，组委会不负责赔偿。

10. 展馆内严禁吸烟，参展单位务必遵守组委会在消防和保安措施上的统一管理。

11. 标准展位包括三面白色展板、洽谈桌一张、椅子两把、射灯两支、中英文楣板及地毯；租用光地仅提供相应的面积，不包括其他展具、展架、地毯等。

12. 按照展馆规定，在展期内，特装展位施工管理的费用为25元/平方米，管理费、水费、电费等由参展单位自行负担，由展馆和所委托的展览公司收取。

13. 参展商负责自身展区内的安全与防火工作，特装展位需在组委会和展馆规定的高度和宽度范围内施工，如因展位坍塌、坠物、失火等原因造成现场人员生命及财产损失，一概由参展商承担赔偿责任，甲方不承担任何赔偿及连带责任。

第五条：其他条款

1. 若甲方未按乙方要求或合同条款办理相关事宜而导致损失，或者因不可预见原因或不可抗力而造成损失，乙方不承担责任。

2. 本协议书自甲、乙双方盖章签之日起生效。本协议一式四份，具同等法律效力，双方各执两份。

3. 未尽事宜，甲、乙双方友好协商解决，可签署补充协议，视为本协议书一部分。

4. 若发生纠纷，首先应本着友好原则磋商，不成向深圳市人民法院提起诉讼。

甲方（盖章）： 乙方（盖章）：

签署人： 签署人：

签署日期：20××年××月××日 签署日期：20××年××月××日

（资料来源：道客巴巴，https://www.doc88.com/p-787674240143.html）

案例点评：

这是一份非常规范、正式的参展合同书，是会展组织者与参展商之间订立的约定会展活动中双方所涉及的权利和义务等事项的协定文件。这一份参展合同书确立了组织者和参展商之间的利益关系。为了防止纠纷的产生，妥善处理展会中的相关问题，在会场合同书中会做出相关的协定。参展合同书作为一种规范经济活动的合同，在编写的过程当中，需要特别慎重。案例介绍的这份参展合同书，除了一些必要的介绍性文字之外，其他的各条款都非常具体明确，并且全面地标识了合同双方应当承担的义务和权利，可以作为合同的范本进行学习。

（三）整合服务资源的合同

会展活动的主办方与服务供应商之间设立的合同，称之为整合服务资源合同。会展业隶属于第三产业——服务业。在举办会展活动的过程中会产生大量的服务事项，主办方不可能一力全揽所有的服务项目，而在力有不足的地方，需要服务提供商提供相应的服务，以此保证会展活动的顺利进行。

整合服务资源的合同的特点有以下几点：

（1）该合同设定目的是确立会展活动的主办方与服务供应商之间的合作关系。

（2）根据此类合同，在会展活动当中，会展活动的所有者是服务需求的发包方，而服务供应商应会展活动所有者的要求提供相应的服务，是服务的提供方。

（3）举办会展活动所需要的服务资源是专业化的服务资源，其中有一些资源是主办方不可能拥有或者自行提供的资源，这就需要服务供应商利用自身优势提供相应的服务。比如举办展览时，必须要使用到展览场馆。但是大多数的展览主办方并不拥有展览场馆，尽管有一些大型的国际著名展览公司，可能会在自己的总部所在地拥有自己的会展场馆，但是在其他城市举办展览时，仍需要租赁场地。再者，举办会展活动需要通过媒体进行宣传推广，虽然主办方可以自己创办自媒体，如报刊、网站、微信公众号等，但是主办方不可能包揽与宣传该活动相关的所有媒体，还是需要与相关媒体服务提供商签订服务合同。

（4）服务供应商的营业收入有两种来源，一是直接来源于主办方，比如展览场馆会议场所的租金；二是来源于主办方的特别许可，比如某物流公司可以承揽某场展会产品的物流业务，那么该物流公司的收入就来源于参展商支付的运费。

（5）与整合客户资源的合同相同，此类合同的当事人可以是企业或者是民间社团，但一般不会是政府及其部门，而服务供应商一般都是企业。

（6）整合服务资源的合同也较多使用格式合同，但是格式合同一般由服务供应商提供。

案例3-18：主场合作协议

合同编号：郑国展 ht2014-00

甲方：郑州享亚会展服务有限公司

乙方：郑州国际会展有限责任公司展览服务分公司

鉴于：

甲方希望将“第六届郑州·享亚孕婴童产品博览会”成功打造成为一次业界规格较高、服务品质较好、参会客商较为满意的展会活动；乙方作为国有大型会展企业，属于郑州国际会展中心的业主单位，在郑州具有完善的展览场馆条件及系统的展览、会议服务保障体系和专业服务团队；所以甲乙双方本着精诚合作、互惠共赢的原则，授权乙方作为展会主场服务商共同参与“第六届郑州孕婴童产品博览会”的服务工作。现就展会服务合作事宜签署如下协议：

一、展会名称

20×× 第六届郑州孕婴童产品博览会

二、展会举办时间和地点

20××年 5 月 14 日—18 日，郑州国际会展中心一号展览馆 1d 展厅，4 500 平方米。

三、乙方提供的展会服务项目

1. 特装展台审图；
2. 代收特装展台的管理费、电费、清洁押金、电盒押金；
3. 发放特装展台人员的施工证；
4. 展会布、撤展期间进行现场特装展台搭建商的安全监管；
5. 协助搭建商办理雇主责任险。

四、双方责任与义务

（一）甲方的责任与义务

1. 负责展会策划、申报、筹备、招展、观众邀请、布展、会议、安保、宣传总体方案的设计和组织实施；

2. 负责展会资金（包含展馆租金、展会启动经费、招商费、广告宣传费、会议活动费用等）的筹措和支付；

3. 与服务商签订标准展位搭建合同并进行管理；

4. 与服务商签订物流、装卸服务合同并进行管理；

5. 承担展会主办方应承担的其他责任。

（二）乙方的责任与义务

1. 负责制定展会特装展台报备、审图、收费、监管业务流程；

2. 负责按照展馆的各项要求提供展会的报备资料，并接受展馆的管理；

3. 作为此次展会的主场服务单位，负责与展馆项目经理进行业务对接，给予甲方在标准展位搭建、特装展台安全监管、展会现场收费、展会物流方面的工作建议。

五、双方的权利

（一）甲方的权利

作为展会的主办单位，对所有服务商进行管理，对展会现场的所有服务方案具有修改、决策的权利。

（二）乙方的权利

作为展会的服务商，按照特装展台的面积收取特装管理费，办理特装用电手续。乙方收取所有参展商特装展台的管理费标准为30元/平方米，电费在展馆的收费基础上上浮10%。

六、工作制度和违约责任

1. 展会现场，乙方应严格按照甲方的要求开展各项工作，当乙方制订的工作流程、方案及细则与甲方要求不符时，应及时进行修改和调整，如甲方未能按照展馆的要求开展现场各项工作，乙方可以建议甲方予以调整，因此造成的乙方违约，乙方不承担任何违约责任；

2. 甲方要求乙方将实现的服务将以书面的方式告知，并约定甲方代表为××先生，如甲方未能以书面方式告知乙方所有的调整意见，乙方有权不接受甲方代表口头提出的调整意见，甲方仍需足额向乙方支付所有费用；

3. 如因甲方的授意和服务方案调整，造成展馆提出整改意见和处罚，乙方应提前告知甲方代表存在的隐患，如甲方代表仍坚持调整意见的，因此产生的处罚和责任事故责任由甲方承担。

七、特别声明

如果此次展会没有如期举办，或举办期间出现投诉、纠纷、闹事等，郑州国际会展有限责任公司展览服务分公司不承担任何相关责任。

八、本协议一式肆份，甲方执一份，乙方执三份，经双方代表签字盖章后生效。

甲方：郑州享亚会展服务有限公司　　　　乙方：郑州国际会展有限责任公司

代表：　　　　　　　　　　　　　　　　代表：

××××年××月××日　　　　　　　　　　××××年××月××日

（资料来源：百度文库，https://wenku.baidu.com/view/2ab6bf722bf90242a8956bec0975f46526d3a749.html）

案例点评：

1. 这是展览主办方与展览主场服务提供方设立的协议。协议的当事人都是企业。其中，甲方是展览主办方，乙方是展览主场服务提供方。甲方是委托方，乙方是接受委托方。

2. 在该协议中，协议的标的是展览的主场服务。围绕标的，本协议第三条约定了乙方提供的展会主场服务事项共五项。在第四条和第五条中，明确了甲乙双方的职责，以及乙方收入来源及其获取途径。

3. 展会现场的服务反映了展会组织者的组织能力，同时也会影响到参展商和观众的满意度，因此，在将相关服务外包给其他公司时，会强调工作制度和违约责任。

4. 通过该协议，学习者可以大致了解展会主场服务的业务范围，以及主办方委托服务商实施主场服务的方法。

三、会展合同的构成部分与写作要求

（一）首部

会展合同的首部是整个合同书的抬头部分，一般必须写明：

（1）会展合同的名称。如“××××委托承办展会合同书”“×××龙虾节演出协议”等。

（2）合同各方的当事人。如甲方：W 省文旅厅；乙方：B 市××展览有限责任公司等。

（3）合同订立的依据和目的。如“甲方拟委托乙方为 2019 信阳马拉松筹备制作广告（以下简称‘广告物料’）、会展展厅制作等，经双方协商达成一致，签订本合同，并共同遵守。”

（二）正文

正文作为会展合同的核心内容必须逐条写明。

（1）《民法典》规定的相关条款，如有关合同的标的、数量、质量、报酬、履行期限、付款方式、违约责任、解决争议的方法等。

（2）由会展合同本身性质所决定的相关条款。

（3）组展商和参展商通过协商一致达成的相关协议。

（4）其他附加条款。

（三）尾部

（1）尾部是会展合同的结尾部分，一般由会展合同各方当事人签名或盖章，并注明合同订立的时间。如果该合同需经过公证或见证，还需要有公证或见证人员的公证、见证意见及签名，同时加盖公章。

（2）如果合同当中涉及较多附件，则需要在“附项”部分注明附件名称和份数。

在进行会展合同写作过程中，应审查订立合同各方主体的资格是否符合我国《民法典》的相关规定。合同的具体条款每一条都需要经过认真严肃的审查，核实其是否有违反法律的内容。此外，合同内容还必须符合社会公德要求，不得损害社会公共利益，扰乱社会经济秩序。在合同当中会具体规定当事人各方的权利与义务，因此其所列条款需具体、明确、全面，不得含糊其词，这样才能有效地避免后续可能产生的纠纷。

第九节　会展新闻稿

一、新闻的基本概念

新闻是会展业广泛运用的会展营销方式之一，可以帮助主办方有效地进行宣传推广。用于宣传推广的会展新闻，其宣传对象可以从宏观和微观两个层面来看：宏观层面的宣传对象针对会展行业和会展城市；微观层面的宣传对象主要针对会展机构和会展项目。

会展新闻工作贯穿了整个会展过程，前期的新闻工作宣传是为了塑造会展的品牌形象，吸引更多的参展商和观众前来参与。在会展中，其则需要有特色的新闻报道，针对会展执行过程当中呈现出的风貌进行对外宣传。需要注意，在整个会场宣传过程中，需要保持内容的一致性。

（一）新闻的概念

新闻的概念有广义和狭义之分。狭义的新闻，主要是指“消息”，也就是通过报刊、广播、电视、网络等传播媒介，简要而迅速地报道最近发生的有传播价值的事件。广义的新闻包括报告文学，这是一种兼有新闻和文学双重属性的文字性作品，属于非虚构的小说类作品。

报道是指新闻作品发表的过程，可以采用书面、语音或视像的形式进行发表。

（二）新闻写作的基本知识

新闻作品的生产有其特有的一套流程。对于新闻机构来说，生产新闻主要有以下两套流程。

流程一：感知信息—提炼主体—撰写文稿—提交审查—修改文稿—提交编辑—公开发表。

流程二：设立主题—收集信息—撰写文稿—提交审查—修改文稿—提交编辑—公开发表。

对于新闻生产活动来说，主题是整个新闻报道的核心。新闻主题体现了新闻生产者的意图和观点。

在写作新闻时，主题是贯穿全文的文脉，是新闻生产者收集新闻素材、布局谋篇、选择表达方式的出发点和立足点，主题对新闻生产有着引导和驱动的作用。新闻主题的产生主要有两种形式：一种是作者在经历事件，感知事件信息之后，从自身经历当中提炼主题，而后进行写作；另一种是作者根据预先设立的主题，收集相关事件的信息，而后进行写作。

但凡媒体机构生产的新闻作品，在公开发表之前都有严格的审查制度。除了机构编辑部的审查之外，还会将草稿发给稿件涉及的相关人员进行审阅。

（三）新闻写作的结构与写作要素

新闻作品一般由标题、导语、主体、结语和背景五部分组成，其中标题、导语和主体是主要部分，结语和背景是辅助部分。此部分将在会展主办方新闻写作要求中具体介绍。

写作新闻的主要目的是叙事，其写作要素可概括为六个“W”，即 Who（何人）、When（何时）、Where（何地）、What（何事）、Why（何因）、How（何果）。在一篇新闻报道中应该将事件所涉及的人物、时间、地点、经过、原因和结果一一交代清楚，如果要素不全、叙述不够清晰，会影响到新闻的传播，甚至可能对读者产生误导。

以《广州日报》2024 年 9 月 28 日刊登的报道《广州文交会开幕　集中展示数字文化时代新成果新业态新场景》为例：

案例 3-19：广州文交会开幕 集中展示数字文化时代新成果新业态新场景

9 月 27 日上午，2024 广州文化产业交易会（以下简称“广州文交会”）正式开幕。本届文交会由广州市人民政府主办，中共广州市委宣传部、广州市文化广电旅游局承办，于 9 月 27 日至 29 日在广交会展馆举行。大会以“数字赋能新文旅产业汇聚大湾区”为主题，集中展示专业化、市场化、国际化办会特色，设置数字文化创意展、文旅装备展及广州电影产业博览交易会（以下简称“广州影博会”）三大主体展示活动，集中展示数字文化时代的新成果、新业态、新场景。

（资料来源：广州日报，https://www.gz.gov.cn/ysgz/xwdt/ysdt/content/post_9893260.html）

案例点评：

在这不到 200 字的新闻导语当中，清楚交代了这篇新闻的要素：何人——2024 广州文化产业交易会（简称“广州文交会”）；何时——9 月 27 日至 9 月 29 日；何地——广州；何事——广州文交会将于 9 月 27 日至 9 月 29 日举办。而何因和何果放在新闻的正文中加以阐述，需要注意的是何人并不仅仅指代人物，也可以指代新闻报道的主要对象，如此案例当中的何人就是指广州文交会。

二、会展新闻传播与报道的意义

会展新闻传播与报道的主要目的在于宣传行业、宣传项目与宣传会展主办方。

（一）传播会展新闻的媒体

会展新闻的传播需要借助媒体，包括报刊、广播、电视网络等。从会展主办方的角度来分析，媒体可以分为自媒体和外媒体两种。

所谓自媒体是指会展机构自行创办的媒体，包括会刊、会报、简报、网站、微博、QQ、微信公众号等，其中会刊、会报、简报属于传统的纸质媒体，网站、QQ、微博、微信公众号属于依托互联网的新媒体。

会展主办方之外的社会媒体，包括公众媒体和专业媒体两类，被称为外媒体。公众媒体也被称为大众媒体。在我国，人民日报、新华网、中央广播电视台、中央电视台以及各地的都市报、广播、电台、电视台等属于公众媒体，是服务于公众或大众的媒体。专业媒体主要是指专门为会展业服务的社会媒体，《中国会展》《中外会展》等期刊以及其他以报道会展新闻为主的网站、微信公众号，如中展资讯等属于专业媒体。除此以外，还有一些协会或学会的官方网站也是报道会展业新闻的专业媒体，如中国会展经济研究会。

目前会展新闻的传播，都呈现“一媒多体”的格局。比如，中央电视台除了电视频道以外，还有央视网、手机央视网客户端、互联网电视、微信公众号、微博等网络媒体。除了会展行业的专业媒体以外，一些非会展行业的媒体也会传播会展新闻，比如新浪网、凤凰网、澎湃网、今日头条等非会展行业的专业媒体也会报道会展相关新闻。

思考分析：第四届山西文化产业博览交易会（文博会）全媒体传播策略

山西省高度重视文博会的宣传工作，强调要形成生存高潮，营造浓厚氛围。文博会是山西省宣传思想文化系统自己主办、自我展示的平台，因此更希望能够发挥宣传系统优势，举全力做好宣传工作。

为此第四届山西文博会组委会专门制订了新闻宣传方案、社会宣传方案、网络及新媒体宣传方案，全面统筹省内、省外、中央、市县、网络等媒体宣传以及对外宣传、社会宣传。电台、电视台、报社、新媒体开辟了文博会的专栏专题，分阶段、有重点地集中展示山西省文化改革发展的新亮点、新成就，整体上做到统筹推进、主题突出、形成声势。山西省把社会宣传放在更加重要位置，太原市作为文博会的“主场”，承担了社会宣传的主要工作，利用城市主要街道、户外大屏、户外广告等场所，广泛开展氛围营造工作，不断扩大文博会的社会知晓度和公众影响力。

第四届山西文博会组委会还特地制定了第四届山西文博会宣传工作指引，特地指出从11月5日（文博会倒计时30天）起，山西日报开设专栏，山西广播电视台新闻联播口播倒计时，统筹传统媒体和新媒体，做好文博会新闻宣传、氛围营造等工作。从11月13日起全方位宣传报道观展须知、注意事项等。文博会组委会下设多个工作组，其中社会保障组制订了专门的社会宣传方案，宣传组也制订了宣传报道方案，11月4日，印发《第四届山西文化产业博览交易会宣传报道方案》，下发到各市委宣传部、省委网信办、省直各新闻单位。11月26日，下发《关于进一步加大第四届山西文博会宣传报道工作力度的通知》，要求各新闻媒体进一步加大宣传力度，迅速形成规模声势，举全力宣传会展。第四届山西文博会共有中央、香港驻晋、省市两级百余家媒体进行集中采访报道，其中，中央媒体17家、香港驻晋媒体1家、省级媒体38家、市级媒体77余家，参会记者达644名。

（资料来源：王燕. 大型会展的全媒体传播策略研究：以第四届山西文化产业博览交易会为例[D]. 太原：山西大学，2020.）

思考：

1. 在第四届山西文博会媒体宣传策略中，采用了哪些媒体渠道？
2. 这些媒体渠道的优缺点是什么？

（二）传播会展新闻的意义

1. 扩大会展活动的知名度

会展主办方希望其组织的展览、会议或活动能够为更多的社会大众所知晓，因此坚持写作和传播会展新闻，有助于扩大会展主办方及其所举办的展览会议或活动项目的知名度。

2. 树立良好品牌形象

对于会展主办方而言，自行生产的新闻，无论是用于宣传自身、宣传展览项目，还是宣传客户都是从积极正面的角度去予以报道，这些积极的报道有利于增加受众对于主办方及其项目的信心，从而树立正面的品牌形象。

3. 增强用户忠诚度

如果参展的客户多次或长期参加某一展览，那么与主办方合作的次数越多，参展客户对于该主办方或该会展项目的忠诚度就越高。

4. 发挥信息传播的“长尾”效应

“长尾”理论认为，商业或文化产品的大量需求，并不在产品的发布之初，而在于需求曲线中那条无穷长的尾端。尤其是在互联网时代，信息传播的内容得以在网络上长期保留，人们可以根据需要在网络上随时搜索查阅，这就是信息传播的长尾效应，会展新闻通过互联网得以留存，其“长尾”效应，将会满足持续关注的需求。

三、会展主办方新闻写作要求

如前文所述，会展新闻由标题、导语、主体、结语和背景组成。这五部分写作方法分别介绍如下：

（一）标题

新闻的标题是在新闻作品的正文之前，用于提示新闻内容的简短文字。标题要求能够浓缩新闻的内容、概括事件的主旨、传递最核心的信息。读者通过阅读标题便可对新闻的内容有一个大概的预想。

新闻标题有多种组合形式，由两句话以上组成的标题称之为多级标题，包含了引题、正题和副题。

引题通常位于正题之前，其作用是为正题交代背景、说明原因、烘托气氛或揭示意义等。如：《中国好茶 香飘世界 首届中国国际茶博会吸引 47 个国家参加》，其中“中国好茶 香飘世界”为引题，引题通常以虚写为主，可采用一些修辞手法起到烘托氛围的作用。

正题是在新闻标题组合当中，字号最大、位置最突出的部分，正题需要高度概括新闻的中心内容，传递真实的信息。

副题是在正题之后，起补充作用的文字，以写实为主。如《广交会回暖 浙江外贸企业订单多 出口成交增长 7.7%》，引题为“广交会回暖”，正题为“浙江外贸企业订单多”，副题为“出口成交增长 7.7%”。

案例 3-20：第 26 届亚洲宠物展览会新闻标题一览

新华网——上海：亚洲宠物展规模再创新高　宠物消费跑出新赛道

中国新闻网——2024 年亚洲宠物展人气火热　老年宠物健康受关注

看看新闻 Knews——宠物界的年度狂欢！第 26 届亚洲宠物展来了

证券时报——亚洲宠物展规模再创新高　行业呈现消费升级趋势

中国青年报——宠 2024 亚洲宠物展：奇异“萌”宠出没

浙江在线 · 新闻——潮声：“它经济”，NextLevel?

案例点评：

以上几种新闻标题提取了宠物展览会中不同的亮点，从不同的角度对该展会进行报道，可以引起读者对于展会的关注。

（二）导语

导语是新闻正文开头的第一句话或第一个自然段。作为新闻的起始，导语直接揭示新闻的主题，起到统领全文的作用，用简明扼要的语言，反映新闻事件的要素和主要看点，起到引起读者阅读兴趣的作用。

写作新闻导语时需要把握三个要点。

1. 配合新闻的标题，介绍新闻六要素中最重要的内容

如：四川茶博会微信公众号在2025年3月17日发表的新闻报道《三江润早茶　携手向未来，2025宜宾早茶产销对接会圆满落幕》的导语：

“3月14日—16日，2025宜宾早茶产销对接会在合江门广场成功举办。本次活动由中国茶叶流通协会主办，四川省茶业集团股份有限公司承办，汇聚了200多名来自全国各地茶行业科研院所、行业协会和采购经销商代表，共同品味宜宾早茶的独特魅力，探讨产业发展新路径。”

在这篇导语当中，提到了新闻六要素六个“W”当中的Who（何人）——中国茶叶流通协会主办，四川省茶业集团股份有限公司承办；When（何时）——3月14日—16日；Where（何地）——宜宾合江门广场；What（何事）—共同品味宜宾早茶的独特魅力，探讨产业发展新路径。

2. 简明报道，为之后的新闻内容提供铺垫

如：中国新闻周刊网2024年12月11日发表的《科大讯飞携多款创新科技产品亮相2024全球智博会》中的导语：

“‘以智提质·向新而行’2024全球人工智能产品应用博览会（以下简称‘全球智博会’）于12月10日在苏州国际博览中心开幕。科大讯飞携多款创新科技产品亮相，展示其在人工智能技术等多领域取得的最新成果。”在导语之后，以“科大讯飞”“最新成果”为核心对展会参展商和参展产品进行了全面报道。

3. 运用写作技巧，增强可读性

为了使新闻导语生动活泼，可以采用多种方式进行描写，以取得令读者惊艳的效果。

如：科技日报2024年11月15日发表的《聚焦前沿科技　推动国际合作——第二十六届高交会在广东深圳举行》的导语：“高性能柔性电子皮肤可将外界刺激转化为电信号，高精度飞秒激光时间抖动测量仪实现飞秒脉冲激光定时抖动精确测量，仿生灵巧手媲美人手实现复杂抓握……11月14日，第二十六届中国国际高新技术成果交易会（以下简称“高交会”）在广东深圳开幕。”采用了直接陈述的方式开头。

（三）主体

主体部分既是对导语的进一步解释、补充和叙述，也是阐述作者观点的主要部分。新闻的主题需要充足的材料来体现，因此，这一部分在新闻正文当中所占篇幅较大，在这里读者能够获知更多的新闻事件的细节。正文的写作方法也比较多样，但是一定要严格遵循六要素来叙述新闻事实，将人物、时间、地点、经过、原因、结果交代清

楚。为了更好地体现新闻的主题，在正文写作时，需要作者谋篇布局，有逻辑、有层次、有重点地展开新闻报道，避免内容的重复或矛盾。

（四）背景

背景衬托新闻事实的材料，交代新闻事件的环境和条件，有助于读者理解新闻的内容，强化新闻的主题。在写作背景部分时，背景须与新闻事件密切相关，在篇幅上不能喧宾夺主。背景部分不是正文的必要内容。

（五）结尾

在新闻报道的最后，用一句话或一段话，起到总结报道的作用。结尾不是新闻正文的必要组成部分。

以上写作方法，可以应用于微信、微博、企业官方网站等“软文”文案的写作中，此类“软文”的阅读对象主要是社会大众。

除此之外，会展主办方还会通过发布新闻通稿对会展项目进行宣传。新闻通稿主要应用于新闻发布会。路演或者项目运行的某个阶段，比如展览开幕之前或之后的宣传工作。新闻通稿面对的对象主要是媒体记者，需要注意的是会展主办方写作的新闻通稿属于篇幅较大的新闻稿，一般字数在 1 500~3 000 字。

在撰写新闻通稿时，需要注意新闻通稿是为了主办方项目宣传的需要，但是在撰写过程中要避免拔高宣传。媒体记者在撰写新闻稿时，会参考会展主办方所发布的新闻通稿进行内容的编辑，这就要求新闻通稿必须言之有物，充分介绍办展意图、组展情况，并且要明确点出该会展项目的亮点所在，增加媒体记者对于新闻通稿的采用率。

在撰写新闻通稿时，根据项目的进展情况和宣传需要，提供真实可靠的新闻事实，通过比较过往数据加深媒体印象，比如展览总面积的增加、参展商满意度的提高，以及展位销量和观众数量的增长。还可以介绍一下即将出席的权威人士、现场服务措施的亮点等来为展览增加曝光度。

和普通的“软文”相比，新闻通稿篇幅较大，需要包含的内容较多，最好采用非小标题写作的方式，以避免文章的逻辑不清，层次不明。

案例 3-21：第七届中国国际进口博览会举行新闻发布会通稿

国务院新闻办公室于 2024 年 10 月 23 日（星期三）上午 10 时举行新闻发布会，请商务部部长助理唐文弘，上海市委常委、副市长华源，中国国际进口博览局副局长吴政平，上海市商务委员会主任朱民介绍第七届中国国际进口博览会筹备情况，并答记者问。发布会由国务院新闻办新闻局副局长、新闻发言人邢慧娜主持。

（一）

（唐文弘先生介绍）进博会由习近平主席亲自谋划、亲自提出、亲自部署、亲自推动，是中国推动新时代高水平对外开放的重大决策，是中国主动向世界开放市场的重要举措。2018 年首次举办以来，进博会持续发挥国际采购、投资促进、人文交流、开放合作“四大平台”功能，成为构建新发展格局的窗口、推动高水平开放的平台、全球共享的国际公共产品。

秉承“新时代，共享未来”主题，第七届进博会将于 11 月 5 日至 10 日在上海举办，同期举办虹桥国际经济论坛。这是中国共产党二十届三中全会胜利召开后举办的重要经济外交活动。目前，各项筹备工作已基本就绪，整体展览展示面积将超过 42 万平方米，将有152个国家、地区和国际组织参加国家展和企业展，虹桥论坛将举办主论坛和19场分论坛。

我们认真贯彻落实习近平主席向第六届进博会重要致信精神，推动本届进博会在以下三个方面进一步提升成效。

首先，进一步提升构建新发展格局的窗口功能。在助力畅通国内大循环方面，聚焦发展新质生产力，首次设立新材料专区，升级打造创新孵化专区，举办首发经济和促进消费相关分论坛等活动，助力产业升级，丰富国内供给，服务高质量发展和高品质生活。在促进国内国际双循环方面，持续打造全球新品首发地、前沿技术首选地、创新服务首推地，展示400多项代表性新产品新技术新服务，组织39个政府交易团和4个行业交易团、共计780个分团到会采购，这是历届最多的；同时举办“投资中国”自贸试验区专场推介、外资企业圆桌会等活动，推动“展品变商品、展商变投资商”，充分彰显我国超大规模市场吸引力和各方投资中国、深耕中国的信心。

其次，进一步发挥推动高水平开放的平台作用。举办进博会，积极扩大进口，这是中国扩大自主开放的重要举措。本届进博会企业展继续保持36万多平方米的超大规模，共有129个国家和地区的3 496家展商参加，国别（地区）数和企业数都超过了上届，参展的世界500强和行业龙头企业达297家，创历史新高，186家企业和机构成为七届“全勤生”。中国馆以“推进中国式现代化，共谋世界发展繁荣”为主题，重点展示推进中国式现代化建设和推动高水平对外开放的最新成果。虹桥论坛将发布《世界开放报告2024》和最新世界开放指数，为建设开放型世界经济建言献策。

最后，进一步强化全球共享的国际公共产品服务。国家展继续为各国展示综合形象和贸易投资领域机遇搭建重要平台，有77个国家和国际组织参展。法国、马来西亚、尼加拉瓜、沙特阿拉伯、坦桑尼亚、乌兹别克斯坦将担任主宾国。我们将为37个最不发达国家参加国家展和企业展提供支持，并扩容非洲产品专区，助力扩大对最不发达国家单边开放，以实际行动践行普惠包容理念。虹桥论坛更加突出“促进全球开放合作、完善全球经济治理”的功能定位，以“坚持高水平开放　共促普惠包容的经济全球化”为主题，聚焦新型储能、人工智能等国际热点话题，邀请政商学界嘉宾交流讨论，境外发言嘉宾占近一半。政策解读、对接签约等各类配套活动约110场；人文交流活动展示面积超过3.2万平方米，也是历届之最。

下一步，我们将与各方一道，扎实推进最后冲刺阶段各项筹备工作，确保第七届进博会成功、精彩、富有成效。谢谢！

（二）

（华源先生介绍）首先，感谢大家一直以来对进博会的关心关注和支持帮助。上海市委、市政府将办好进博会作为贯彻落实党的二十届三中全会精神的实际行动，深入贯彻习近平总书记关于进博会“越办越好”的重要指示要求，按照第七届进博会总体方案的部署，立足“一流的城市形象”和“一流的服务保障”，围绕参展服务、城市运行、综合效应等任务，提升“便利化、智能化、绿色化”的水平，举全市之力确保第七届进博会成功、精彩、富有成效。目前，各项筹备工作已基本就绪。我主要介绍四个方面的情况。

一是精心组织落实全方位的服务保障。我们编制了城市服务保障总体方案和总任务书，建立了31个保障组，比去年又增加了3个保障组。滚动梳理问题清单，组织开展了综合演练和专项演练。目前，交通组织、环境优化、嘉宾接待、志愿服务、住宿餐饮等31个方面的270项重点任务都按时保质推进完成。

二是细化需求提升服务质量和水平。嘉宾接待立足“一团一策”，精心制定接待方案。餐饮供应体系更加完善，引入特色餐饮，丰富餐饮品类，确保“吃得上、吃得好、吃得安”。优化住宿酒店在线预订流程，引入进博文创与“上海礼物”，展示进博文化和上海形象。全面优化升级能源通信设施，确保展会的水、电、燃气以及网络通信的安全稳定。优化“上海知天气”APP进博模块，开通进博会期间天气形势预报和地面交通路线天气实况等功能。

三是综合施策提高参展观展便利度。海关、市场监管、出入境管理等部门出台了一系列便利举措，助力展客商顺利参展、展品顺利通关。交通保障优化了“轨道交通+地面公交+包车客运+出租车+预约停车”出行体系，保障抵离更加便利。科技赋能能力进一步增强，上线“进博士”AI数字服务管家APP，为展客商提供随身的助手服务。招募了一大批高素质的志愿者，其中还包括了160余名小语种志愿者和100名专业讲解志愿者，还组织了65名法律服务志愿团律师。

四是搭建平台促进展客商交流合作。上海交易团已经完成了第六届进博会所有采购目标，并在进博局的组织下已经开展了3场本届进博会的供需对接活动。采取有针对性的措施，为产学研专业观众参观进博会提供更多便利，也为展商提供更多市场拓展和信息交流机会。精心筹办“投资中国·2024上海城市投资推介大会”和浦东、虹桥两场分论坛。今年我们还将组织进博会的上海活动，为展客商提供更多客户会见、行业交流、新品和成果发布的互动空间。

目前，上海已经进入进博时间，我们诚邀国内外各界朋友来上海参加第七届进博会，也热忱地欢迎各位媒体朋友届时到上海采访，谢谢大家。

（资料来源：中国国际进口博览会百家号官方网站，https://baijiahao. baidu. com/s? id = 1813717372387851676&wfr = spider&for = pc.）

案例点评：

这篇新闻发布会的通稿对第七届中国国际进口博览会进行了比较全面的介绍，该通告主要分为三个部分，第一部分对此次新闻发布会的出席人员进行了简单的介绍。第二部分点明第七届进博会的举办时间和基础情况，并提出本届进博会与第六届相比的进步之处。第三部分对进博会在服务保障、服务质量和水平、提高参展观展便利度和促进展客商交流合作方面的举措进行了介绍。文章层层递进，通过多项数据的列举，增加了文章的可信度。

核心知识小结

本章主要针对会展运作阶段的文案进行了讲解，主要包括会展招展和招商方案、会展招展函和邀请函、参展申请表与确认书、参展商服务手册、会展相关活动文案、会展宣传推广文案、会展广告文案、会展合同和会展新闻稿几个方面。通过大量案例补充，梳理了会展运作阶段的主要文案。

案例分析

广州文交会开幕集中展示数字文化时代新成果新业态新场景

9月27日上午，2024广州文化产业交易会（以下简称“广州文交会”）正式开幕。本届文交会由广州市人民政府主办，中共广州市委宣传部、广州市文化广电旅游局承办，于9月27日至29日在广交会展馆举行。大会以“数字赋能新文旅产业汇聚大湾区”为主题，集中展示专业化、市场化、国际化办会特色，设置数字文化创意展、文旅装备展及广州电影产业博览交易会（以下简称“广州影博会”）三大主体展示活动，集中展示数字文化时代的新成果、新业态、新场景。

9月27日，不少观众前往现场体验“文旅最前沿”，深刻体会创新技术的力量及其描绘的未来图景的无限潜力。

大师同台共享文化盛宴

广州文交会创办于2017年，迄今已成功举办6届，展会规模、成交金额和影响力逐年提升，品牌效应和辐射功能逐步凸显，实现了从无到有、从小到大，从广州走向大湾区、走向世界的“逐级跃升”。

本届文交会以链接“一带一路”和粤港澳大湾区资源为主线，瞄准“引进来”和“走出去”两个目标，重点围绕动漫游戏、文旅装备、数字电影等数字文化新业态、新场景，探索文化和科技融合的有效机制，呈现粤港澳大湾区优秀传统文化的传承与发展。

众多文化产业领域内的头部企业及各大博物馆、文化馆等文化艺术机构运用多种技术手段，在现场打造了集艺术展示、科技体验、产业交流于一体的综合性沉浸式空间。

数字文化创意展集纳了XR大空间、全息投影、裸眼3D、体感交互、未来景区等多元数字场景，集中展示了最新科技在文化艺术领域内的创新应用成果。

广州文化集团展区特别设置了广州礼物精品展，涵盖匠心非遗、文房雅趣、文博广州等10个系列。“广州礼物”的展示平台以联名或独家形式，联动24家企业，展出10个系列、160多款文创产品。这些产品体现“文化+”或“+文化”的理念，有老少皆宜的醒狮文创产品，还有体现文房雅趣的羊城八景系列文创产品。琳琅满目的产品陈列其中，让文化“被看见”。“文化创意的多样性让我惊叹，也让我更深刻地感受到广州这座城市的文化底蕴与创新活力。”有观众如此表示。

在非遗文创展区，百位大师匠心独运，近千件作品在此展出，动静结合，魅力非凡。其中，万福隆艺术馆、应书良应嘉仪紫砂艺术馆、风和日丽艺术馆等百家品牌亮相。中国国家博物馆郑智、洛阳大唐书画院张永朝、中央美院纪博研、中国艺术研究院写意画院李一龙等同台竞技，打造顶级文化盛宴。

在互动活动区，陶艺制作、川剧变脸、长嘴壶茶艺、禅茶艺术、咏春拳表演、国画及书法大师现场挥毫等各种活动争奇斗艳，为观众带来精彩绝伦的体验。

沉浸体验特效艺术空间

文旅装备展是本届文交会的焦点，吸引了近400家企业参展。它秉承“数字+文旅”的理念，汇聚了灯光音响、互动多媒体、水影水秀等创新文旅业态，打造了“艺术+科技”深度融合的沉浸式文旅装备体验之旅。

建业显仕展区内错落有致的LED显示屏吸引了众多参观者的目光。透过LED显示屏营造的视觉景象，映入眼帘的是投影技术构建的全息空间。投影技术与空间环境深度融合，创造出强烈的沉浸感和包裹感。

轻盈的泡泡缓缓升起，营造出梦幻般的氛围；璀璨的火花四溅，点燃观众的热情；喷出的烟雾和彩带为整个场景增添了亮丽色彩……惠浦特效展区以其独特的舞台演出和文旅特效技术，为观众呈现了一场全方位满足其视觉、触觉与听觉的盛宴。“好漂亮！好神奇！好像在大马戏团的感觉！”现场观众惊叹连连。

在锐丰文化大型光影秀展台上，“无界”主题森野谧境空间将自然美学与尖端科技完美融合。展厅以东方美学为设计核心，通过水、木、石等自然元素，打造出一片触手可及的“森林秘境”。

雷凌显示也带来了“重磅产品”。“大家可以看到我们展示的外星人和龙卷风系列LED大屏。”展区负责人说。此时，展区大屏幕正播放着影像。“这个屏幕包裹感很好，视线更加清晰，很棒！”观众林先生说。

科技赋能呈现变革力量

从大型户外LED显示屏到精致的室内高清投影幕，再到触摸屏、曲面屏、透明屏等，每一种屏幕都为展示空间注入了无限活力与创意。新技术不仅提升了视觉体验，更开辟了全新的互动维度。置身其中，观众能深刻体会到创新技术带来的变革力量以及它们描绘的未来图景的无限潜力。

北欧时刻会展快闪店提倡用艺术丰富自己的家，为美好生活注入更多的乐趣和灵感。花湾文创、优荟文创市集、广州市海珠区民间文艺家协会等多家机构也热情邀请观众共品时尚创意。

另外，充满科技感的互动装置也是文旅装备展的一大亮点，动感酷玩、射击竞技、电竞运动、数字影院等多主题VR爆品覆盖休闲娱乐、文旅研学、科普教育、电竞体育等多个领域，通过科技与艺术的结合，让科技产品更具艺术感，为体验者带来前所未有的沉浸式体验。

“广州市文化企业30强”榜单出炉

9月27日上午，在2024广州文化产业交易会（以下简称“广州文交会”）启动现场，“广州市文化企业30强”榜单正式发布。三七互娱、珠江钢琴、酷狗音乐、漫友文化等一批优秀文化企业入围榜单。

作为广州文交会标杆项目之一，“广州文化企业30强”系列活动已连续举办多届，已成为广州文化产业发展的闪亮名片。此次入选30强的企业涵盖游戏、动漫、影视、文化装备、电竞直播、数字音乐、文化教育、文化旅游、创意设计、新闻出版、数字文博、空间运营等多个行业，呈现出广州文化产业多赛道领跑、多领域创新的稳健格局。

近年来，广州文化产业快速发展。全市共有文化企业7.44万家，2023年规模以上文化产业法人单位数创新高，达到3 347家，全市规模以上文化及相关产业实现营业收入5 582.34亿元，同比增长15.92%。广州动漫产业总产值占全国产值20%以上，原创漫画发行占据全国漫画市场30%以上的份额。游戏企业达3 000余家，营收规模超千亿元，约占全国的三分之一。网络音乐总产值约占全国四分之一。以文化创意为核心的文化产业园区达702家，其中国家级21家、省级21家、市级49家，产值超百亿园区5家。

“2024年广州最具成长性文化企业20强”榜单也在现场发布，明道文化、卓远科技、黄埔文旅、智在云天等榜上有名。东方文旅、瑜源文化、高地投资等10家企业则入围“2024广州文创新业态新势力”名单。

“文交会之夜”推动优质企业携手

9月27日晚，“文交会之夜”在广交会堂会议C厅举行，与会嘉宾与行业大咖欢聚一堂，共享广州文化演艺的丰沛活力，并通过项目签约推动产业合作，激活文化动能。

当晚，广州文化集团与多家企业签订战略合作协议，涉及大型活动保障、低空飞行营地、文旅景区运营等多个领域，聚焦新质生产力赋能文化产业高质量发展。

广州文化集团旗下院团及特邀院团带来的艺术展演精彩纷呈，既立足传统又大胆创新，既有浓浓的中华传统文化气息，又有浓烈的“国际范”。

跳跃的音符、动感的舞步，广州歌舞剧院权琳丽等演绎的歌舞《美丽的心情》以热情奔放的青春韵律，寓意广州文化的花样绽放。广州歌舞剧院徐帅带来的歌曲《向往》，旋律大气优美，歌词真挚动人，唱出了奋发的时代风貌。

广州市杂技艺术剧院曾冠玲、周子文两位青年演员在舞台上展现出愈美愈险的极致美学，引来观众的阵阵喝彩。歌舞《领航》高亢激昂的旋律催人奋进，将现场气氛推向高潮。

（资料来源：广州日报，https://www.gz.gov.cn/ysgz/xwdt/ysdt/content/post_9893260.html）

思考与讨论：

依据所学会展新闻稿的相关知识，点评一下以上案例。

复习思考

1. 会展参展商服务手册的作用是什么？
2. 会展招展函包含哪些部分？
3. 会展新闻稿与一般新闻稿的区别有哪些？
4. 请为校园展会设计一份观众邀请函和参展商邀请函。

扫码查看本章PPT

第四章 会展总结反馈阶段的文案

■学习目标

- 了解会展总结、反馈阶段文案的种类。
- 掌握展后调查问卷的设计要求与方法。
- 掌握展后评估报告的写作要求与方法。
- 掌握展后总结报告的写作要求与方法。
- 了解展后感谢信函的内容结构及写作要求。

■导入案例

甘肃省文化博览局深入开展第七届敦煌文博会复盘提升工作

近期以来，省文化博览局积极贯彻文博会组委会领导指示要求，全面开展第七届敦煌文博会复盘提升工作，组织开展“问题大讨论”“经验大总结”“能力大提升”三个阶段复盘工作，提高了全局人员办会水平，为办好第八届敦煌文博会奠定了坚实基础。

“一个会议”找问题。第七届敦煌文博会成功举办之后，省文博局按照“只摆问题、不讲成绩”的原则，立即召开第七届敦煌文博会筹备工作复盘会议，省文旅厅分管领导出席会议并讲话，讲话全面梳理第七届敦煌文博会内容设计、活动组织、机制运行等方面问题与不足，为第七届敦煌文博会复盘提升工作确定了基调。省文博局认真起草第七届文博会工作总结，全面分析了存在问题与下一步工作打算。全体干部以自身承担工作任务为切点，深入反思自身工作中存在的困难与不足，并从主观与客观两个方面分析原因，让每一名干部对第七届敦煌文博会筹备工作进行了全方位的“过程回放”与“问题检索”。

“两个清单”明思路。在第七届敦煌文博会复盘会议的基础上，省文博局结合各部门工作总结与组委会各工作组总结，从策划实施与接待联络两个方面，梳理了第七届敦煌文博会存在问题清单，并在总结吸收历届敦煌文博会成功经验与国内知名展会优秀做法的基础上，研究制定了改进措施清单，明确了每一个问题的改进措施、每一项改进措施的落实主体与时限要求，让第八届敦煌文博会的筹备工作更加明确，也让每一名干部的工作任务更加具体。

“三项行动”促提升。围绕改进措施与能力提升，重点开展了三个专项行动。理论提升行动，定期组织习近平文化思想集体学习，给每一个部门配发《习近平谈“一带一路”》（2023年版），作为理论学习必读书籍，有力提升了全体干部的理论水平。能力提升行动，建立“传帮对子”，在材料起草、会务组织等方面制定帮带任务与阶段性目标，组织学习考察杭州文博会等知名展会，有效提升了办会能力。质效提升行动，坚持“快”的节奏与“优”的标准，要求安排工作讲明时限、讲清标准，落实任务保证质量、保证效率，全体干部工作紧迫感与荣誉感显著增强。

（资料来源：甘肃省文化博览局，https://www.gswbj.gov.cn/a/2024/10/22/22888.html）

思考问题：

会展活动结束后，对会展总结评价的作用是什么？

从上面所引的这则报道可以看到，在整个会展活动过程中，尤其是会展活动结束后，对会展进行评价总结是必不可少的，一方面梳理了本届展会的成果，收集整理了数据资料，另一方面又能为下一届展会的开展总结经验教训，做好充分准备，因此展后评估总结工作在整个会展活动中具有重要意义。

第一节　展后调查评估

一、展后调查问卷

近些年来，展后调查评估工作越来越受到会展各相关方的重视，通过展后调查评估可以总结经验、发现问题，是提高办展水平的重要途径之一。采用调查问卷的方式是开展展后调查评估方法之一，进行展会评估可以在确定评估的方法和步骤后，设计合理的调查问卷，搜集有关信息，通过对有关材料的分析，得出展会效果评价，并对下届展会的举办提出一些意见和建议。

（一）展后调查问卷的定义

展后调查问卷是根据展后调查的目标，将需要调查的问题具体化，以便顺利地获取必要的信息资料，从而进行统计分析的文本。问卷调查是较常见的一种调研方法，在会展评估总结工作中运用得十分广泛。

（二）展后调查问卷的设计步骤

一般而言，展后调查问卷必须通过认真仔细的设计、小范围间的测试和必要的调整，才可以大规模地使用。通常，展后调查问卷的设计可以分为以下几个步骤：

1. 根据展后调查目标，确定所需要的信息资料

在设计展后调查问卷之前，调查的工作人员必须明确的是，希望通过此次调查了解哪些方面的信息，而这些信息中的哪些部分是必须通过问卷调查才能得到的，这样才能较好地设计调查问卷的问题，实现调研目标。所以，在这一步中，调查人员应该先列出所需要调查的项目清单。

2. 根据项目清单，确定问题的设计和选择

在确定了所要收集的信息资料之后，问卷设计人员就应该根据所列调研项目清单进行具体的问题设计。设计人员应根据信息资料的性质确定提问方式、问题类型和答案选项如何分类等。对一个较复杂信息，可以设计一组问题进行调查。问卷初步设计完成后应对每一个问题都加以核对，以确定其对调查目标是有用的。没有实际意义的问题应该从问卷中删除，因为它会耽误被访者的时间，使被访者不耐烦，从而导致调查达不到应有的效果，所以必须要确保问卷中的每一个问题都是必要的。

3. 决定调查问卷的措辞

展后调查作为一个事后的调查，需要参加过此次展会的参展商及观众密切配合才能进行，因此，措辞的恰当与否，将直接或间接地影响调研的结果。如使用不当的措辞，将有可能被拒绝调查，所以，对问卷问题的用词必须十分恰当，要力求通俗、准确、客观。不能使用有疑义的字词句，以免引起误会。

4. 确定问题的顺序

根据调查目标设计好各项问题以后，要按照问题的类型、难易程度安排询问的顺序。一般来说，问题的排列要符合逻辑的次序，容易回答的有引导性的问题放在开头，回答有困难的问题或私人问题应放在问卷的最后，因为如果涉及个人的问题，容易引起被访者的警惕、抵制情绪，尤其是在电话式问卷调查中。整个调查问卷应该使被访者在回答问题时有循序渐进的感觉，同时要能引起被访者回答问题的兴趣。

5. 问卷的测试与检查

在展后调查问卷用于大范围的调查之前，应该先在小范围之内选一些符合抽样标准的被访者来测试，在实际环境中对每一个问题进行讨论，以便发现设计上是否有缺陷。如问题的设置能否体现整个调研主题，措辞是否容易造成误解，语意是否清楚，是否抓住了调查的重点等，以便于及时加以合理的修订。

6. 审批、定稿

展后调查问卷经过修改后还要呈交相关部门领导，审批通过后才可以定稿、复印，并在适当培训实施调研的工作人员后，方可开展展后问卷调查。

（三）展后调查问卷的结构与写法

一份展后调查问卷一般包括以下六个部分：

1. 标题

标题一般由调查对象、调查内容和调查问卷组成，如“××展会关于××的调查问卷”。

2. 前言

前言包括问候及填写说明，以亲切的口吻问候被调查者，使被调查者感到礼貌、亲切，说明调查的意义、目的、调查项目、内容以及对被调查对象的希望和要求等，

从而让被访者提高回答问题的热情和确保调查结果的准确性。

3. 被调查者基本情况

被调查者基本情况包括被调查者的性别、年龄、职业、文化程度等，根据调查需要，选择列出，其目的是便于进行资料分类和具体分析。

4. 调查内容

调查内容是指所调查的具体项目，它是问卷最重要的组成部分，是将调查的若干问题有顺序地进行排列，请被访者一一回答，问题的设置必须根据调查目标来设计。

展后调查问卷的题型一般有以下两种类型：

（1）客观题

客观题是设置了答案选项的题目，有单项选择题和多项选择题。单项选择题一般设置相互对立的几个答案，让被调查者选出其中唯一的一项。多项选择题一般设置四个以上的答案（答案的多少视题目设置情况而定），让被调查者选出其中的两项以上的答案，也就是在每个问题后面给出若干个选择答案，被调查者只能在这些备选答案中选择自己的答案。为了让被调查者方便回答，在设计展后调查问卷的时候要注意让其方便操作，如用简单的字母做选项序号，被访者只要在选项序号上划“○”或“×”或“√”，尽量少写文字。

（2）主观题

为了能了解到被调查者更多的信息，在设计展后调查问卷时也可以设置一些主观题，也就是直接提出问题，而问题本身并不揭示任何暗示的答案，由被调查者自由发表自己的看法，允许被调查者用自己的话来回答问题，采取这种方式会得到各种不同的答案，材料也更真实，但是不利于资料的统计分析，所以在整个的展后调查问卷中，不宜设置过多的主观题。

5. 调查者信息

调查者信息是用来证明调查的执行、完成和调查人员的责任等情况，并方便于日后进行复查和修正。调查者信息一般包括：调查者姓名、电话，调查时间、地点，被调查者当时合作情况等。

6. 结束语

在调查问卷最后，简短地向被调查者强调本次调查活动的重要性并再次表达谢意。如：“为了保证调查结果的准确性，请您如实回答所有问题。您的回答对于我们得出正确的结论很重要，希望能得到您的配合和支持，谢谢！”

（四）展后调查问卷的设计要求

展后调查问卷作为实现调查目的和收集数据的必要手段，对问卷设计的要求十分严格。调查项目设计得恰当与否是关系到调查活动能否成功的关键因素，它对调查问卷的有效性、真实度等起着至关重要的作用。调查项目的不同提问形式、提问方法，甚至题目编排顺序都会影响调查结果的真实性。因此，在设计问卷项目时，先要确定调查目的、数据分析方法等因素，再确定问题类型和排列顺序。

1. 问卷类型

一般而言，问卷的类型包括封闭式、开放式和混合式三种形式。

（1）封闭式问卷

封闭式问卷会将要调查问题的答案事先固定下来。其结果是答案规范，便于统计，但不能反映深层问题。同时，答案的完备性和互斥性是设计的关键。

（2）开放式问卷

开放式问卷对答案没有事先规定，或者只提供答案的回答方向。其结果是被调查者自由发挥，可以发现一些研究者事先并未察觉的问题和信息。

（3）混合式问卷

混合式问卷的应用面可能更广。因为采取这种方式理论上可以发挥以上两者的优点，回避两者的不足，但在应用时要注意几点：一是问卷的内容安排，一般是封闭式问题在前，开放式问题在后；二是开放式问题和封闭式问题的比例要根据不同的研究对象和研究目的予以适当的安排；三是开放式问题和封闭式问题是设计问卷时的一个相对概念，并不存在明确的指向性。因此，某个问卷项目是设计成封闭式问题还是开放式问题要根据获取研究资料的有效性和满足程度来决定。

2. 问题类型

问卷中的问题包括以下几种类型：

（1）事实性问题

事实性问题包括基本状况、客观行为等问题，如年龄、性别、教育程度、收入、企业规模等。如："您的年龄在下列哪个阶段?"

（2）主观性问题

该类问题主要反映回答问卷者的态度、信念、感受和需要等问题。如："您认为参观车展是购车的良好途径吗?"

（3）趋向性问题

该类问题主要反映被调查者对问题在其心里的指向。如："下届展会您是否考虑参加?"

（4）解释性问题

该类问题提供几种假设来研究几个变量之间的关系，并提出理由说明，通常是为了深入了解一些问题回答后追问其为什么的补充性问题，如："本届车展中××品牌车成交量大的主要原因有哪些?"

3. 问题格式

设计问卷时要先根据需要确定以上各类问题的比例，然后再具体设计问题格式。问题的格式主要有：

（1）是否式

是否式问题突出两个极端化答案，有些是客观存在的，有些是调查者为了回避某种偏差和其他需要有意设计的。其优点是可以在短时间内获得明确的答案，使持中间态度者不得不偏向一方；不足是不能了解被调查者的意见在程度上的差别。

如：您参加过上届展会吗？（　　）

A. 是　　B. 否

（2）选择式

选择式通常有3个或3个以上备选答案，多数情况下将答案个数设计为4个。一般只允许选 1 个答案，答案之间不能相互交叉。

如：您的教育背景（　　）

A. 高中以下　　B. 高中/中专　　C. 大学/大专　　D. 大学以上

（3）填入式

年龄、性别等涉及被调查者的基本特征的变量可使用填入式问题设计，方便可信。

（4）排列式

排列式按重要性程度依次排列答案供受调查者选答。此类设计研究更有深度，但是作答难度增大，受调查者回绝比例较高。

（5）量表式

量表式问题是用尺度表示某种态度。在调查受调查者对某个问题的态度的问卷中经常使用。其结构性强，可以进行较高层次的统计分析。

如：总的来说，您对本届展会的现场交通服务（　　）。

A. 非常不满意　　B. 不满意　　C. 一般　　D. 满意　　E. 非常满意

由于开放式问卷被调查者可随自己的意愿回答，因此分析其意见与原因，调查者可以获取意想不到、原先被忽略的信息。同时，由于没有约束，回答问题不受限制，可以探讨一些建设性的意见。但其缺点是难以获得针对性意见，各抒己见使答案分散，难以统计。在实践中，我们可以通过“有限度开放问题设计”和“有限度答案统计分析”予以解决，如：“在展位分配方面，您对下届展会有哪些建议?”等。

总之，无论是何种问卷类型，何种问题类型与格式，展后调查问卷在设计时都要注意以下事项：

（1）问卷中所有的题目都和研究目的相符合，所有的问题都是必要的，可有可无的问题不要列到调查问卷中。

（2）问卷尽可能简短，问题设置不能过多，其长度只要足以获得重要资料即可，占用调查者 15 分钟以内最好，否则问卷太长会影响填答者的态度，从而影响调查结果的典型性和代表性。

（3）展后调查问卷中的问题必须是被调查者所了解的。所问问题不能是被调查者不了解或比较难回答的问题，这种使人感到难以回答的问题会影响调研结果。

（4）询问问题时要直截了当。例如：如果想知道参展商或者专业观众为什么要来参加这届展会，那么就不能问：“你为什么不去参加同期举行的其他展会?”这时可能得到的答案是他们为什么不喜欢那个同期举办的展会，而你其实想了解的客户参展目的就得不到真实的资料数据。因为根据参展者对同期展会的看法来了解客户参展目的可能会导致错误的推测。

（5）问卷调查中的问题要提得具体而明确，不能引起误解。避免用引导性问题或带有暗示性的问题。诱导人们按某种方式回答问题得到的是自己提供的答案。

（6）问题的排列顺序要合理。一般先提出概括性、容易回答的问题，引导被访者将其逐步引入调查核心内容，注意要做到循序渐进。

另外，如果是面对面进行访问，要注意给予足够的时间，让被访者能够讲完他们所要讲的话，调查者要快速如实记载被访者的语句。不能无礼打断，为了保证答案的准确性，在被访者回答完毕后，将答案向对方重念一遍。

案例 4-1：××展览会观众调查问卷

尊敬的受访者：

欢迎您参观本届展览会。本项调查旨在了解参观者对展览会各项组织和服务工作的意见和建议，调查数据仅供主办单位内部使用。谢谢您的大力支持。

××展览会组委会

20××年 9 月 28 日

1. 公司名称：________________
2. 参观者姓名：________________
3. 公司与展出者以前有无接触

□有　　□无

4. 参观目的（可多项选择）

□投资　□贸易　□合作　□收集信息　□自荐代理　□其他

5. 参观兴趣（可多项选择）

□全部产品　□零配件　□工业产品　□特定产品　□新产品　□家用产品

6. 参观感想

价　格：□高　□适合

质　量：□高　□一般

设　计：□好　□一般

市场需求：□有　□无

建　议：________________

7. 从何处了解到展览信息（可多项选择）

广　告：□媒体 A　□媒体 B

新　闻：□媒体 A　□媒体 B

内部刊物：□媒体 A　□媒体 B

直接发函：□

其　他：□

8. 对展览感受

□合适　□不合适　□适当　□不适当

时　间：□合适　□不合适　□建议：________________

地　点：□合适　□不合适　□建议：________________

宣　传：□适当　□不适当　□建议：________________

设　计：□适当　□不适当　□建议：________________

展台人员：□表现好　□表现不好　□建议：________________

其他意见、建议：________________________________

案例点评：

上述调查问卷具有以下特点：

一、格式完整。调查表总体上由标题、前言和正文三部分组成。标题突出了展会的名称和调查对象，便于与其他展会和其他对象的调查表相区分。前言采用了书信体写作格式，包括了称呼、说明语、署名和调查日期四部分，调查目的陈述清晰，用语文明礼貌，态度热情恳切，很容易获得被调查者的支持与合作。

二、形式多样。正文部分写作采用登记式和问题式相结合的形式，其中“公司名称”和“参展者姓名”为登记式，其他项目均为问题式。问题式中，又分为开放式和封闭式两种问题。在封闭式问题中，既有对选式问句（如答案选项为“有”“无”），又有选择式问句，还有标度式问句（如答案选项为“高”“一般”）。不同的问句形式可以满足不同的调查需要。

三、简洁、明了。问句设计简洁，语言表述明确，问题数量适当，调查对象只需几分钟便可填完。

不足之处有两个方面：一是“参观感想”和“对展览的感受”这两个一级指标意思相近，差别不大，可以合并为一个一级指标。二是“参观感想”和“对展览的感受”下面问题的答案标度等级太少，都只列出两个等级，会影响统计的精确度。

案例4-2：参展商意见征询表

参展商意见征询表如表4-1所示。

表4-1　参展商意见征询表

序号	科目/分数		100	95	90	85	80	75	70	65	60	55
1	展览秩序											
2	布展质量											
3	配套服务	展品运输										
		展商接待										
		交通安排										
		餐饮服务										
		现场咨询										
4	客户组织情况	专业观众组织										
		境外观众组织										
5	宣传	宣传报道										
		展会网站										
6	展会论坛											
7	展会专业化程度											
8	展会国际化程度											
9	参展效果											
10	总体评价											
11	参加过哪几届展会		第①②③④⑤届									
12	是否参加下届展会		是　　　　否									
13	对下届展会的建议和意见											

参展单位		展台号	
联系电话		传真	
电子邮件		地址（邮编）	
填表人签字			
填表日期			

案例点评：

这是一份为进行展览评估而设计的参展商调查表。考虑到各种展览会之间的差异较大，从展览评估的可操作性角度考虑，该表的调查项目较为合理，答案选项也采用百分数等级制，以便于统计汇总。在形式上既有登记式，又有问题式。在问题式中，既有开放式问题，也有封闭式问题，以满足不同的调查需要。

需要改进的地方有三处：

一是标题中应当写明展会的名称，以便于同其他展会的调查表相区别。

二是部分科目的名称要更明确。如“布展质量”这一科目，是要求参展商对自己展台布展质量进行评价，还是对整个展台的布展质量做出评价，意思并不明确，调查对象可能会产生两种不同的理解，因此可以写成：“展会整体布展质量”。又如“客户组织情况”这一科目中的“客户”一词所表述的概念具有相对性。对于主办方来说，客户包括参展商和客商（观众），对于参展商来说，客户就是指观众。从下设的两个指标来看，“客户”一词是指“观众”，因此可以改为“专业观众”。

三是“客户组织情况”这一科目下设的两个调查指标“专业观众组织”和“境外观众组织”相互重叠交叉，因此前一个指标可以改为“境内观众组织”。

思考分析：×××展览会参展商调查问卷

尊敬的参展商：

非常感谢您对本届展会的大力支持。为了进一步提高我们的工作质量，现开展一次展后调查（表4-2），您的任何意见和建议都是我们的宝贵财富。烦请您在百忙之中填写本调查表，衷心地感谢您的合作及支持！

表4-2　×××展览会参展商调查问卷表

<table>
<tr><td>单位名称</td><td colspan="5"></td></tr>
<tr><td>姓名</td><td></td><td>性别</td><td></td><td>部门/职务</td><td></td></tr>
<tr><td>电话</td><td></td><td>传真</td><td></td><td>调查时间</td><td></td></tr>
<tr><td>网址</td><td colspan="3"></td><td>E-mail</td><td></td></tr>
<tr><td colspan="6">1. 贵公司是第几次参加本展览会？
2. 你们是如何得知本次展览会的？□主办单位招展 □网上 □其他媒体
3. 你们感觉本次展览会的展商层次 □高 □中 □低
4. 你们感觉本次展览会的宣传力度 □足够 □一般 □不够
5. 你们感觉本次展览会的观众质量 □很好 □好 □一般 □不好
6. 你们感觉本次展览会的组织效果 □好 □一般 □不好
7. 如果您的公司在实地参展时也能参加网上展览，并在今后为您的公司做永久的网上动态发布，您认为是否有这个需求？□有 □没有
8. 你们是否知道专业观众对企业上网持何种态度？□是 □否
9. 你们一般从哪里了解展会信息？(1)　　(2)　　(3)
10. 你们希望了解与展览会相关的哪些信息？
□展会预知 □展览场馆 □专家评展 □成功合作介绍 □交通酒店
□历史回顾 □观众言论 □快递服务 □各行各业数据资料
11. 贵公司是否参加下届展会？□是 □否
12. 您认为国内外观众的比例是　　%
13. 贵公司参加过哪些展览会？(1)　　(2)　　(3)
14. 您对展览公司还有何建议：
签名：</td></tr>
</table>

表4-2(续)

以下由调查人填写			
展会名称			
承办单位			
调查日期	年 月 日	调查人签名	
为了保证调查结果的准确性，请您如实回答所有问题。您的回答对于我们得出正确的结论很重要，希望能得到您的配合和支持，谢谢！			

思考题：

1. 请指出以上案例问卷结构中的几个部分。
2. 以上展后调查问卷的题目设置是否合理？

思考分析：×××展览会专业观众调查问卷

尊敬的专业观众：

非常感谢您对本届展会的大力支持。为了进一步改善、提高我们的工作质量，现开展一次展后调查（表4-3），您的任何意见和建议都是我们的宝贵财富。烦请您在百忙之中填写本调查表，衷心地感谢您的合作及支持！

表4-3 ×××展览会专业观众调查问卷表

单位名称					
姓名		性别		部门/职务	
电话		传真		调查时间	
网址				E-mail	
1. 常来参观哪些展览？ □本专业 □生活类 □交易会 □其他请说明 2. 您是通过何种渠道知道本次展览会的？ □邀请函 □电视 □报纸 □网上 □其他请说明 3. 吸引您来本次展览会的原因是什么？ □达成交易 □了解行情 □认识新客户 □探奇 □其他请说明 4. 您感觉本次展览会的展商层次？□高 □中 □低 5. 您感觉本次展览会的观众数量？□很多 □多 □一般 □少 □很少 6. 您感觉本次展览会的组织？□很成功 □成功 □一般 □差 □很差 7. 您感觉本次展览会是否达到了您的目的？ □完全达到 □达到 □一般 □差一点 □差太多 8. 您感觉本次展览会没达到目的的原因是 □展商质量低 □展品质量低 □展品极少 □展品没有创新 □其他请说明 9. 您以前是否从网上了解到了展会信息？如果有，它们是哪些网站？ (1) (2) (3) 10. 您是否还希望今后能不断从网上了解到您感兴趣的参展商（或产品）的更详细的信息动态？ □是 □否 11. 您希望从网上了解与展会相关的什么信息？ □展会预告 □展览场馆 □各行业数据库资料 □专业杂志介绍网上订阅 □展商背景介绍 □专家展评 □观众言论 □展会回顾 □成功合作介绍 □展会调查结果报告 签名：					
以下由调查人填写					
展会名称					
承办单位					
调查日期	年 月 日		调查人签名		
为了保证调查结果的准确性，请您如实回答所有问题。您的回答对于我们得出正确的结论很重要，希望能得到您的配合和支持，谢谢！					

思考题：

1. 请指出以上案例问卷结构中的几个部分。

2. 以上展后调查问卷的题目设置是否合理？

二、展后评估报告

（一）展后评估工作的概念与意义

1. 概念

展会评估是管理性质的工作，是展会整体运作管理中的一个重要环节，通过对展览环境、展览工作和展览效果等方面进行系统、深入的评价和总结，来更深刻地了解展览环境，对已做工作做出客观、公正、真实的评价，为以后展览工作提高效率和效益提供经验和建议。

评估工作是会展工作的组成部分，一般分为两个方面：一方面是对会展环境和会展组织工作的评估，这一部分工作一般是在展会结束时完成；另一方面是对会展效果和效率的评估。因为会展效果分为现场效果和后续效果，所以对于这部分的评估可以在会展结束后进行，然后在会展的后续工作中进行跟踪评估。

对会展活动进行科学评估的最终目的是提高会展活动的价值和服务质量。其主要信息来源有：会展活动参展商和观众等的意见与建议；会展活动各阶段各相关机构的问卷调查；会展活动工作人员的总结报告；主流媒体和专业媒体的评价等。

2. 意义

会展评估的意义有以下几点：

（1）对于会展主办方而言，可以根据会展评估结果进行客观理性的分析，评价当前会展环境和发展方向，为今后会展立项、开发、运营提出相应的建议。同时，会展主办方还可以根据会展评估的结论和建议，调整会展行业的发展方向、运营方式等，取长补短，完善区域展会品牌。

（2）对于会展行业行政主管机构而言，可以根据会展评估的标准、结论来制订会展行业的制度章程，促进会展行业的健康发展，同时还可以对一些评估效果良好的会展项目进行重点支持，形成地区会展品牌优势，而对一些评估效果不好，市场前景不明朗或同类化严重的展会，进行严格控制，达到规范会展市场秩序和行业竞争的目的。

（3）对于参展商而言，可以根据评估的结果掌握会展的实际效果，系统分析评价和总结参展中的经验和教训、投入和产出、展会的举办质量，从而决定是否继续参展。作为企业，如果有了规范的、客观的评估报告，就可以为自己是否参展找到客观的依据，避免出现很多负面的问题。同时也可以通过对比同类型展览的举办效果，选择参加更合适的展览。

（二）展后评估工作的基本内容

展会评估工作一般由参展公司独立完成，也可委托专业评估公司进行。展览是一项环节较多、涉及面很广的工作，因此，评估内容也很丰富。评估的内容主要包括展览工作评估、展览质量评估以及展览效果评估三大方面。

1. 展览工作评估

展览工作评估内容有定性的内容，也有定量的内容，评估的主要目的是了解工作的质量、效率和成本效益。具体包括：

（1）有关展出目标的评估。这主要根据参展公司的经营方针和战略、市场条件、展览会情况等，评估展出目标是否合适。

（2）有关展览效率的评估。展览效率是展览整体工作的评估指数。评估方法多种，其中一种是计算展览人员实际接待参观客户的数量在参观客户总数中的比例；另一种是计算参展总开支除以实际接待的参观客户数量之商。后一种方式也称作接触潜在客户的平均成本，这是一个非常有价值的评估指数。

（3）有关展览人员的评估。展览人员的表现包括工作态度、工作效果、团队精神等方面，这些不能直接衡量。一般是通过询问参加过展览的观众来了解和统计。还有一种方法是计算展览人员每小时接待观众的平均数。这一部分主要是评价参展商对自己参展的效果。

（4）有关宣传工作的评估。这部分包括宣传和公关工作的效率、宣传效果的评价，如是否比竞争对手吸引了更多的观众、资料散发数量等。对新闻媒体的报道也要收集、评估。包括刊载（播放次数、版面大小、时间长短），以及评价等。

（5）其他人员评估。其他人员评估包括展览人员组合安排是否合理，效率是否高，言谈、举止、态度是否合适，展览人员工作总时间是否适宜，展览人员工作轮班时间是否过长或过短等。对展览人员和参展者（对集体展出而言）的评估，一般被认为是秘密材料，限内部使用，不宜公开。

（6）有关设计工作的评估。定量的评估内容有展台设计的成本效率、展览和设施的功能效率等。定性的评估内容有公司形象如何、展会资料是否有助于展出、展台是否突出和易于识别等。

（7）有关管理工作的评估。这部分包括展览筹备工作的质量和效率，展览管理的质量和效率，工作有无疏漏，尤其是培训等方面的工作。

（8）有关开支的评估。展览开支是另一个争论比较多的评估内容，对于绝大部分参展公司，展览只是经营过程中的一个环节，因此，展览直接开支并不是展览的全部开支，展览的隐性开支可能很大，清楚计算比较困难。但参展开支仍要计算评估，因为它是计算参展成本的基础。

（9）展览记忆率评估。展览记忆率是指能反映整体参展工作效果的专业评估指数，指参观客户在参加展览后8~10周仍能记住展览情况的比例。展览记忆率与展出效率成正比，反映参展公司给参观客户留下的印象和影响。记忆率高，说明展览形象突出、工作好；反之则说明展览形象普通、工作一般。记忆率低的原因主要有：展览人员与参观客户之间缺乏直接交流，缺乏后续联系，参展公司形象不鲜明，所吸引的参观客户质量不高等。

2. 展览质量评估

展览组织者要考核一个展览会的质量，需要从展会的参展企业数量、售出面积等方面综合考虑。其中，有关参展企业的评估主要包括：

（1）参展企业数量，这是一个比较直观简单的定量内容。

（2）参展企业质量，这是最重要的因素。参展企业质量与展出效率成正比，即参展企业质量高，展出效率就高。

（3）平均参观时间，指参观者参观整个展览会所花费的时间，该指数与展览会效果成正比。

（4）平均参展时间，指参展企业参加每次展览所花费的平均时间。这个指数可以用来安排具体展览工作。比如操作示范不要超过 15 分钟，以便留有时间与参展企业交流。

（5）人流密度指数，指展览会的参观者平均数量。如果每 10 平方米有 32 个参观者，指数就是 3.2。一般来说，综合性的消费展览会需要人多，但专业性展览会不宜太拥挤。

（6）美国一项调查结果显示美国参展公司对展览会常使用 34 项评估标准，其中 16 项被普遍认为非常重要。这 16 项标准可以归为四类：参展企业质量、参加数量、展出位置和展出管理。

3. 展览效果评估

有关展览效果评估的争议比较多，主要是对工作项目与工作成果之间关系的理解不同。做好展览效果评估，同时不要将评估结果绝对化。对展览效果评估的内容包括：

（1）参展效果优异评估。如果参展接待了 70%以上的潜在客户，客户接触平均成本低于其他展览的平均值，就是展览效果优异。

（2）成本效益比评估。成本效益也可以称作投资收益，评估因素比较多、范围较广，可以用此次展览的成本与效益相比，用此次的成本与前次类似项目相比，用效益与前次或类似项目相比，也可以用展出成本效益与其他营销方式相比等。一种典型的成本效益比是用展出开支比展览成交额。要注意这个成本不是产品成本而是展出成本。另一种典型的成本效益比是用开支比建立新客户关系数。由于贸易成交比较复杂，用展览开支比展览成交额所得结果不够准确，而与潜在客户建立关系是展览的直接结果，与客户建立关系意味着未来成交，因此，可以把与潜在客户建立关系作为衡量展览投资收益的基础。

（3）成本利润评估。有一种评估观点是不仅要计算成本、计算成本效益，还应该计算成本利润。例如，签订买卖合同，首先，用成本总开支除以成交笔数，得出每笔成交的平均成本；其次，用展览总开支除以成交总额，得出成交的成本效益；最后，用成交总额减去展览总开支和产品总成本，得出利润，再用展览成本比利润，即成本利润。不同观点认为展览成交可以作为评估的参考内容，但是不能作为评估的主要内容。如果以建立新客户关系数为主要评估内容，则不存在利润。因此，不主张评估成本利润。

（4）成交评估。成交评估分为消费成交和贸易成交。消费性质的展览会以直接销售为展出目的，因此可以用总支出额比总销售额，然后用预计的成本效益比与实际的成本效益比相比较，这种比较可以从一方面反映展出效率。贸易性质的展览会以成交为最终目的，因此成交是最重要的评估内容之一，但也是展览评估矛盾的焦点之一。许多展览单位喜欢直接使用展出成本与展出成交额相比较的方法计算成交的成本效益。要注意这是一种不准确、不可靠的方法，因为有些成交确实是通过展览而达成，而有些成交却是展览之后达成的。因此要慎重做评估并慎重使用评估结论。成交评估的内容一般有销售目标达到没有、成交额多少、成交笔数多少、实际成交额、意向成交额、与新客户成交额、与老客户成交额、新产品成交额、老产品成交额、展览期间成交额、预计后续成交额等，这些数据可以交叉统计计算。

（5）接待客户评估。这是贸易展览会最重要的评估内容之一，主要包括：①参加展览的观众数量可以细分为接待参展企业数、现有客户数和潜在客户数。②参加展览的观众质量，可以参照展览会组织者的评估内容标准分类统计观众的决定权、建议权、影响力、行业地域等，并按自己的实际情况将参展企业分为“极具价值”“很有价值”“一般价值”和“无价值”四类。③接待客户的成本效益。新客户建立关系的成本效益是最重要的评估内容，是此次展览与前次展览方式，或与其他推销方式相比较的重要标准。计算方法是用展览总支出额除以接待的客户数，或所建立的新客户关系数。

（6）调研评估。调研评估指在进行展会评估时应该根据展出目标确立评估的具体目标和主要内容，进行评估。

（7）竞争评估。竞争评估指在展览工作方面和展览效果方面与竞争对手相比较的情况。

（8）宣传、公关评估。这方面的评估比较困难，因为定性内容比较多、评估技术比较复杂。具体评估内容包括：宣传、公关有无效果；效率、效益有多大；是否需要增加投入提高展览单位形象；形象和实际成交有多少关系等。进行展后评估可以总结经验、发现问题，是提高办展水平的重要途径之一。进行展会评估可以在确定评估的方法和步骤后，设计合理的调查问卷，搜集有关信息，最后通过对有关材料的分析，得出展会效果评价，并对下届展会的举办提出一些好的建议。

（三）结构与写法

评估主体在对不同阶段、不同内容进行评估之后，要对展会效果做出总体的评价，由此形成会展评估报告。会展评估报告是反映会展市场状态的有关信息，包括某些调查结论和改进建议的载体，是会展评估活动过程的直接结果。

因会展评估报告评估的主体不同，评估的具体内容会有所区别，但一般来说都应该包含以下几个部分：

1. 展会评估的背景及评估目标

在展会评估背景中，可以引用有关的背景资料为依据，对此次评估的具体原因进行说明，并明确此次评估的最终目标。

2. 评估方法

（1）评估对象

评估对象说明从什么样的对象中抽取样本进行评估。

（2）样本容量

样本容量指抽取多少观众作为样本，或选取多少实验单位。

（3）样本的结构

样本的结构指根据什么样的抽样方法抽取样本，抽取样本后的结构如何，是否具有代表性。

（4）资料采集方法

资料采集方法说明是通过什么方式采集到的资料。一般客户资料的收集方法有询问法、观察法、集体思考法、德菲尔法。

（5）实施过程及问题处理

这一部分说明评估过程，以及在实施过程中如何解决出现的问题。

（6）资料处理方法及工具

这一部分指出用什么工具、什么方法对资料进行简化和统计处理。

（7）访问完成情况

这一部分说明访问完成率及部分未完成或访问无效的原因。

3. 评估结果

评估结果是将前期评估得到的资料整理出来。可以用统计表和统计图来表现，同时必须对图表中的数据资料表现的趋势、关系和规律进行客观描述，也就是说要对评估结果加以说明、讨论和推论。评估结果所包含的内容应该反映评估目的，并根据评估标准的主次来突出所要反映的重点内容。一般来说，评估结果中应包含以下内容：展台效果、会展管理效率、成本效益比、成交笔数、成交额、接待客户数量、观众质量等。

4. 结论和建议

要用简洁明晰的语言做出结论。如阐述评估结果说明了什么问题，得到了什么实际意义。同时必要时可引用调查得到的数据加以解释、论证。针对评估结论提出可行性措施，以获得更好的效果，最好能提供有针对性的行动方案。

（四）展后评估报告的写作要求

会展评估报告的写作要求如下：

（1）报告语言要精练，数据必须真实，具有说服力。

（2）报告的措辞必须严谨、简洁，要能将评估过程中各个阶段收集的全部有关材料整合起来，将有实际用处的材料纳入报告中，不能一味堆砌文字，罗列数字。

（3）注意仔细核对全部数据和统计资料，务必使资料准确无误。

（4）报告应该对会展评估活动所要解决的问题提出明确的结论或建议。

案例 4-3：2023 第 19 届昆明国际美容美发化妆用品博览会评估报告

一、展会简介

2023 第 19 届昆明国际美容美发化妆用品博览会（以下简称“第十九届美博会”）由昆明中展美博文化传播有限公司主办、承办，于 2023 年 11 月 24 日至 26 日在昆明国际会展中心举行。

本届展会展览总面积 19 200 平方米，其中，展览净面积 5 346 平方米，折合标准展位数 594 个；共吸引了 360 家展商参展，其中，省外参展商 289 家，省内参展商 71 家，省外参展商占总参展商的 80. 28%；展会共吸引参展观众 23 000 人次，其中，专业观众 16 650 人次，占比 72. 39%。

本届展会共设置专业美容区、大医美区、养生区、日化区、纹绣区，立体式展出专业线、日化线、医美抗衰、大健康、进口品、供应链及美业服务七大板块。汇聚众多品牌和优质产品，展示美业前沿技术和产品。以更开放、更创新、更多元的姿态全方位展现西南地区美业新力量。构建全方位、多领域、深层次的美业一站式综合服务平台。

二、展会基本情况

（一）展会的规格与规模

经评估测算，得到“第十九届美博会”的规格与规模如表4-4所示，本届展会展览总面积19 200平方米，展览净面积5 346平方米，折合约594个标准展位，其中，特装展位面积1 800平方米，占展览总面积的9.38%；参展商总数360家，较上届减少4.51%，其中，省外参展商289家，省内参展商71家，分别占参展商总数的80.28%和19.72%；参展观众约23 000人次，其中，专业观众16 650人，占比72.39%，较上届减少24.21%。

表4-4 “第十九届美博会”的规格与规模情况

指标	数量			比重	
	本届（2023年11月）	上届（2023年5月）	同比增长	本届（2023年11月）	上届（2023年5月）
展览总面积（m^2）	19 200	10 411	84.42%	—	—
展览净面积（m^2）	5 346	4 914	8.79%	27.84%	47.20%
折合标准展位个数	594	546	8.79%	—	—
其中：特装展位面积	1 800	1 260	42.86%	9.38%	12.10%
参展商数量（家）	360	377	-4.51	—	—
其中：省内参展商	71	40	77.50%	19.72%	10.61%
省外参展商	289	337	-14.24%	80.28%	89.39%
境外参展商	0	0	—	0.00%	0.00%
观众数量（人次）	23 000	32 244	-28.67%	—	—
其中：省内观众	19 700	27 957	-29.53%	85.65%	86.70%
省外观众	3 300	4 287	-23.02%	14.35%	13.30%
境外观众	0	0	—	—	—
其中：专业观众（人）	16 650	21 969	-24.21%	72.39%	68.13%

（二）展会的组织与服务

1. 参展人员对展会的整体满意度

展会期间，共拦访了257位参展人员，包括210位参展观众、47家参展商，针对展会满意度情况进行了调查。调查结果如图4-1所示：

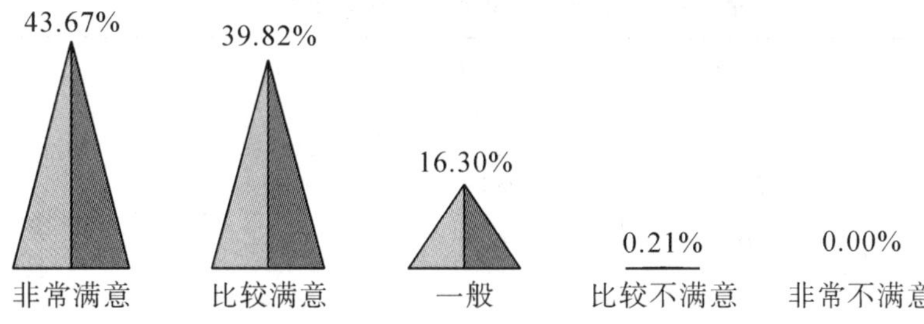

图 4-1　参展人员对“第十九届美博会”的整体满意情况

结果显示，参展人员对“第十九届美博会”的整体满意率为 83.49%（满意率=非常满意+比较满意），参展人员对本届展会的满意率较高。其中，表示“非常满意”的占比较大，为 43.67%；0.21%的参展人员表示“比较不满意”，无参展成员持“非常不满意”态度。

2. 参展人员对展会的配套服务满意率（图 4-2）

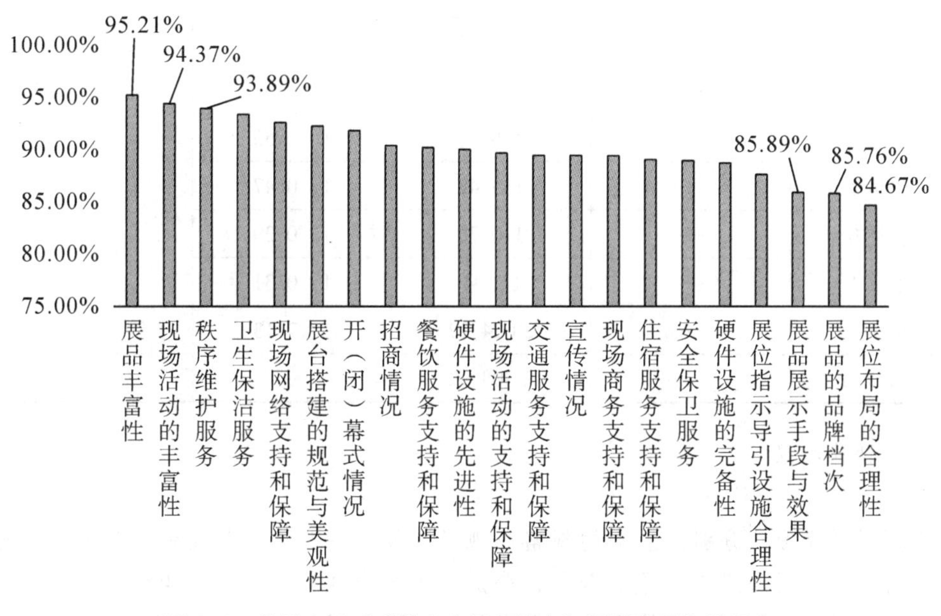

图 4-2　参展人员对“第十九届美博会”的配套服务满意度

参展人员对本届“第十九届美博会”的配套服务各项指标的优劣评价均较为突出。其中，最满意的是展品丰富性，达 95.21%，其次是现场活动的丰富性，为 94.37%；对展品的品牌档次及展位布局的合理性的满意率较低，分别为 85.76%与 84.67%。

（三）展会的经济效益

经评估测算，“第十九届美博会”给昆明带来了 2 308.92 万元的收入，其中直接收入为 284 万元，占总收入的 12.30%；间接收入为 2 024.92 万元，占总收入的 87.70%，拉动效应为 1∶7.13。直接收入主要由租金收入组成；间接收入主要集中在购物、交通、餐饮、住宿等行业，展台搭建和其他收入较少。

表 4-5 “第十九届美博会”经济效益情况 单位：万元

收入类型	主/承办方数据	评估数据	拉动效应	备注
直接收入：	—	—	—	根据主/承办方提供资料
租金收入	284	284	—	
门票收入	0	0	—	
赞助费用	0	0	—	
小计	284	284	—	
间接收入：	—	—	—	抽样调查结合组委会提供资料
餐饮收入	—	258. 44	1 : 0. 91	
住宿收入	—	224. 36	1 : 0. 79	
交通收入	—	355. 00	1 : 1. 25	
娱乐收入	—	161. 88	1 : 0. 57	
购物收入	—	391. 92	1 : 1. 38	
市内旅游	—	144. 84	1 : 0. 51	
省内旅游	—	156. 20	1 : 0. 55	
物流运输	—	133. 48	1 : 0. 47	
展台搭建	—	110. 76	1 : 0. 39	
其他收入	—	88. 04	1 : 0. 31	
小计	—	2 024. 92	1 : 7. 13	
总计	—	2 308. 92	—	—

三、评估结果

（一）展会量化评分

利用功效系数法分别对展会的规格与规模、经济效益进行量化评分测算，结合模糊综合评价法对展会组织与服务分析，分别赋予展会规格与规模、组织与服务、经济效益权重，通过加权综合测算法得出“第十九届美博会”的综合评分如下：

综合评分=规格与规模评分×40%+组织与服务评分×40%+经济效益评×20%

=77. 2 分

其中，规格与规模评分 75 分、组织与服务评分 88 分、经济效益评分 60 分。

（二）规格与规模评分

运用功效系数法，经测算，得出“第十九届美博会”规格与规模的评分为 75 分。从二级指标来看，“展会规模”评分为 62 分，说明本届展会规模具有提升空间；“展商结构”评分为 88 分，反映展商结构良好，需提升境外参展商比重；“观众结构”评分为 77 分，说明观众结构基本合理，需提升省外及境外观众比重；从三级指标来看，“省外参展商比重”“专业观众比重”评分相对较高，评分均为 100 分，反映本届展会的观众结构专业性较强，展会对省外参展商极具吸引力。

表 4-6 “第十九届美博会”规格与规模各级指标评分表

三级指标	三级指标评分	三级指标权重	二级指标	二级指标评分	二级指标权重	一级指标	一级指标评分
展览总面积	64	30%	展会规模	62	40%	展会规格与规模	75
特装展位面积	60	20%					
参展商数量	64	30%					
观众数量	60	20%	展商结构	88	40%		
省外参展商比重	100	70%					
境外参展商比重	60	30%					
专业观众比重	100	30%	观众结构	77	20%		
省外观众比重	72	40%					
境外观众比重	60	30%					

（三）组织与服务评分

采用模糊综合评价法，对“第十九届美博会”组织与服务的各级指标进行测算，得到二级指标的评分，再采用加权综合测算得出“第十九届美博会”组织与服务的一级指标评分为 88 分，说明本届展会组织保障服务较为优秀。从二级指标来看，“展会活动”评分在 90 分以上，反映本届展会专业性较强，在展会活动及展品展示方面能较好满足逛展需求。

表 4-7 “第十九届美博会”组织与服务各级指标评分表

二级指标	二级指标评分	二级指标权重	一级指标	一级指标评分
招商宣传	90	20%	展会组织与服务	88
现场布展	86	25%		
展会活动	92	10%		
配套服务	87	25%		
展品展示	88	20%		

（四）经济效益评分

采用功效系数法，对影响“第十九届美博会”经济效益的各级指标进行测算，得到“第十九届美博会”经济效益的评分为 60 分，说明本届展会对昆明美业及相关行业的经济带动不明显。从三级指标的评分来看，“本地直接收入”和“本地间接收入”的评分均为 60 分，说明“第十九届美博会”给昆明本地带来的直接收入和间接收入均较低。

表 4-8 “第十九届美博会”经济效益各级指标评分表

三级指标	三级指标评分	三级指标权重	二级指标	二级指标评分	二级指标权重	一级指标	一级指标评分
本地直接收入	60	100%	直接收入	60	40%	展会经济效益	60
本地间接收入	60	100%	间接收入	60	60%		

四、展会评估结论

“第十九届美博会”展览范围涵盖专业美容区、大医美区、养生区、日化区、纹绣区，立体式展出专业线、日化线、医美抗衰、大健康、进口品、供应链及美业服务七大板块，万千优品全线覆盖美业，厂家直售打造一站式美业全链采购盛会。作为美容美发行业的专业性展会，“第十九届美博会”综合评估评分为77.2分，评定为“合格”，符合《昆明市会展活动管理办法》的规定，对昆明市美业及相关行业的发展具有积极的推动作用，对昆明的经济也有一定带动作用。

五、结果评析

（一）展会亮点

1. 配套活动内容丰富

展会同期举办“2023昆明国际医美整形抗衰学术交流大会暨云南省整形美容协会10周年庆典”“中国西南第三届医学美学文饰艺术大赛”“医美抗衰学术交流大会”“生活美容创新发展论坛”等30余场聚焦医疗美容全产业链发展的行业活动，为观众带来一场多维度的视觉盛宴，促进行业健康发展，构建可持续的医美生态。

2. 展品垂直分类，精准定位观众需求

展会聚焦美业产业群，精准细分领域，展览范围涉及智能科技、绿色制造、国潮美妆、新渠道电商、医美抗衰等热门与新兴领域，展品垂直分类，精准点燃采购引擎。同时，此次展会的观众主要是美业界专业观众，占比72.39%，对展品的需求更为精准。展会作为行业交流的重要平台，为展商和观众提供了一个专业的交流平台。

3. 展会现场卫生保洁服务到位

展会期间，参展观众对展品挑选试用时，会导致的展台区域一些小的脏乱问题，展会工作人员都会及时处理，确保展台区域清洁整齐。此外，为确保展会现场卫生，展馆设有专人负责巡查，定期清理展馆地面卫生，避免灰尘和垃圾的积累，以确保整个场馆的整洁和卫生。

（二）展会不足

1. 展品品牌档次有待提升

展会现场展品品类虽然丰富，但展会现场知名品牌较少，总体展品品牌档次相对较低，不能较好地吸引观众。在美容美妆行业，对于不较知名品牌，如果没有特别的展示手段和互动体验，很难给参展观众留下印象，也很难让参展观众信任和购买。

2. 现场布展方面有待提升

展馆各展品类别较多，美容区、日化区、大医美、大健康、进口品、海外医疗、供应链等展品类别零散分布，无明显分区标志；展馆内有部分道路设施不完备，道路不平，且这些地方被红毯铺盖所遮挡，没有指引设施安全提示，很容易被人忽视，造成安全事故；部分展位存在空缺，导致展会有效使用面积较少，一些展位之间过道过窄，不足3米，观众人流量大，大量观众聚集在狭小的空间内，导致道路拥堵，给维持现场秩序带来了困难。

3. 展会推销活动过多

展会现场存在较多推销情况，部分展商利用扫码领取福利的推销方式，拦截观众驻足扫码，造成了道路拥堵。此外，一些展商为了吸引眼球，安排小蜜蜂在展馆讲解推销，举牌游行。展会推销活动过多使展馆视觉空间显得混乱，也降低了整个展会的档次，降低观众的逛展体验。

（三）相关建议

1. 提升展品展示的规范和品牌档次

加大对知名品牌的邀请力度，以提升展会整体的品牌影响力和档次。为不太知名的品牌提供更多的展示机会和宣传空间，例如，设置展示区域或推出特别的展示活动，让参展观众能够更全面地了解这些品牌的产品特色和优势。

2. 优化展区设置，提升展位布局合理性

优化展区设置，提升展位布局合理性。一是展区应该按照展品类别划分，按分类结果将产品进行集中陈列，形成清晰的产品区，使参展者可以更快捷地找到所需产品；二是在展会现场设立指示引导标志，加强道路设施的完善和安全提示；三是合理规划展位和过道的布局，及时处理展位占用通道情况，以保证现场展位布局的规范性和美观性。

3. 加强展商行为规范，优化展品展示方式

加强对展商的管理和指导，制定对展商的行为规范准则，推销行为需要符合一定的规范，要求展商在推销过程中要适量、适当。展商还应注重展示内容的质量和独特性。过度夸张的推销手段可能会让观众感到厌倦或不舒适。相反，通过提供专业而有价值的产品知识，更能吸引观众的兴趣。例如，展商可以利用互动游戏、产品试用等方式来展示产品的特点和优势以吸引观众购买。

田野市场调查与咨询（云南）有限公司

2023 年 12 月

（资料来源：昆明市商务局，https://swj.km.gov.cn/c/2024-04-30/4855246.shtml）

案例点评：

这份展览评估报告由专业调查公司负责调查撰写，内容较多，篇幅较长，可以看出，这份评估报告内容非常详尽，评估的指标系统十分完善，最后得出结论及建议，结构清晰完整，是一份写得较好的展览评估报告。

思考分析：会展评估标准出台迫在眉睫

我国的会展业虽然发展只有几十年的时间，但发展迅速，其对区域经济、产业与行业经济发展都起着越来越重要的作用，然而，随着会展业发展的加速，各种弊端也逐步显现出来。商务部研究院副院长沈丹阳表示，在中国，展览已成为一种重要的经济活动，国内外大量企业参与其中，无论是政府部门制定宏观政策，还是学者们的研究，都需要会展业真实、客观的数据和分析。但目前国内对会展的研究分析普遍地、比较多地仅从现象和个案入手，加上统计口径的不统一，所得出的研究结论和观点一方面表现出较大差异性，往往不足以服人，难以正确引导展览业的发展。

针对这种现象，会展评估已成为业界的迫切需要，商务部研究院中国会展经济研究中心副主任俞华博士在接受记者采访时表示，第三方的客观公正的评估结论，可以推介给国内外的宣传媒体，对展会的成效进行宣传，有利于树立展会的品牌形象，打

造品牌展会。作为客观的评估报告，其发现展会的组织、管理、服务等环节中的不足之处。作为中立的第三方，其可以得到第一手真实的参展商的反馈信息，可以为展会把脉，从中发现展会存在的弊端、突出矛盾和主要问题，最权威的评估机构、评估专家可以对症下药。根据国内外会展评估理论，集合所评估的展会自身实际情况，理论与实践双向互动，向展会的组织者提出继续办好下一届展会的高招和策略，也可以将评估结果作为权威数据提供给国际认证机构，因其更真实、客观，容易得到国际认证机构的认可。因此，由于我国会展产业散、乱的粗放型现状，会展评估标准就成为引导会展产业向品牌化、高层次化发展的迫切需要。

思考题：

1. 会展评估有什么意义？
2. 参照以上案例中的格式，请为你所在城市刚刚举办的展会做一份会展评估报告。

第二节　展后总结报告

展会总结工作是会展工作的组成部分，是经营和管理循环过程的一个终结工作，也是承上启下的环节。应当重视做好总结工作，并将结果应用到经营和管理工作中。总结报告，就是书面总结，是展会工作中使用极为广泛的一种事务文书。在展会工作中，我们经常运用总结，对一定时期内的展会工作实践或已完成的某一专项展会工作进行全面系统的回顾、分析、检查和研究，找出成绩，发现问题，总结经验教训，揭示事物的客观规律，以指导今后的展会工作。

一、含义、作用与种类

（一）含义

会展工作总结是指会展工作（包括会展管理工作、会展组织工作、参展工作等）告一段落后，进行回顾、分析和评价而形成的文书。

会展工作总结和会展评估都具有回顾、分析的性质，都是实施会展管理的必要手段，这是它们的共同点。二者的主要区别在于：会展工作总结偏重总结会展管理和组织实施的具体做法、体会、经验和教训，提出改进的具体的措施和下一步的工作方向，属于自我总结，在方法上较多地运用定性描述和分析；会展评估则偏重对会展活动的各项要素及其社会经济效益进行质和量的评价，既可自我评估，又可以由第三方评估。

（二）作用

1. 总结经验，获得教训

展会工作的成功经验和失败的教训对于提高会展管理效率有重大意义。通过回顾和总结，将获得的经验教训以书面的形式记录下来，为后来者提供借鉴，将有利于会展行业的健康发展。

2. 相互学习，取长补短

展后总结可以作为主办者或者参展商相互交流的材料，具有取长补短，促进共同发展的作用。

3. 汇报工作，存档材料

展会举办者在展会工作结束后，要向主管单位或其他相关单位汇报展会组织管理等工作的情况，通过展会各部门的小结形成组织者对于展会全部工作的总结，形成书面材料报给相关领导，并在会后分门别类汇集整理、装订成册，以便在以后的工作中阅读、查询，发挥总结材料的作用。

（三）种类

由于展览会是一个十分庞杂的系统，业内曾经就有专家统计，一次展览会从开始到结束，将由 3 000 多个事项构成，因此在展览会结束后要总结的事项很多，我们可以按照不同的标准分为以下几类：

1. 按照内容性质分类

（1）管理类总结。管理类总结主要是指由此次展会的主管部门就会展管理所做的管理工作总结。

（2）组织类总结。组织类总结主要是指由此次展会的组织者就展会的策划、组织、招商招展及举办过程中的问题进行的总结。

（3）参展类总结。参展类总结主要是指由参加此次展会的参展商和专业观众针对参加此次展会的收获和不足之处所做的总结。

2. 按照总结范围分类

（1）综合性的总结。综合性的总结又称全面性总结，是对展会的各项工作进行回顾，面面俱到，涉及面很广。

（2）专题性总结。专题性总结是围绕展会的某项具体工作进行单项总结，内容比较集中，有较强的针对性，如针对会展招展工作的总结。

3. 按照总结的时间分类

（1）定期总结。展会作为一种涉及多个行业的综合性大型活动，办展机构一定要对会展的招展、招商、宣传推广、筹展撤展等各个环节进行严格的时间管理，并在整体进度上进行统筹，所以有必要根据整体进度安排，定期进行总结，以便根据实际进展调整进度安排。

（2）不定期总结。在展会工作进行的过程中，可以根据当时的条件和形势，在部门内进行不定期的总结，督促工作的顺利进行。

总结报告还有许多其他种类，比如展台表现报告、参观者情况报告、展台经理工作报告、展台人员工作报告等。展览的各方面情况、各环节工作几乎都可以列为专题，写出报告，但是否编写要根据需要和条件决定。

二、展后总结报告的主要内容

（一）对展会策划进行总结

这一部分对展会策划方案进行分析评估，评估的内容包括展会的举办时间、地点、展品范围、展会规模、办展机构组成、展会定位、展会价格、人员分工、展会品牌形象策划等，找出它们好的方面和不足之处。

（二）对展会筹备工作进行总结

这一部分的内容包括协调、各项筹备工作的安排和调整等。

（三）对展会招展工作进行总结

这一部分的内容包括目标参展商数据库的建立和改进办法、展区和展位划分、展览题材的增减、招展价格的合理性、招展函的编印、招展分工、招展代理的工作、招展进度安排、招展宣传推广和招展策略等。

（四）对展会招商和宣传推广工作进行总结

这一部分的内容包括目标观众数据库的建立和改进办法、招商分工、招商宣传推广、招商进度安排、观众邀请函的编印、招商渠道的建立等。

（五）对展会服务进行总结

这一部分的内容包括展会的展前、展中和展后各服务环节的服务，以及对这些服务的质量、提供方式等进行总结。

（六）对展会现场管理工作进行总结

这一部分的内容包括对展会布展、开展以及撤展等的现场管理进行总结。

（七）对展会的指定服务商工作进行总结

这一部分的内容包括对展会指定展位承建商、指定展品运输代理、指定旅游代理、指定清洁和保安公司等的工作进行总结。

（八）对展会的时间管理办法进行总结

这一部分的内容包括对展会的招展、招商、宣传推广、展会服务、筹展撤展以及展会整体时间管理等进行总结。

（九）对展会的客户关系管理措施进行总结

这一部分的内容包括对展会的客户关系措施进行总结。

三、结构与写法

（一）标题

展后工作总结的标题一般来说有以下写法：

（1）由单位名称、时限、主题、文种构成。这类标题主要适用于定期总结和专题类总结中，如《中国东盟博览会20××年招展工作总结》。

（2）由总结对象名称和总结组成。这类标题一般适用于综合性会展总结，如《第×届中国高交会电子展展后总结报告》。

（3）这一类标题采用普通文章标题的写法，用短语概括总结的主要观点，不出现总结字样，主要用于报纸杂志上发表的总结，如《第×届慕尼黑上海电子展各项指标再创新高》。

（4）由正副标题组成。正标题整体揭示总结的主题，副标题说明总结的单位、期限、种类等，主要用于报刊发表、简报转发或会议上交流的总结。如《硕果累累，傲人业绩——第×届东盟博览会工作总结》。

（二）正文

1. 开头

这一部分的内容主要是简要说明本次展会的基本情况，如展会名称、举办地点、主办单位、主要展品、展会主题、展出规模及概要提示会展工作的主要成绩、经验和问题。开头要力求简洁、开宗明义。

2. 主体

主体的内容一般由三个部分组成，第一部分是展会组织工作的具体做法，取得的成绩；第二部分是获得的经验和体会；第三部分是存在的问题和教训等。

具体来说，展会工作总结的主体部分内容主要有：

（1）对展会策划工作进行总结。主要是对展会策划方案进行评估，对展会的举办时间、地点、展品范围、展会规模、办展机构、会展价格、人员分工等工作进行总结，分析出好的方面和不足之处。

（2）对展会招展招商工作的总结。内容包括展区和展位划分、招展函的编印、招展招商分工、招展招商代理的工作、招展招商进度的安排、招展招商的策略是否得当等。

（3）对展会宣传和服务工作的总结。内容包括展会的宣传推广计划是否合适，能否起到多面宣传的作用；展前、展中、展后各服务环节做得是否到位，服务质量是否优秀，提供服务的方式是否多样，能不能满足参展商及专业观众的需要。

（4）对展会现场管理工作进行总结。内容包括对布展撤展的时间安排是否恰当，各展区工作人员解决现场问题的能力等进行总结。

（5）对展会指定服务商工作进行总结。内容包括对展会指定展位承建商、展品运输代理商、指定旅游代理、指定住宿代理和现场清洁、保全公司的工作进行总结。

（6）对会展财务管理的总结。主要是进行效益分析和成本核算。

（7）对参展商和专业观众参展内容情况的总结。内容包括参展商和专业观众的基本情况、参展收获、参展反馈及是否愿意参加下一届展会。

（8）对展会同期活动的总结。内容主要是对与展会同期举办的活动进行评估，总结这些展会相关活动对展会是否起到促进作用。

3. 结尾

总结的结尾部分主要是针对总结过程中发现的问题提出解决办法和改进意见，指出未来的努力方向，对未来的展望，或者表示决心、信心等。

4. 日期

在正文右下方写明定稿的具体日期。

四、展后总结报告的写作要求

（一）专人负责

总结是管理的一项工作，需要有相应的计划和安排，应该在制订展会工作计划时一并考虑。总结工作要有负责人，其责任是根据管理需要制定总结范围、内容和形式，监督具体办事人员或自己做收集、整理、编写工作，并控制工作效率和质量。

（二）总结要与展览开展同步进行

总结工作在展会工作开始的同时就要着手，主要是记录收集有关情况。收集方式与评估资料收集方式相同，可以结合起来做。总结工作一直持续到展会闭幕前后，主要做统计整理工作以及编写各种材料。总结所需材料比评估所需材料范围广。总结工作需要一些技巧，其中包括随时收集、记录、统计有关资料和情况，因为展会一旦结束，再收集资料和情况就很困难；尽快动手写总结，一般是抓紧在展会闭幕到展台人员返回原地之间的时间内完成；总结材料在完成后，抓紧（最好在展会闭幕后2周内）提供给所有有关部门和人员。

（三）总结要内外有别

编写总结材料时，需要注意总结材料有内用和外用之别。内用总结报告要全面、实事求是，以便发现问题、改进工作；外用总结材料要注意内容和措辞，否则对于造成的不好影响将很难转变。此外，有些总结材料需要保密，例如对本部门工作人员的评价、财务开支收益情况等，应明确保密范围和程度。总之，要用公正的态度和科学的方法对待这部分工作。

（四）总结方式灵活多元

负责总结报告的管理人员可以召开一个总结大会，让大家就一些议题畅所欲言。在发言中，既可就自己所负责的工作进行总结，也可以对其相关工作进行评估；对于各种发言，大会派专人做好记录，会后整理成文；同时，还要求每个工作人员会后就自己的发言写一书面总结材料，办展机构再将会议记录和该书面材料相结合，整理成一份完整的总结报告。

（五）展会总结要归类整理，归档保存

展会工作涉及面广、环节多，各种统计、总结材料会很多。把所有有关的总结材料分门别类汇集整理，并装订成册，将有利于阅读、保存、查询，有利于更好地发挥总结材料的作用。

知识拓展4-1：专项报告的应用分类

专项报告的应用分类如表4-9所示。

表4-9 专项报告的应用分类表

分类	内容	用途	撰写者
项目总结报告	总结项目组织工作情况及其成效或问题	主办方内部交流或外部宣传	项目经理或营销人员
项目经营分析报告	分析项目经营状况	主办方内部交流	项目经理或部门经理
市场调研报告	市场、客户、竞争对手考察分析	主办方内部交流，管理层决策	负责考察者
特定工作情况报告	根据主办方需要	根据主办方需要	负责或参与工作者

案例4-4：第××届中国国际机床工具展览会CIMES 20××展后报告

一、展会概况

本次展会规模为12 000平方米，展出机械数量3 200台，展商总数1 309家，观众总数138 006，继上届增长27.5%，主要来自56个国家，占展商总数的39%。

新展商615家，国内366家，国际249家，占展商总数的47%。

8 210 位 VIP 买家及 200 多位顶尖行业专家参与了 136 场研讨会。

92 个观众代表团共组织 6 081 人，其中国内团 85 个，国际团 7 个，首次组织代表团 28 个。

预计成交额 27.6 亿元人民币。

到场媒体 120 余家。

共举办 10 余场买家采购会。

56 个国家的观众参观了 CIMES 20××，分别来自中国、阿根廷、阿拉伯联合酋长国、阿塞拜疆、爱尔兰、奥地利、澳大利亚、巴基斯坦、巴西、白俄罗斯、比利时、波兰、朝鲜、德国、俄罗斯、厄瓜多尔、法国、哈萨克斯坦、韩国、荷兰、加拿大、捷克、卡塔尔、科威特、老挝、马来西亚、美国、蒙古、孟加拉国、秘鲁、墨西哥、南非、葡萄牙、日本、瑞典、瑞士、塞舌尔、沙特阿拉伯、斯里兰卡、斯洛文尼亚、泰国、土耳其、土库曼斯坦、乌克兰、乌拉圭、乌兹别克斯坦、西班牙、新加坡、伊朗、以色列、意大利、印度、印度尼西亚、英国、越南、智利。

二、本届展会特点

（一）中国机床工具发展高端论坛

于 20××年 6 月 19 日举办的主题为“中国装备 装备中国”中国机床工具发展高端论坛，是本届中国国际机床工具展览会的重点会议之一。该会议邀请了众多行业专家学者、机床企业领导共聚一堂，是一场面向世界科技前沿，面向国家产业现代化，促进行业领域科技交流的盛会。

（二）品牌与经销商对接日

20××国家品牌商与代理商、经销商对接洽谈日，是 CIMES 机床展组委会组织的一场由首次进入中国市场的国外展商，与国内实力经销商参加的活动。本次活动的举办为与会企业寻找优秀伙伴、带来全新合作发展机遇创造了便利条件。

（三）CIMES 杯大学生机床外观设计大赛

该大赛旨在挖掘、鼓励和表彰全国优秀工业设计大学生，激发创作热情，提升设计水平，为机床行业选拔优秀设计人士，是本届中国国际机床工具展览会新的亮点。通过此次活动，为更多企业注入新鲜血液，寻找优秀人才提供帮助。活动受到全国工业设计专业在校师生的积极响应。

（四）用户终端采购会

机床应用行业用户宣讲会，是 CIMES 机床展组委会在展会期间组织的一场由具有采购需求的买家，与 CIMES 20××展商参与的免费商务配对活动，有来自汽车、军工、医疗、轨道交通等拥有采购审批权及建议权的重量级买家参与，为国内展商带来全新的商机，创造直接的交易机会。

（五）机器人自动化专区

随着智能数控和机器人概念的全面走红，本届 CIMES 机床展特别开辟了“机器人”自动化专区，KUKA、史陶比尔、德国 ZIMMER、沈阳新松、上海众拓等全球领先的机器人制造商，纷纷展现了洁净机器人、机械臂、集成系统等尖端力作，现场完成了一些人类无法胜任的工作。数控机床与机器人联袂上演“工业自动化下的双机之舞”。

三、客商调查

（一）观众调查

观众意向：

对本届展会参观效果非常满意或满意（82.9%）

明年展会一定或很大可能再次参观（89.8%）

一定或非常愿意把 CIMES 推荐给同事和朋友（90%）

参观展会主要目的是了解及采购产品（64%）

CIMES 是一个不容错过的活动（98%）

CIMES 能够帮助企业业务的发展（95%）

观众在购买决策中的角色：

决策者/授权者（35.4%）

评估/执行采购任务（17.6%）

建议/收集采购信息（29.3%）

不参与采购（17.7%）

观众所在公司年采购额：

100 000 美元以下（36.5%）

100 000~990 000 美元（20.3%）

1 000 000~9 900 000 美元（31.8%）

10 000 000 美元以上（11.4%）

观众范围：

企业管理层（19.45%）

采购（23%）

市场/销售（7.66%）

生产制造（17.63%）

设计研发（7.55%）

工程/应用（3.2%）

运输/仓储（0.52%）

行政（1.28%）

其他（6.1%）

规划（1.13%）

设备、技术、工艺（12.39%）

观众的行业分布：

应用行业（27.04%）

机床工具行业（18.27%）

机械制造和加工业（13.54%）

机动车零部件（8.1%）

模具制造（7.8%）

金属切削机床（7.04%）

五金工具（5.2%）

家电（4.72%）

金属零件与部件（1.91%）

刀具、工夹具及相关产品（1.73%）

制造单元/系统及自动化设备（1.45%）

航空/航天（1.09%）

锻压机械（1.06%）

磨料磨具（1.05%）

（二）展商调查（略）

（三）买家反馈（略）

（四）组团好评（略）

（五）国际观众寄语（略）

（六）展商寄语（略）

四、下届预告

期待与您相约 CIMES 20××，北京新中国国际展览中心。我们不见不散！

国际参展垂询	国内参展垂询
方宽福	李琳
T：86-10-59××××50	T：86-10-59××××60
M：136××××6768	M：139××××9472
E：kuanfu.fang@ reedhuayin.com.cn	E：linda.li@ reedces.com.cn

（资料来源：中国国际机床工具展览会网站，http://www.cimes.org.cn/index.html）

案例点评：

从以上案例中，我们可以总结出撰写展会报告需要掌握的基本方法：

（一）明确报告用途

该展会总结报告主要用于主办方的营销推广，受众主要是参与项目的客商或用户，是对外发布的资讯，基于这两点，这种报告必然具有“软文”性质。

作为公开发布且具“软文”性质的项目总结报告，在内容上是有选择性的，故而不是有客观性质的总结报告。换而言之，这种总结报告是通过正面信息反映主办方的成绩，达到宣传目的，而不会写入不利于自身的负面内容。

（二）把握报告内容

对外发布的展后总结报告的内容，是对本次展会成果的说明和宣传，因此报告中主要是展览本身的一些情况及效果，一般分为展会概况、本届展会特点、客商调查、下届预告等部分。

在展会概况部分，“CIMES 展后报告”通过展现展会数据，反映展会的经营规模和发展状态。“CIMES 展后报告”公布了20××年第××届展会的数据，除展览面积、参展商现场登记观众数量等基本数据外，还有参展产品、海外参展商、新参展商、展会同期配套会议、组团参观、到会媒体和展会期间贸易成交等数据。其中，罗列了海外参展商的国别统计，并将参展商、观众数据与上届进行了比较。

在本届展会的特点部分，“CIMES 展后报告”通过概括展会特色，反映展会的亮点，突出介绍了“中国机床工具发展高端论坛”“机器人自动化专区”等六个方面的亮点。

在客商调查部分，“CIMES 展后报告”通过整理展会现场调查问卷所获信息，意在反映展会的效果和客商的好评。客商调查及其反映分为展商调查、观众调查、买家反馈、组团反馈、国际观众寄语、展商寄语六个方面。其中，展商调查、观众调查的数据及分析，出自主办方在展会现场问卷或展后电话询问所获得的信息；买家反馈、组团反馈、国际观众寄语、展商寄语的报道，来自主办方现场的参访。

在下届预告部分，“CIMES 展后报告”通过预告下届展会的举办时间、地点以及主办方联系方式，提醒客商，促进下届展会销售。下届展会将在 20××年于北京举办。报告虽未预告具体举办时间，但仍详细罗列了联系方式，以便日后的业务联系。

案例 4-5：20××年××市会展工作总结

20××年，我市会展工作在市委、市政府的支持、关心和市会展工作领导小组的具体领导下，认真贯彻落实市委、市政府《关于进一步加快××会展业发展的意见》的精神，求真务实，开拓创新，各项工作取得了积极成效，为我市的经济社会发展做出了新贡献。

20××年，我市共举办会展活动×××个，同比增长××%。其中，举办展会××个，同比增长××%；展览总面积达××万平方米，同比增长××%；展览面积×万平方米以上的展会××个，同比增加一倍。全市会展业呈现了总量扩大、结构优化、水平提升的良好态势。20××年，我市荣获“中国十大会展城市”和“中国十大节庆产业城市”，一批大型会展活动进入全国先进行列，圆满完成了年初确定的各项目标。

（一）会展工作合力不断增强，公共服务水平有了新提高

为促进我市会展业的快速发展，市政府将会展工作纳入重要议事日程，多次召开专题会议，研究和部署会展工作重大事宜。年初，我市召开了市会展工作领导小组会议，进一步明确了年度工作目标和思路，出台了《××市会展业发展十年规划》。市各有关部门相互配合，认真贯彻《××市展览业管理办法》，加强工作协调和监管，基本杜绝了骗展和重复办展现象。市会展行业协会顺利完成了换届选举工作，协会“服务、代表、协调、自律”的职能作用进一步发挥。市外贸委、市旅游委等部门在引进展会方面做了大量工作。市工商、公安等部门在展会申报、审批方面给予了大力支持。在展会举办期间，市公安部门做到了检查、措施、警力三到位；市城管部门千方百计美化城市，优化环境；市卫生部门加强了卫生保障工作；市文化部门精心办好会展文化活动；市接待部门会同侨、台、外及其他对口部门出色完成了海内外重要来宾接待任务；市财政部门在会展资金方面给予了大力支持；市发展改革委、经委、交通、海关、检验检疫、农林、经济协作、信息、金融等部门，积极做好会展活动的各项服务工作。各部门的通力合作，保证了我市各类会展活动安全、顺利举行，为我市会展业发展创造了良好环境。

（二）会展结构进一步优化，务实办展实现新突破

一是展会结构进一步优化。为鼓励办展单位培育品牌展会，促使其做强、做大、做精，对 20××年在××国际会展中心举办的 1 000 个国际展位以上且运作规范的展会和

展位数 2 000 个以上的展会场馆收费，仍按20××年收费标准给予优惠，并在国内重点专业媒体和有关网站进行大力推介。××会、××会等一批原有展会的标准展位数均在20××年的基础上，规模继续扩大；××展、××展等展会进入了全国先进行列。20××年，引进举办了中国××展和中国××展等专业展会；新办的××博览会、×××博览会等展会，都取得了较好成效。二是多种形态的会展活动同步发展。我们在重视发展展会的同时，也注重培育节庆、会议（论坛），20××年，全市共举办有文化内涵和产业特色的节庆活动××个，同比增长××%；××节、××周等节庆活动影响不断扩大。其中，××国际服装节荣获“中国十大节庆活动”之首和“中国最具国际影响力十大节庆活动”，××节跻身“中国十大最具潜力节庆活动”。20××年，以展引会、以会促展工作取得了新发展，全年共举办有影响的会议（论坛）××个，其中，×港经济合作论坛、亚太××联盟成立大会，跨国公司总裁××经济国际化论坛、中国××论坛等，都在一定范围内引起较大反响。三是务实办展取得新突破。认真贯彻落实市领导“少请客、多请商”的要求，引导各类展会减少务虚活动，集中精力做好招展、招商工作。20××年，我市对不举办专场开幕式的 1 000 个标准展位以上的展会，实行免费刊登招商广告的奖励，并通过市会展办的资源给予重点宣传推介。浙洽会与消博会、服装节、家博会、住博会等主要大型会展活动都取消了专场开幕式、招待酒会、文艺活动晚会，做到三者合而为一。务实办展迈出了坚实步伐。

（三）会展联动机制逐步完善，联合办展取得新进展

为打造国际贸易平台，促进常年展和临时展有机结合，第五届××会专门分设常年展。11 月份，国际贸易平台××常年展示中心开业后，加强与临时展互动，引导参加临时展的客商参观××年展示中心。发挥市有关部门、行业协会的职能和行业优势，创办或引进新的会展活动，全年引进和新办会展活动××个。民航机场充分发挥窗口和运输优势，主动与会展部门联系，为展会招展招商提供全方位服务。市旅游部门加强对酒店、宾馆的规范管理，为会展客商提供价廉质优的服务。市会展行业协会与××大学合作，在××建立了“产学研合作教育基地”，并把×博会作为首个考察和研究对象，进行整体形象包装设计。为鼓励联合办展，扩大我市会展活动的规模效应，我办加强协调，先后将××个展会整合为中国××人才科技周、优势工业展、汽车展等 5 个大中型展会，会展资源得到了有效的整合，联合办展取得了新进展。展会之间的互援机制逐步形成，在上海举办的第八届中国国际展览和会议展示会上，我市×洽会、×博会、××节等××个品牌展会集体亮相，进行整体宣传推介；部分大型展会赴外地召开新闻发布会或招展、招商时携带其他展会资料，进行互动宣传；加强与××、××等会展工作友好城市合作，在其举办大型会展活动时，宣传我市会展活动。

（四）会展举办水平不断提高，策划创意内容得到新强化

为增强各类展会实效性，吸引更多的境内外中小企业参展，第十届×交会限制单个企业展位面积，规定一般品牌展位面积不超过 200 平方米，国家级品牌展位面积不超过 360 平方米，收到了较好的效果，参展企业达 600 余家。在引导办展单位扩大展会规模的同时，加大了对重点展会招商工作的支持力度，通过新闻宣传、广告投放、网络推介、上门招商、邮寄请柬、展会发帖等方式，多渠道、宽领域开展招商工作。重视展会以商引商工作，引导办展单位通过为展商提供各种优质服务，招引更多的国内

外客商来××参展交易。如第八届×洽会、第五届×博会期间，共有×万名中外客商、来宾参会，其中，境外×××个国家和地区的客商×××××人。第十届×交会简化开馆仪式，开展创新服务，免费为各国采购商提供意、德、法、俄、阿拉伯、西班牙、日、韩等9种语言的现场翻译和网络服务，受到了与会者的欢迎。加强展会现场服务工作，指导办展单位建立科学的展会管理系统，改进安保、餐饮、卫生、交通、咨询、统计等工作，为展商和客商提供一流服务。为了促进我市办展水平的提高，市会展行业协会组织相关办展单位赴北京、上海、广州、郑州、长春等地考察学习。为了落实安全工作责任制，各项大型会展活动都制定了应急预案，确保了大型会展活动的安全有序。重视会展队伍建设，市会展行业协会与市人事考试中心启动了会展业岗位能力认证工作，首次对业内×××名从业人员进行了系统培训。强化创意策划，不断创新载体，会展活动国际化呈现新亮点。如第十届××国际服装节的大卫雕像落户××事件，被有关专家、学者誉为中国城市营销策划经典之作和中国节庆代表性事件，引起了海内外广泛关注。×博会已成为中华人民共和国商务部主办的仅次于广交会的第二大涉外展会。

（五）会展宣传推介更加广泛，对外影响得到新扩大

为推动我市会展业发展，市委宣传部和市各有关方面通过各种形式，加大了会展工作宣传力度，积极推介我市重要会展活动。举办了“中国会展媒体记者××行”活动，加强了中国××会展网管理，创办了《××会展》杂志、《××会展报》，全面推介××会展业发展情况和工作举措。多次在北京、上海、广州等地召开×洽会、×博会、×交会等新闻发布会，还在郑州、长春、威海等地推介我市会展活动、宣传我市会展工作环境。据不完全统计，20××年全市召开有关会展活动内容的新闻发布会达19余场，在市区设置大型会展活动公益广告牌××××多块/次，被境内外媒体报道的我市会展活动消息达1万余条。十多个城市的会展工作部门来我市考察交流。为鼓励在××各类媒体宣传我市会展业和会展活动，开展了“××会展好新闻”评比活动，收到了较好的效果。由于加强了宣传推介，有力推动了我市会展业的发展，扩大了对外影响，××节期间，十省市国际展览公司在××联手成立中国国展联盟，并发表《××宣言》。

20××年，我市会展工作虽然取得了很大的成绩，但也存在着不少薄弱环节，主要是：办展主体发展不快，会展业扶持政策力度有待进一步加大，各类会展人才紧缺，会展业统计工作薄弱，展会招商招展渠道不宽，部分会展活动实效不够明显，等等。这些问题亟待认真研究解决。

××市会展工作办公室

20××年×月××日

（资料来源：某政府会展工作总结）

案例点评：

这是一份某市会展工作的年度总结，有两大写作特色：

一是材料典型，组织合理，总结写作，材料取胜。所谓材料取胜，就是材料典型、有说服力，材料的组织和归类符合主题表达的需要，能体现材料之间的逻辑关系。这份总结的写作范围是全市性的会展管理工作，可列举的材料很多，但如果不加选择地罗列，势必造成材料堆砌、杂乱无章、观点苍白无力，这也是许多总结写作常常容易犯的通病。该总结的独到之处就在于能够对众多的材料加以梳理，从中精选出能够充

分表现主题的典型材料，合理组织，为本年度全市会展管理工作五个方面的成果和特色提供了强有力的支撑。

二是段旨写作力求工整，对成果和特色的概括较为恰当。总结写作中，段旨（置于一个段落开头、用于概括该段落主旨的语句）是对成绩、做法、经验和问题的高度概括，也常常是一份总结中最精彩、给人印象最深刻的地方。这份总结分别用了五个段旨概括了20××年度全市会展工作的成果和特色："会展工作合力不断增强，公共服务水平有了新提高""会展结构进一步优化，务实办展实现新突破""会展联动机制逐步完善，联合办展取得新进展""会展举办水平不断提高，策划创意内容得到新强化""会展宣传推介更加广泛，对外影响得到新扩大"。这五句段旨均采用复句形式，基本上做到了句法结构的工整。每一复句的后一分句，作者还刻意写了一个"新"字，尽管有些牵强和生硬（如"新强化""新扩大"），但至少显示了作者力图表达成果新、特色新的努力。

需要改进的地方有以下三方面：

1. 开头与主体之间缺少过渡

在会展文案写作中，凡存在总分结构关系的地方，从总到分应当有适当的过渡，使上下文之间的衔接显得比较自然。从结构上看，上述总结第一和第二自然段属于开头部分，概括介绍20××年度会展工作的主要成绩；第三自然段到倒数第二自然段为主体部分，分五个方面总结会展工作的成果和特色，和开头之间存在明显的总分关系。由于未设过渡句，开头与主体之间的转换显得很唐突。

2. 结尾部分对找出薄弱环节没有做适当的分析，也未提出改进的措施

当然，不是每份总结都需要对存在的问题展开全面的分析，提出详尽的对策，但至少应当做简要分析，或提出改进的初步意见，否则会给人一种轻描淡写的感觉。

3. 个别地方用词不当、语法不规范和意思前后矛盾

（1）开头第一段是个简单句，但却出现了"我市会展工作"和"各项工作"两个主语。"各项工作"属于多余的成分，应当去掉。

（2）第二自然段"我市荣获'中国十大会展城市'和'中国十大节庆产业城市'，一批大型会展活动进入全国先进行列，圆满完成了年初确定的各项目标"一句有两处搭配不当：一是"荣获"一词应当与"称号"搭配；二是"完成"与"目标"不能搭配，因为"目标"只能"实现"，不能"完成"。

（3）第六自然段"其中，××国际服装节荣获'中国十大节庆活动'之首和'中国最具国际影响力十大节庆活动'"一句，"荣获"一词不能与"之首""中国最具国际影响力十大节庆活动"搭配，全句可改为"其中，××国际服装节名列'中国十大节庆活动'之首并荣获'中国最具国际影响力十大节庆活动'称号。"

（4）第六自然段"浙洽会与消博会、服装节、家博会、住博会等主要大型会展活动都取消了专场开幕式、招待酒会、文艺活动晚会，做到三者合而为一"一句的表述存在前后矛盾。既然"开幕式、招待酒会、文艺活动晚会"都取消了，怎么还会有"三者合而为一"？实际上"开幕式、招待酒会、文艺活动晚会"并不是取消，而是三场活动合并为一场活动。

（5）第十自然段"为增强各类展会实效性，吸引更多的境内外中小企业参展，第

十届×交会限制单个企业展位面积，规定一般品牌展位面积不超过200平方米，国家级品牌展位面积不超过360平方米，收到了较好的效果，参展企业达600余家”一句的意思前后矛盾。“为增强各类展会实效性，吸引更多的境内外中小企业参展”，这是市会展工作办公室的工作思路，是针对全市会展工作而言的，因此下面出现的行为主体（主语）应当是“会展办”，而不是“第十届×交会”。这句话可修改为：“为增强各类展会实效性，吸引更多的境内外中小企业参展，从第十届×交会开始，对单个企业的展位面积实行限制，规定一般品牌的展位面积不超过200平方米，国家级品牌的展位面积不超过360平方米。这一措施收到了较好的效果，第十届×交会参展企业达600余家。”

（6）第十二自然段“20××年全市召开有关会展活动内容的新闻发布会达19余场”一句中的“余”字使用不当。“余”在表示余数的概念时，应当同逢十及以上的整数搭配，如“10余场”“200余场”等。“9”是个位数，因此“19”不可能还有余数。

（7）第十二自然段最后两句话“由于加强了宣传推介，有力推动了我市会展业的发展，扩大了对外影响。服装节期间，十省市国际展览公司在××联手成立中国国展联盟，并发表《××宣言》。”的次序应当对换。“由于加强了宣传推介，有力推动了我市会展业的发展，扩大了对外影响”这句是对整段话的概括，与段旨“会展宣传推介更加广泛，对外影响得到新扩大”前后照应，作为这一段的结尾十分有力。后面再续写的一个材料“服装节期间，十省市国际展览公司在××联手成立中国国展联盟，并发表《××宣言》”就很不合适，有画蛇添足之嫌。可将后一个材料转移到前面适当的位置。

思考分析：“强渡大渡河 飞夺泸定桥”主题展位展后评估总结报告

一、主题展背景及意义

强渡大渡河：1935年5月上旬，中央红军长征巧渡金沙江后，沿会理至西昌大道继续北上，准备渡过大渡河进入川西北。中国工农红军为打破围歼计划在四川省越西县（今属四川省石棉县）安顺场进行渡过大渡河战斗。

飞夺泸定桥：中国工农红军长征中的一场战役，发生于1935年5月29日。1935年5月25日，是红军在安顺场强渡大渡河后，几万红军无法仅用几只小船渡河，再加上国民党的追兵紧追不舍，毛泽东等人做出了夺取泸定桥的指令。

二、展览内容策划及配套活动（略）

三、宣传推广计划和筹备进度计划（略）

四、财务预算分配（略）

五、现场效果评估

（一）宣传效果

1. QQ空间宣传共收获点赞115个，收获浏览量523次

2. 微博宣传收获浏览量95次

3. 微信宣传收获点赞15次

（二）现场参观人次

1. 游戏参与人次

签签乐、赢大礼共98人次，重走长征路游戏8人次

2. 现场情况图片（图 4-3）

图 4-3　现场情况

（三）观众参与情况（图 4-4）

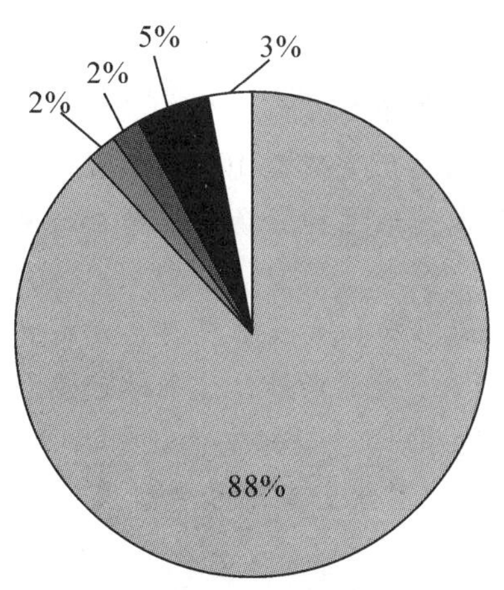

图 4-4　观众参与情况

观众以旅游管理系的同学为主，占参与总人数的 88%，其次是外语系、信息工程管理系、工商管理系、酒店管理系，旅游管理系人数较多可能是因为此活动为旅游管理系系部特色活动，主要宣传对象为旅游管理系学生，所以较于其他系同学来讲人数会更多。

其中关于参与年级，如图 4-5 所示，2019 级占比 53%，占比最大，其中的原因可能是红色主题展的开幕式主要由 2019 级与 2020 级的同学参与，我们的主题展位于开幕式的后方，在开幕式结束后，会有较多的同学会选择来到展位参观。

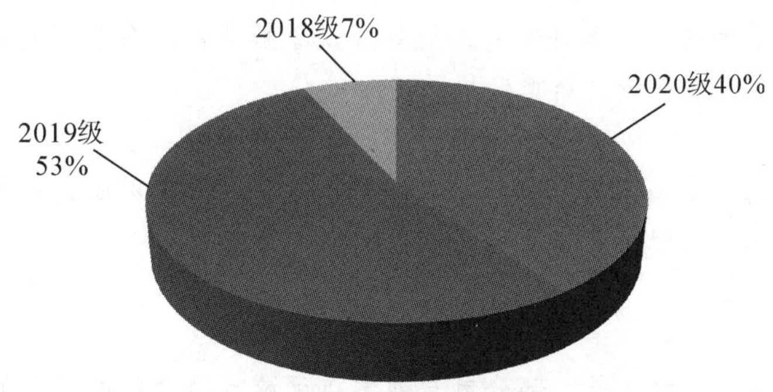

图 4-5　参与年级情况

（四）观众评价

1. 优点

首先，此次展位设计较为有创意，采用了仿真模型的方式，制作精美，为参观观众进行介绍；其次，展位内容丰富，游戏与讲解结合，与大学生的兴趣点紧密结合。

2. 缺点

首先，在位置的摆放设置中，占用讲解的空间较大，未给讲解部分提供一个完整的媒介；其次，游戏环节过于突出，使观众的注意力从参观了解红色文化转移到了玩游戏赢礼品的环节，未能体现出此次展会活动的主旨。

六、活动总结

（一）总结

1. 活动总结

为引导并带动同学们了解党的奋斗历程和伟大成就。本次“长征”主题展共集齐十二个不同主题的展位，与同学们共庆中国共产党成立100周年暨长征胜利85周年，向党的百年华诞献礼，向长征的先辈们致敬，继承和弘扬长征精神与党的光荣传统和优良作风。

“强渡大渡河 飞夺泸定桥”展位秉承着弘扬伟大长征精神，走好新时代、长征路的精神，策划了展位内容，用各种材料制作了微缩场景，让同学们更加生动地了解事件故事，同时摆放了展品，还原了当时的物品。

在“强渡大渡河 飞夺泸定桥”展位中，同学们参与积极性高涨，参与人数共计106人。

2. 课程总结

《会展技能综合实践》这门课程包括会展活动立项及创意策划、会展活动组织管理、会展活动赞助招商与宣传推广、会展活动执行、会展活动评估总结等内容，教学的内容主要是依托旅游管理系系部特色活动红色文化主题展，分阶段地完成对红色文化主题展的策划与执行总结，使我们认识了会展活动的组织管理，包括进度计划安排、团队组建、人员分工、财务管理、资源计划等，学习到了为活动的具体执行做好充分准备工作。

（二）亮点

1. 展品细节

展品的细节主要有制作事件卡片，引导观众了解事件，将事件主要的特点，例如桥、船等，利用废弃物品进行资源再利用。

2. 游戏细节

在展位中还设置了两个游戏点位，通过看图猜名、听歌识曲、重走长征路游戏来与同学们互动，在互动中科普红色文化知识。

（三）不足之处

1. 互动环节

重走长征路游戏过程较长，部分参与同学在玩游戏的过程中容易很快出现疲惫的心理，从而放弃继续玩游戏的机会，所以也导致重走长征路游戏的参与人次较少。签签乐、赢大礼的游戏环节也是较长，一次游戏八张图片，大约20秒时间，也是导致整体展位签到人数较少的一个原因。

2. 讲解部分

此次活动，会展工作室安排了同学对应每个展位进行讲解，每位讲解的同学也是从活动开始的前几天就开始进行练习，但因我们小组对讲解不太重视，导致讲解工作开展得并不是很顺利。整个活动的全过程，讲解同学只进行了两次简单的讲解，所以在红色文化的宣传与科普方面做得并不到位。

3. 现场控制

现场游戏环节秩序较为混乱，由于没有及时地引导和提前安排好游戏位置，因此在现场游戏过程中，参与同学出现站位混乱、插队的情况，同时因展位混乱也会挡住对展位感兴趣的同学的视线。

4. 现场搭建

首先，现场展位搭建太过拥挤，整体展位布局呈现一个长方形的形状，在中间留了一个方桌的距离，整体布局较为拥挤，无法为工作人员和观众们提供一个很好的站立位置；其次，展品区域摆放在整个展位的内部，观众需要走进展位才能进行很好的参观了解，而游戏区摆放在整个展位的外部，最先映入眼帘的也就是游戏区的礼品和游戏，从而对红色文化的内容进行了一定的弱化。

5. 物资准备

物资准备过多，造成浪费，因为前期未对现场人流进行正确预估。

6. 人员安排

游戏区域未安排控场替换，因为现场人多嘈杂，负责游戏的同学在经过长时间的大声讲解后，容易出现嗓子干痛的情况，游戏无法在最完美的状态下进行。

（四）改进措施

1. 互动环节

重走长征路游戏过程太长，导致同学们玩几分钟后便开始疲劳。

长时间的游戏，可以选择作为体验环节，让同学们以另一视角对事件进行了解。游戏也可以再简洁一些。

2. 讲解部分

应设立讲解点位，为讲解员提供更好的媒介；游戏的设置也可以考虑与解说融合，例如听讲解回答问题等。

3. 现场控制

对于现场的秩序维护，可以明确划分出游戏进行区、游戏排队区，安排人员对现场秩序进行维护。

4. 现场搭建

现场展位搭建应提前考虑好观众的走向与工作人员的位置，全面考虑现场位置的流动性，尽可能地将各个区域明确地分开摆放。

5. 物资准备

在展会活动开始前，应参考过往类似活动，借助以往经验，预估参观人数，合情合理地准备物资，避免物资过多造成浪费。

6. 人员安排

在人员安排时，应考虑成员的实际情况，任务点需要安排一个替补的工作人员，假如成员有限，可以互换工作任务来进行调整，以防工作人员疲劳，工作效率不高。

以上案例是基于“会展技能综合实践”课程，对在校内举办的第四届“银杏杯”文旅系列特色活动中长征主题展之“强渡大渡河 飞夺泸定桥”主题展位的评估总结报告。这是成都银杏酒店管理学院2019级会展策划与管理班学生自主办展后完成的评估总结报告（有省略）。

思考：

1. 以上案例中的展后评估总结报告内容是否完整?
2. 校内小型展会与具有一定规模的商业展会在撰写展后总结报告时有何区别?

第三节　展后信函

当展会结束后，无论是作为展会组织者，还是作为参展商、专业观众，都会收集到很多潜在客户的联系资料，如果在展会之后不正确利用这些联系资料，将会失去很多的业务机会。

同时，作为潜在客户，当看到所想要的产品的详细介绍和展示后，会很希望能够进一步洽谈，因此，在展会结束后，要趁潜在客户还处于情绪兴奋期的时候，在竞争对手抢到订单前和潜在客户联系，这样就极有可能签下这笔订单。所以，展后的后续跟踪工作和其他的展后工作一样，具有举足轻重的作用。

一、展后信函的含义

一般来说，展后后续跟踪联系工作主要通过展后感谢信函来进行。

展后感谢信函就是指在展会结束后，通过在展会上收集到的有效联系资料，为搭建沟通桥梁促成交易，给潜在客户拟写的信函。

感谢信是发信的组织或个人向收信的组织或个人表达诚挚谢意的常用社交礼节性文书。在会展活动结束后，主办者常常要向承办单位、协办单位、支持单位、参展商、媒体以及社会各界表示感谢，因此拟写和发送感谢信是会展善后阶段的重要工作。

二、展后信函的作用

无论是对于组织者还是对参展商来说，展后信函都可以起到以下几点作用：

（一）加深潜在客户的印象

当潜在参展商或者潜在观众收到组织者（参展商）寄来的感谢信函时，会加深他们对于这个展会和这个展会上的公司的印象。

（二）树立展会（企业）品牌形象

通过邮寄展后感谢信函，能让更多的潜在客户认识并了解展会（企业），从而能把形象推广出去。

（三）为下一届展会做预告或为新产品做宣传

在展后信函中，除了表示对对方的感谢之外，还可以发布下届展览会的信息或者企业即将面世的新产品，起到提前宣传的作用。

三、展后信函的结构与写法

展后信函通常由标题、称呼、正文、结语和落款五个部分构成。

（一）标题

展后信函的标题的写法有这样几种形式：

“感谢信”——单独由文种名称组成；“致×××的感谢信”——由感谢对象和文种名称共同组成；“××展会致××公司的感谢信”——由感谢双方和文种名称组成。

（二）称呼

开头顶格写被感谢的参展商或者潜在客户的名称或姓名，如是给个人的感谢信函，则在姓名后面附上职称或者职务称号，然后再加上冒号。

（三）正文

展后感谢信函的正文从称呼下面一行空两格开始写，应分段写出以下几个方面：

1. 感谢的事由

这一部分概括叙述感谢的理由，表达谢意，对这些来参加展会的参展商或者专业观众表达由衷的谢意。

2. 展会背景，对方的参与事迹

这一部分简要阐述展会举办的背景、主办单位或出席的嘉宾，叙述对方对此次展会所起的重要作用。叙述时务必交代清楚人物、事件、时间、地点、原因和结果，尤其是要重点叙述对方给予的关心和支持。

3. 揭示意义

在叙述事实的基础上指出对方的支持和帮助对整个事情成功的重要性以及体现出的可贵精神。

4. 新一届展会预告

在结束阶段，可以适当介绍下一届展会的举办时间、地点，或者展会筹备的最新情况，诚挚邀请对方参加。

（四）结语

结语指展后信函收尾时表示敬意、感谢的话，如“此致敬礼”“致以最诚挚的敬礼”等。

（五）落款

落款署上写信的单位名称或个人姓名，并且署上成文日期。前者在上，后者在下。

四、展后信函的写作要求

（一）展后感谢信函必须尽早着手

展后感谢信函写得越早，效果就越明显，这是因为展会结束后，参展商和专业观众对展会的印象仍然比较深刻，而展后感谢信函能进一步加深这一印象。如果不及时发出展后感谢信函，参展商或者专业观众就会失去在展会上产生的短暂热情，也意味着将会失去这些客户。

（二）内容要真实，评誉要恰当

展后感谢信函的内容必须真实，确有其事，不可夸大溢美。应该以感谢为主，表达谢意时要真诚，说到做到。评誉对方时要恰当，不能过于拔高，以免给人一种失真的印象。

（三）用语要适度，叙事要精炼

展后感谢信函的内容以主要事迹为主，要详略得当，篇幅不能太大，所谓话不在多，点到为止。用语要求精练、简洁，遣词造句要把握好一个度，不可过分雕饰，否则会给人一种不真实、虚伪的感觉。

［范例 4-1］　感谢信

上海光明领鲜物流有限公司：

第二届中国国际进口博览会已于 11 月 10 日圆满落下帷幕。

习近平主席在开幕式上发表主旨演讲，放眼奔腾向前的历史潮流，提出推动建设开放型世界经济的三点倡议，宣告中国持续推进更高水平对外开放的五方面措施。合作共赢的强音，回响在黄浦江畔，为推动经济全球化向前发展注入强大信心和澎湃动力。

第二届中国国际进口博览会紧紧围绕习近平主席“办出水平、办出成效、越办越好”的重要指示和主场外交定位，6 天的展期中，主场外交顺利举办，论坛会议思想汇聚，展览交易务实高效，配套活动丰富多彩，服务保障专业便捷，整个展会精彩纷呈，盛况空前。进博会的吸引力和国际影响力持续提升，其作为新时代国际合作重要平台和国际公共产品的作用进一步增强，为建设开放型世界经济，推动构建人类命运共同体注入新动力、做出新贡献。

第二届中国国际进口博览会的成功举办，根本在于以习近平同志为核心的党中央的英明决策和坚强领导，是我国社会主义制度优越性的充分体现，是商务部、上海市以及组委会各成员单位、各地方、各部门共同努力的结果。在此，我们谨向为此次展会提供倾力支持的各单位，向在进口博览会工作中辛勤付出的各位同志，致以最衷心的感谢和最崇高的敬意！

中国国际进口博览局 国家会展中心（上海）

20××年 11 月 11 日

（资料来源：搜狐网，https://www.sohu.com/a/356903740_608787）

范例点评：

这是由中国国际进口博览局、国家会展中心（上海）向光明乳业领鲜物流送来的一封感谢信，以表彰上海光明乳业领鲜物流有限公司在第二届中国国际进口博览会举办期间所做出的突出贡献。这是由展会主办方对各支持单位的感谢信，写作特点具有官方的严谨性，言简意赅，对支持单位的鼓励意义较强。

核心知识小结

本章主要介绍展会总结、反馈文案的写作，具体指展后调查问卷的设计、会展评估报告的写作、会展工作总结的拟写以及展后信函的编制。展后调查问卷是在展会结束后，为了了解参展者对此次展会的印象和掌握本次展会各项工作的成效而做的调查。会展评估报告是会展管理工作的一个重要环节；展后工作总结是为了能够吸取经验教训，为下一届工作做更充分的准备；展后信函是为了加深参展者的印象，推广展会品牌。总之，会展总结、反馈阶段的文案是会展文案中必不可少的一个文案。通过本章的学习，要求会展从业人员了解会展总结、反馈阶段文案的种类，能够设计一般的展后调查问卷；掌握会展评估报告的内容结构和写作要求；了解会展工作总结和展后信函的内容结构及写作要求。

案例分析 1

致参展单位、宣传媒体及观众的一封感谢信

尊敬的各与会单位领导及嘉宾：

首先感谢各位贵宾能够在百忙之中抽出时间参加我们的“20××中国（北京）国际喷涂聚脲技术与应用展览会暨首届聚脲峰会”。正是由于各位的大力支持和全力配合，我们的展会及峰会取得了圆满成功。

此次展会及峰会已成为中国乃至全球聚脲行业的一大盛会。展会现场商业洽谈和参观访问的客人络绎不绝，本次展览会有近30家企业集中展示聚脲工业所涉及的原材料、组合料、专业设备、施工队伍、典范工程、贸易、信息等资源，基本上反映了当今中国聚脲工业的整体技术与装备水平。聚脲峰会则是对近年来聚脲技术领域最新研究与开发成就的阶段性总结，2月23日—24日上午的一天半的时间内，峰会现场可谓精彩纷呈，著名专家、教授及著名企业的高级工程师们轮班登场，各授绝技。此次展览会及峰会的举办，为相关技术人员最大限度地设计、制备及应用聚脲提供了良好的学习机会。

（略）

没有梧桐树，哪引得凤凰来？正是有了这些业界的精英参与，才吸引了一大批有层次、高质量的观众。他们有来自百强企业的巴斯夫、拜耳、亨斯迈、三井、陶氏化学国外巨头企业的经理和主管；有来自军港、军工、航天、铁道、汽车、城建、防水、防腐、桥梁、景观、地坪、环保等行业的单位主管和高工等；还有来自北京大学、清华大学、北京工业大学、华南理工大学、武汉理工大学、浙江大学等高等院校的教授学者。会后，各参会人员反响强烈，普遍给予展会较高评价，认为确实有所学、有所获，希望下届继续参加。

经过各界的同心协力，我们的展会及峰会圆满闭幕。今后，在各界的共同努力下，我们有信心、有能力把下一次展会及峰会推向一个更高的发展阶段，使更多的人认识

并认可该展会和峰会，为中国聚脲行业的发展贡献自己的微薄之力。

在此，再次向各界所给予的支持和配合表示衷心的感谢！期待着下次展会及峰会的再相逢！

附件："展会调查表"，希望您给我们提出宝贵的建议，以便我们把下届活动办得更好。

××××组委会

××年××月××日

思考题：

1. 请分析以上感谢信的结构和写法。
2. 针对参展商和专业观众的感谢信写作特点有何不同？

案例分析2

致所有参展商的感谢信

尊敬的参展商：

感谢您参加在上海举办的"第六届中国国际屋面和建筑防水技术展览会"。

中国国际屋面和建筑防水技术展已是中国建筑防水行业一年一度的重要活动，已成为经济技术交流、企业形象和产品展示、国际交往和国际贸易的重要平台，对促进中国建筑防水行业的发展发挥了积极的作用。

本届展会展出面积12 000平方米，参展商160多家，是迄今为止规模最大的一届展会。专业观众1万余人，其中注册建筑师800余人。国内大企业组织了强大阵容亮相本届展会，国际知名公司也都派出了强大阵容参加本届展会，共有14个国家（地区）的40余家外资企业参展。高水平的技术研讨会，吸引了众多注册建筑师、房地产开发商和各大建筑公司的工程技术人员。

为满足我国高速铁路桥梁防水市场的巨大需求，展会期间，特别举办了"高速铁路桥梁防水技术研讨会"，京沪高速铁路股份有限公司、国家铁路产品质量检验检测中心、多家的铁路勘察设计院、铁路监理公司、全国各铁路建设公司派60余名代表参加研讨会，还有其他有关机构代表、专家和防水企业代表共180余人参加研讨会。

展商通过在展会上的一系列宣传推荐活动，使企业形象和产品形象在业界得到提升，影响得到扩大。观众能够从本届展会的参展商中，了解到建筑防水领域的新技术、新产品及其生产企业，了解他们需要的最有价值的信息。众多国际采购商纷纷到此"探宝"，展会的国际化程度和知名度进一步提高。展会为用户和生产企业搭建了一个高效、全面、可靠的信息沟通和交易的平台。我们将坚持为参展商开拓商机服务，为观众获取最有价值的信息服务，促进行业发展，服务建设领域。

再次对您参加"第六届中国国际屋面和建筑防水技术展览会"表示感谢。

中国建筑防水材料工业协会

××年××月××日

思考题：

1. 请分析以上感谢信的结构和写法。
2. 针对参展商和专业观众的感谢信的写作特点有何不同？

复习思考

1. 设计一份展后调查问卷一般有哪些步骤？
2. 会展评估的内容主要包括哪几方面？
3. 展后工作总结的作用是什么？
4. 展后工作总结报告的注意事项有哪些？
5. 拟写展后信函有什么意义？

扫码查看本章 PPT

参考文献

[1] 向国敏，刘俊毅. 会展文案：写作与评改 [M]. 上海：华东师范大学出版社，2016.

[2] 张凡，杨荫稚. 会展文案写作 [M]. 武汉：华中科技大学出版社，2019.

[3] 方玲玲，洪长晖. 会展文案写作 [M]. 杭州：浙江大学出版社，2015.

[4] 谭红翔，季永青. 会展文案写作实务 [M]. 大连：东北财经大学出版社，2010.

[5] 许传宏. 会展文案 [M]. 北京：清华大学出版社，2013.

[6] 韦晓军. 会展文案 [M]. 重庆：重庆大学出版社，2014.

[7] 王平辉. 会展文案写作（规范与范例）[M]. 南宁：广西人民出版社，2008.

[8] 张凡. 相得益“章”：会展文案写作的意义及方法 [J]. 中国会展，2017 (13)：64-66.

[9] 张凡. 谈会展文案写作：以会展新闻宣传的写作为例 [J]，中国会展，2017 (19)：64-66.

[10] 王燕. 大型会展的全媒体传播策略研究：以第四届山西文化产业博览交易会为例 [D]. 太原：山西大学，2020.

[11] 梁欢. 粤港澳大湾区建设与澳门会展业发展机遇分析 [J]. 文化产业（半月刊），2019 (1)：21-26.

[12] 马建立，李良玉，赵由才，等. 会展旅游垃圾的资源化处理技术及可行性分析 [J]. 环境卫生工程，2007 (6)：12-14.

[13] 朱远征. 盐城市会展旅游可行性分析 [J]. 合作经济与科技，2017 (21)：28-29.

[14] 卢新新. 基于参展商满意度的会展场馆经营管理研究 [J]. 科技创业月刊，2019，32 (3)：45-48.

[15] 卢小金. 会展策划（第二版）[M]. 大连：东北财经大学出版社，2012.